KB189566

해국도지 【十一】

海國圖志 十一

해국도지 海國圖志 【十一】

초판 1쇄 발행 2025년 5월 20일

—

저 자 | 위원魏源
역주자 | 정지호·이민숙·고숙희·정민경
발행인 | 이방원
발행처 | 세창출판사
　　　　신고번호·제1990 — 000013호
　　　　주소·03736 서울특별시 서대문구 경기대로 58 경기빌딩 602호
　　　　전화·02 — 723 — 8660 팩스·02 — 720 — 4579
　　　　홈페이지·http://www.sechangpub.co.kr 이메일·edit@sechangpub.co.kr

—

ISBN 979-11-6684-407-2 94900
ISBN 979-11-6684-040-1 (세트)

—

이 역주서는 2017년 대한민국 교육부와 한국연구재단의 지원을 받아 수행된 연구임.
(NRF — 2017S1A5A7020082)

—

이 책은 한국연구재단의 지원으로 세창출판사가 출판, 유통합니다.

해국도지

海國圖志

【十一】
(권33~권36)

위원魏源 저

정지호 · 이민숙 · 고숙희 · 정민경 역주

세창출판사

옮긴이의 말

『해국도지』 출판 배경

1839년 호광총독湖廣總督 임칙서林則徐(1785~1850)는 도광제道光帝(재위 1820~1850)의 특명을 받고 아편 무역을 단속하기 위해 흠차대신欽差大臣(특정한 사항에 대해 황제의 전권을 위임받아 처리하는 대신)으로 광주廣州에 파견되었다. 그의 목적은 아편 수입의 급증에 따른 경제적 혼란과, 관료와 군인들의 아편 흡입으로 제국의 기강이 무너지는 것을 방지하기 위한 것이었다. 광주에 도착한 임칙서는 외국 상인에게서 약 2만여 상자의 아편을 몰수한 후 석회를 섞어 소각해서 바다로 흘러보냈다. 아편 1상자가 약 1백 명이 1년간 상용할 수 있는 양이라고 하니 당시 소각한 아편은 엄청난 양이었음을 알 수 있다.

임칙서는 아편을 단속하는 한편, 서양 정세에도 깊은 관심을 기울였다. 그러나 당시 서양의 실상을 알기 위한 중국 서적이 거의 없는 상황에서 그는 서양 사정에 관한 다양한 자료를 수집하여 번역하는 작업에 착수했다. 번역 팀은 양진덕梁進德, 원덕휘袁德輝, 아맹亞孟, 임아적林亞適 등으로 구성되었다. 이 중 양진덕은 중국 최초의 기독교 선교사로서 『권세양언勸世良言』을 저술한 양발梁發의 아들이다. 독실한 기독교 가정에서 자란 그는 미국인 선교사 엘리자 콜먼 브리지먼Elijah Coleman Bridgman으로부터 영어를 배웠다고 한다.

임칙서는 수집한 자료 중에서 영국인 휴 머레이Hugh Murray(중국명 모단慕端)가 저술한 『세계지리대전The Encyclopaedia of Geography』(London, 1834)을 번역하게 한 후 이를 윤색하여 『사주지四洲志』를 편찬했다. 『사주지』는 원저의 요점을 간추려서 20분의 1 분량으로 요약했다고 하는데, 임칙서가 윤색에 어느 정도 관여했는지는 명확하지 않다. 임칙서는 1841년 6월에 아편전쟁의 책임을 지고 이리伊犁로 좌천되었는데, 도중 양주揚州 근처 경구京口(강소성 진강鎭江)에서 위원을 만나 『사주지』를 비롯해 그동안 수집한 다양한 자료 등을 전해 주었다.

공양학자公羊學者이면서 일찍부터 해방海防에 관심이 높았던 위원은 임칙서가 전해 준 『사주지』 등의 자료를 토대로 1년 만인 1842년 『해국도지海國圖志』 50권본을 출간했다. 그 후 1847년에는 60권본으로 증보 개정했고, 1852년에는 방대한 분량의 100권 완간본을 출간했다. 『해국도지』는 그 서명에서도 알 수 있듯이 대륙 중심의 중국이 처음으로 해양을 통한 세계 여러 나라에 관심을 기울이게 된 기념비적인 서적이라고 할 수 있다.

위원은 『해국도지』 서문에서 이 서적의 특징에 대해 "이전 사람들의 책이 모두 중국인의 입장에서 서양을 언급한 것이라면, 이 책은 서양인의 관점에서 서양을 언급한 것이다"라고 밝히고 있다. 나아가 "서양의 힘을 빌려 서양을 공격하고(以夷攻夷), 서양의 힘을 빌려 서양과 화친하며(以夷款夷), 서양의 뛰어난 기술을 배워(爲師夷長技) 서양을 제압하기 위해서 저술한 것이다(以制夷而作)"라고 언급하고 있다. 당시 중화사상에 입각해 외국에 배운다고 하는 것에 저항감이 있었던 중국의 현실에서 위원은 서양을 제압하기 위해서는 서양의 뛰어난 기술을 배울 필요가 있다고 호소한 것이다. 근대 계몽사상가인 량치차오梁啓超는 『중국근삼백년학술사中國近三百年學術史』에서 『해국도지』에 대해 "근래 백 년 동안 중국의 민심을 지배했고, 오늘날까지 그 영향력이 적지 않을 뿐만 아니라 … 중국 사대부의 지리에 관한 지식은 모두 이 책에서 비롯되었다"라고 높게 평가하고 있다.

위원의 생애

위원魏源(1794~1857)은 청대 정치가이며 계몽사상가이다. 호남성湖南省 소양邵陽 사람으로, 자는 묵심默深, 묵생墨生, 한사漢士이며, 호는 양도良圖이다. 그의 아버지 위방로魏邦魯(1768~1831)는 강소성 가정현嘉定縣 등에서 지방관을 역임했다. 위원은 주로 강소성 지역에서 활동하면서 해방에 대해 관심이 높았는데, 이러한 해방 의식의 형성 배경에는 이 지역이 해상으로부터 피해를 입기 쉬운 곳이라는 지역적 특성이 작용한 듯하다.

위원은 유봉록劉逢祿으로부터 공양학公羊學을 전수받았다. 공양학은 『춘추공양 전春秋公羊傳』에 입각하여 성인의 미언대의微言大義(간결한 언어로 심오한 대의를 논하는 것) 를 연구하는 학문이다. 그는 특히 동중서董仲舒 『춘추번로春秋繁露』의 미언대의 중 에서 '도道'와 '세勢'의 관계에 주목했다. 도뿐만 아니라 세를 중시하는 그의 사상은 세상을 일대 변국으로 보고 다양한 정치 개혁을 착수하는 데 밑거름이 되었던 것 이다.

위원은 도광 2년(1822) 향시鄕試에 합격해 거인擧人이 되었으나 이후 거듭되는 과거 시험의 낙방으로 결국은 연납捐納을 통해 관직에 진출했다. 이후 내각중서內 閣中書로 일하면서 황실 도서를 이용할 수 있게 되어 이를 바탕으로 『성무기聖武記』 를 저술했다. 이 책은 위원이 10여 년의 시간을 들여 청조의 흥기에서 아편전쟁에 이르기까지 국내의 여러 반란이나 주변 민족의 평정 등에 대해 서술한 것으로 청 조의 전법戰法, 군사, 재정에 대해 종합적으로 논한 것으로 평가되고 있다. 위원은 37세가 되던 1830년 임칙서 등과 함께 선남시사宣南詩社를 결성했다. 이는 문인들 의 모임이지만, 아편 엄금론을 주장한 황작자黃爵滋, 고증학자로 유봉록에게서 공 양학을 전수받은 공자진龔自珍 등 당시로서는 개혁적 성향을 지닌 인사들의 교류 공간이었다. 위원은 1840년 아편전쟁이 발발하자 임칙서의 추천으로 양절총독 유 겸裕謙의 막료로 들어갔다. 영국 장교 앤스트러더Anstruther를 만난 것은 바로 이 시 기이다. 위원은 앤스트러더에게서 영국의 제반 상황을 전해 듣고 1841년 『영길리 소기英吉利小記』라는 소책자를 출간하면서 서양에 대해 본격적인 관심을 기울였다. 마침 같은 해 아편전쟁 패배의 책임을 지고 이리로 좌천되어 가던 임칙서에게서

『사주지』를 비롯해 서양 관련 자료를 전해 받았다. 위원은 "서양 오랑캐를 물리치려면 먼저 서양 오랑캐의 실정을 자세하게 파악하는 데서 시작해야 한다(欲制外夷者, 必先悉夷情始)"(『해국도지海國圖志』 권1 「주해편籌海篇」)라는 인식하에 이듬해인 1842년 마침내 『해국도지』 50권본을 편찬하게 되었다.

위원은 도광 25년(1845)에 비로소 진사가 되어 고우현高郵縣 지주知州를 지냈으나 만년에는 벼슬을 버리고 불교에 심취했다. 주요 저작으로는 『공양고미公羊古微』, 『동자춘추발미董子春秋發微』, 『춘추번로주春秋繁露注』, 『시고미詩古微』, 『서고미書古微』, 『원사신편元史新篇』, 『고미당시문집古微堂詩文集』, 『성무기』 등이 있는데, 경학經學, 사학史學, 지리학, 문학, 정치, 경제 및 군사 등 다방면의 내용을 다루고 있다.

『해국도지』의 판본

『해국도지』는 모두 3종의 판본이 있다. 50권본(1842), 60권본(1847), 100권본(1852)이 그것이다. 그 외, 후에 영 존 앨런Young John Allen에 의하여 20권본이 증보된 120권본이 있는데, 여기에서는 전자인 3종의 판본에 대해 설명한다.

1. 50권본

『해국도지』 50권본은 이 책의 「서敍」에 따르면, "도광 22년(1842), 임인년 가평월(음력 12월) 양주에서 내각중서 소양 사람 위원이 쓰다(道光二十有二載, 歲在壬寅嘉平月, 內閣中書魏源邵陽敍于揚州)"라고 되어 있다. 즉 1842년 12월 57만 자에 이르는 『해국도지』 50권본이 처음으로 세상에 모습을 드러낸 것이다. 이 책에는 23폭의 지도와 8쪽에 이르는 서양 화포 도면이 수록되어 있다. 「서」에 따르면, 임칙서의 『사주지』를 토대로 더 많은 내용을 첨가해서 "동남양·서남양은 원서(『사주지』)에 비해 10분의 8이 늘어났고, 대소서양·북양·외대양은 원서(『사주지』)보다 10분의 6이 더 늘어났다(大都東南洋·西南洋, 增于原書者十之八, 大小西洋·北洋·外大洋增于原書者十之六)"라고 기록하고 있다.

2. 60권본

『해국도지』60권본은 이 책의 「원서原敍」에 따르면 "도광 27년(1847)에 양주에서 판각되었다(道光二十七載刻于揚州)"라고 기록하고 있다. 위원은 50권본을 출간한 이후 5년간의 노력 끝에 60여만 자로 확충해 『해국도지』60권본을 편찬한 것이다. 이 책은 50권본에 비해 해외 각 나라의 당시 상황과 서양의 기예技藝 부분 1권을 8권으로 확충했는데, 위원에 따르면 임칙서가 번역한 서양인의 『사주지』와 중국 역대의 사지史志, 명明 이래의 도지島志 그리고 최근의 외국 지도와 외국 저술에 의거하여 편찬했다고 한다.

3. 100권본

『해국도지』100권본은 "함풍 2년(1852)에 책 내용을 더 보태 100권본으로 만들어서 고우주에서 판각했다(咸豊二年重補成一百卷, 刊于高郵州)"고 한다. 『해국도지』「후서後敍」에 따르면 함풍 2년 88만 자로 확충해서 100권본을 출간했다고 언급하고 있는데, 이 책에서는 지도 75폭, 서양 기예 도면도가 57쪽, 지구천문합론도식地球天文合論圖式 7폭이 보충되었다. 이후 이를 정본으로 하여 위원의 사후에도 중국 각지에서 100권본에 대한 재간행이 이루어졌다. 그중에서 위원의 후손인 위광도魏光燾가 광서光緒 2년(1876)에 『해국도지』를 재간행했는데, 이 책에는 좌종당左宗棠의 서문이 실려 있다. 최근에는 지난대학暨南大學의 천화陳華 등이 주석을 단 악록서사본岳麓書社本(1988)이 간행되어 『해국도지』를 읽어 나가는 데 유익함을 주고 있다. 본 역주 작업은 광서 2년본 『해국도지』를 저본으로 삼아 악록서사본 및 그외 판본 등을 참조하여 진행했음을 미리 밝혀 둔다.

『해국도지』의 구성 및 내용

『해국도지』의 구성은 다음과 같다.

권수	구성
권1~2	주해편籌海篇
권3~4	해국연혁각도海國沿革各圖
권5~70	동남양東南洋(동남아시아, 일본), 서남양西南洋(인도, 서·중앙아시아), 소서양小西洋(아프리카), 대서양大西洋(유럽), 북양北洋(러시아와 발틱 국가들), 외대서양外大西洋(남북아메리카)의 인문지리
권71~73	동서양 종교, 역법曆法, 기년법紀年法 비교표
권74~76	세계 자연지리 총론: 오대주와 곤륜崑崙에 대한 서양의 지도 소개
권77~80	주해총론籌海總論－중국 저명인사의 해방론에 대한 상주문과 해방 관련 글
권81~83	청대 신문 잡지에 실린 대외 관련 기사
권84~93	해방을 위한 대포, 포탄 등 무기 12종에 관한 논의와 도설圖說
권94~95	망원경 제작 방법 등 서양의 과학 기술에 대한 소개, 아편의 중국 수입 통계 등.
권96~100	지구천문합론地球天文合論, 칠정七政과 일월식日月蝕 등 14종의 지구과학적 자연 현상에 대한 해설

각 권의 요지는 다음과 같다.

권1~2 주해편은 『해국도지』를 편찬하는 목적이라고 할 수 있는 해방론을 다룬 부분이다. 여기에서 위원은 아편전쟁에서 패한 교훈을 근거로 방어와 화친에 대해 논한다. 먼저 '방어란 무엇인가? 어떻게 방어할 것인가?'라는 문제에 대해 "바다를 지키는 것은 해구海口를 지키는 것만 못하고, 해구를 지키는 것은 내륙의 하천을 지키는 것만 못하다"라는 원칙하에 해안보다는 내지 하천의 방비를 강화할 것을 주장한다. 특히 안남국과 미얀마가 영국을 무찌른 사례를 들어 중국의 지세를 활용한 방어책의 중요성을 강조하며, 나아가 군사 모집의 방법과 용병술에 대해 서술하고 있다. 내부의 방어를 견고히 한 후 외국의 공격을 막기 위해서는 적을 이용해 적을 공격하는 이른바 '이이공이以夷攻夷'를 제기한다. 당시 적국인 영국과 사이가 좋지 않은 러시아와 프랑스를 끌어들여 영국을 견제하게 하는 방안이다. 이와 함께 해상전을 위해 광동과 복건 등지에 조선소를 건설해서 군함을 비롯한 선박을 제조하고 적합한 인재를 양성해 해군력을 강화할 것을 주장한다. 화친에 대해서는 단지 열강과의 충돌이 두려워 그들의 요구를 수용(예를 들면 아편 무역을 허용)하기보다는 대체 무역을 통해 그들의 이익을 보장해 주어 화친할 것을 논하고 있다.

권3~4에서는 동남아시아와 서남아시아·아프리카·대서양 유럽 및 남북아메리카의 연혁과 함께 지도를 수록하고 있다. 역사적으로는 지도를 통해 한대부터 위진 남북조, 당대, 원대까지 역대 사서에 기록된 서역 각 나라의 연혁을 서술하여 세계 각 나라의 지리를 한눈에 볼 수 있게 했다.

권5~18의 동남양에서는 역사적으로 중국과 관계가 깊은 베트남을 필두로 해서 태국, 미얀마[이상을 연안국(海岸諸國)으로 분류], 루손, 보르네오, 자와, 수마트라, 일본[이상을 섬나라(海島諸國)로 분류] 등 각 나라의 지리, 역사, 문화 특색 및 중국을 비롯한 서양 국가들과의 대외관계를 서술하고 있다. 동남아시아의 주요 국가를 기술하면서 일본을 포함시킨 이유에 대해 바다로부터 침입을 막은 해방의 경험이 있기 때문이라고 하며, 조선과 류큐는 해방과는 거리가 멀어 언급하지 않는다고 밝히고 있다. 그리고 베트남을 제일 먼저 서술하고 있는 것에 대해 베트남이 역사상 중요한 조공국인 것도 있지만, 그보다도 지리적 여건을 이용해 여러 차례 네덜란드를 비롯한 서양 선박을 물리친 사실에서 중국이 해방을 하는 데 유의할 만한 사례라고 언급하고 있다. 나아가 베트남에서 아편을 금지한 것도 일본에서 기독교를 금지한 것과 함께 높게 평가하고 있다. 이 동남양에서는 중국에서 동남아시아 제 지역으로 가는 항로에 대해서도 상세하게 소개하고 있어 마치 독자로 하여금 직접 여행하는 기분을 느끼게 해 준다.

권19~32에서는 서남양의 인도 및 서아시아에 대해 서술하고 있다. 먼저 인도를 동인도·서인도·남인도·북인도·중인도로 나누어 이들 지역에 존재했던 왕국의 지리, 역사, 문화 등에 대해 언급하고 아울러 중국을 비롯한 서양 국가들과의 대외관계에 대해 서술하고 있다. 그리고 영국 동인도 회사의 설립과 해산 과정, 영국 속지의 지리, 역사, 문화, 종교, 인구, 풍속 등을 기술하고 있다. 또한 페르시아, 유다 왕국, 터키의 지리, 역사, 문화 및 서양과의 대외관계에 대해 기술하고 있는데, 여기에서는 특히 천주교가 중국에 어떠한 경로를 통해 전래되었는지를 보여 주는 『대진경교유행중국비大秦景敎流行中國碑』 전문을 소개하고 있다. 위원은 천주교의 교리에 대해서도 많은 지면을 할애해서 소개하면서 그 교리의 문제점에 대해 비판적인 자세를 보이고 있다.

권33~36의 소서양에서는 아프리카대륙에 대한 전반적인 소개를 비롯해서 이집트, 에티오피아 등 아프리카대륙 국가들의 역사, 지리, 문화, 대외관계 등에 대해서 기술하고 있다. 특히 로마와 카르타고의 전쟁에 대해 상세하게 서술하고 있어 흥미롭다.

권37~53의 대서양에서는 유럽대륙에 대한 전반적인 소개를 하고 포르투갈을 필두로 해서 유럽 각 나라의 역사, 지리, 문화, 대외관계 등에 대해 기술하고 있다. 포르투갈 편에서는 옹정제 시기 포르투갈 국왕에 대한 하사품으로 일반적인 은상 외에 인삼, 비단, 자기 등 수십여 가지 품목을 구체적으로 기록하고 있어 서양과의 조공무역 일단을 살피는 데 유익하다. 위원은 영국에 대해 특히 많은 관심을 보여 다른 국가에 비해 많은 지면을 할애하여 영국의 역사, 지리, 문화, 정치, 경제, 사회, 대외관계 등에 대해 상세하게 소개하고 있다. 영국과의 아편전쟁이 『해국도지』 편찬에 중요한 계기가 되었음을 보여 주는 좋은 사례라 하겠다.

권54~58 북양·대서양에서는 러시아와 북유럽 국가의 역사, 지리, 민족, 언어, 정치 제도, 종교, 문화 등에 대해 상세하게 소개하고 있다. 특히 러시아 지역을 백해 부근, 백러시아, 발트해 연안, 신러시아, 시베리아 등 여러 지역으로 구분해서 각 지역의 복잡다단한 역사와 지리, 지역적 특성에 대해 고찰하고 있어 러시아에 대한 전반적인 이해를 돕는 데 유익하다. 위원이 러시아에 대해 영국과 마찬가지로 많은 지면을 할애하고 있는 것은 영국과 대립하고 있는 러시아를 이용해 영국을 견제하고자 하는 의도가 담겨 있는 것이라고 하겠다.

권59~70 외대서양에서는 콜럼버스의 아메리카대륙 발견 과정과 남북아메리카대륙의 위치와 기후, 물산의 특징에 대해 서술하고 있다. 특히 미국의 역사와 정치, 종교, 교육, 복지, 경제 및 미국인들의 인격 등에 대해서 상세하게 설명하고 있다. 보스턴 차 사건을 계기로 미국이 영국으로부터 독립을 쟁취하기까지의 과정을 상세히 살펴보면서 미국의 독립을 높게 평가하고 있다. 위원이 영국을 '영이英夷(영국 오랑캐)'라고 표기하면서도 미국을 '미이美夷'라고 표기하지 않은 것 역시 영국에 대한 적대적 감정과 함께 미국을 통해 영국을 견제하고자 하는 의도가 담겨 있는 것이라 하겠다.

권71~73 표에서는 동서양의 종교, 역법, 기년법의 차이에 대해 상세하게 서술하고 있다.

권74~76 지구총설에서는 불교 경전과 서양의 도설에 의거해 오대주와 세계의 지붕이라고 불리는 곤륜(파미르고원)의 자연지리 및 설화 등에 대해 상세한 소개를 하고 있다.

권77~80 주해총론은 당대 관료와 학자들의 변방과 해안 방어에 관한 각종 대책과 상주문을 모은 것으로 19세기 당시 중국 엘리트 지식인들의 영국, 프랑스 등 서양 각 나라에 대한 인식을 비롯해 영국을 제압하기 위한 방도 및 급변하는 시국에 적절한 인재 양성 등을 논하는 내용을 다루고 있다.

권81~83 이정비채夷情備採에서는 『오문월보澳門月報』를 비롯한 서양 신문 잡지에 실린 내용을 통해 외국의 눈에 비친 중국의 모습을 소개하고 있으며, 서양의 중국에 대한 관심 및 아편 문제, 중국 해군의 취약점 등을 상세하게 서술하고 있다.

권84~93에서는 해방을 위한 서양의 전함과 대포 및 포탄 등 병기 제조, 전술, 측량술 등을 도면과 함께 상세하게 소개하고 있다.

권94~95에서는 망원경 제작 방법 등 서양의 다양한 과학 기술을 소개하고 있으며, 아편의 중국 수입량에 대한 통계를 다루고 있다.

권96~100에서는 포르투갈 출신의 예수회 선교사 호세 마르티노 마르케스José Martinho Marques의 저술에 의거하여 칠정七政, 즉 일日·월月·화성火星·수성水星·금성金星·목성木星·토성土星을 소개하고, 이외 일월식日月蝕, 공기, 바람, 천둥과 번개, 조수 및 조류, 지진, 화산 등 다양한 자연 현상의 발생 원인과 양상에 대해 구체적으로 설명하고 있다. 나아가 일월과 조수의 관계, 절기에 따른 태양의 적위, 서양 역법의 기원에 대해서도 다루고 있다.

『해국도지』의 조선 및 일본에의 전래

전근대 중국의 세계관은 고도의 문명을 자랑하는 중국(華)을 중심으로 해서 그 주변에 아직 문명이 미치지 않은 오랑캐(夷)가 존재한다고 하는 일원적인 세계관을 전제로 했다. 화이관에 입각한 중국의 지배 질서는 황제의 덕이 미치는 정도에 따라 중앙과 지방의 이원적 구조를 뛰어넘어 표면상으로는 전 세계에 걸쳐 있었다. 이른바 '천하일통天下一統'의 관념이 존재했던 것이다. 이러한 화이사상에 근거한 중화 세계 질서는 아편전쟁 이후 서구 열강의 침략을 받게 되면서 서서히 무너져 가기 시작한다. 중국이 서구 열강을 중심으로 하는 국제 질서에 편입하게 됨에 따라 '중국'은 더 이상 세계의 중심이 아니라 많은 나라 중의 하나에 불과하며, 세계는 서로 다른 문화를 가진 각 나라가 서로 경합하는 다원적인 공간이라고 하는 인식의 변화가 일어난 것이다. 이러한 인식의 변화는 당시 중국의 엘리트 지식인들에게는 일찍이 경험해 보지 못한 미증유의 세계였다. 위원이 편찬한『해국도지』는 중국의 지식인들이 새로운 세계에 눈을 돌릴 수 있는 계기를 제공한 것으로, 그것은 단순히 지리적 세계뿐만 아니라 정신적 세계로의 길잡이 역할을 한 것이다. 이리하여『해국도지』는 당시 중국 지식인들이 '천하'에서 '세계'로 세계상을 전환하면서 중화사상이라는 자기중심적 세계상에서 탈출하는 힘들고 어려운 여행길에 나설 수 있게 해 주었다.

『해국도지』 50권본은 출간되자마자 조선에 전래되었다. 남경조약이 체결되고 나서 1년여가 지난 1844년 10월 26일 조선은 겸사은동지사兼謝恩冬至使를 북경에 파견했는데, 이듬해인 1845년 3월 28일 겸사은동지사의 일행 중에서 정사正使 흥완군興完君 이정응李晟應, 부사 예조판서 권대긍權大肯이『해국도지』 50권본을 가지고 귀국한 것이다. 이 50권본은 일본에는 전해지지 않았다. 이후 많은 학자들이 북경에 다녀올 때마다『해국도지』를 구입해 들여와서 개인 소장할 정도로 인기가 높았다고 한다. 가령 김정희金正喜(1786~1856)는『완당선생전집阮堂先生全集』에서 "『해국도지』는 반드시 필요한 책이다(海國圖志是必需之書)"라고 했으며, 또한 허전許傳 (1792~1886)의『성재집性齋集』에 실린「해국도지발海國圖志跋」에는 "그 대강을 초록해 놓음으로써 자세히 살피고 검토하는 데 보탬이 된다(故略抄其槩, 以資考閱云爾)"라고 언급하고 있는 것으로 보아 당시에 이미 요약본도 있었음을 알 수 있다. 나아가 최한기崔漢綺(1803~1877)는『해국도지』등을 참고하여『지구전요地球典要』를 썼고, 1871년 신미양요 중에 김병학金炳學은『해국도지』를 인용하여 국왕에게 미국의 정세를 보고했으며, 1872년 박규수는 중국에 다녀온 뒤로 당시 청년 지식인들에게 해외에 관한 관심과 이해를 강조하며 『해국도지』를 권장했다고 할 정도로 『해국도지』는 조선의 지식인들에게 외국에 대한 이해를 넓히고 새로운 세계 문명지리에 대한 지식을 갖게 해 주었다. 특히 신헌申憲(1810~1884)은 『해국도지』에 제시된 무기도武器圖에 근거하여 새로운 무기를 만들었다고 할 정도이니 그 영향이 매우 컸음을 알 수 있다.

이러한 상황은 일본의 경우도 마찬가지이다. 『해국도지』는 1851년 처음 일본에 전해졌지만, 1854년 미일통상수교조약이 체결된 뒤에 정식으로 수입이 허가되었다. 그 뒤로 막부 말기에 가와지 도시아키라川路聖謨가 사재를 들여 스하라야 이하치須原屋伊八에게 번각翻刻 출간하게 함으로써 일반인에게도 알려졌다. 그 뒤로 메이지 원년(1868)까지 간행된 『해국도지』는 23종에 이를 정도로 널리 보급되었으며, 일본 근대화에 큰 영향을 미친 사쿠마 쇼잔佐久間象山, 요시다 쇼인吉田松陰, 사이고 다카모리西鄕隆盛 등은 이 책의 열렬한 독자였다고 전해진다.

『해국도지』 역주 작업의 경과 및 의의

『해국도지』 역주 작업은 한국연구재단 명저번역 사업의 일환으로 진행되었다. 번역진은 필자를 포함해 모두 4인으로 총 3년에 걸쳐 초벌 번역을 진행했으며, 이후 지속적이고 꼼꼼한 윤독 과정을 거치며 번역문에 대한 수정 작업에 전념했다. 위원이 『해국도지』의 서문에서 100권이라는 분량의 방대함에 너무 질리지 않았으면 좋겠다고 한 것에서 알 수 있듯이 방대한 분량으로 인해 당초 3년이라는 시간 내에 역주 작업을 마칠 수 있을까 하는 염려가 없지 않았으나, 번역진의 부단한 노력 끝에 무사히 번역 작업을 완수할 수 있게 되었다.

본 역주 작업은 광서 2년에 간행된 『해국도지』 100권을 저본으로 삼아 기존에 간행된 판본과의 비교 검토를 진행하면서 글자의 출입을 정리하는 것에서부터 시작했다. 이 작업에는 악록서사 교점본에 많은 도움을 받았다.

번역 작업은 그 자체로 험난한 여정이었다. 『해국도지』는 세계 문명지리서인만큼 외국의 수많은 국명과 지명, 인명이 한자어로 표기되어 있는데, 독자들의 가독성을 위해 가급적 원어 명칭을 찾으려고 노력했다. 유럽과 아메리카의 경우 다른 대륙에 비해 명칭 확인이 비교적 용이했지만, 지금은 사라진 국명이나 전혀 알려지지 않은 지명 등의 원어 명칭을 찾는 일은 그 자체로 수고로운 일이었다. 끊임없는 노력을 기울였음에도 원어 명칭을 찾지 못해 한자어 명칭을 그대로 표기한 것도 있는데, 이에 대해서는 독자들의 양해를 구하는 바이다.

또한 이미 언급했듯이 100권이라는 방대한 분량에 각 권의 내용도 상당히 난해하여 해석하고 주석을 다는 일 역시 쉬운 작업은 아니었다. 지금까지 『해국도지』의 중요성을 모두 인식하고 있음에도 불구하고 아직 완역본이 나오지 않은 것 역시 역주 작업의 어려움을 간접적으로 말해 주는 것이다. 이에 본서는 『해국도지』에 대한 세계 최초의 역주서라는 점에서 그 의의를 높게 살 만하지 않을까 생각한다. 게다가 본 번역진의 완역 작업을 통해 그동안 일부 전문 연구자의 전유물이었던 『해국도지』를 일반 독자에게도 제공할 수 있게 되었다는 점에 의미를 부여하고자 한다. 그럼에도 불구하고 본 역주 작업에는 번역진이 미처 인지하지 못한 번역상의 문제가 있을 수 있으니, 독자 여러분의 아낌없는 질정을 바라는 바이다.

마지막으로 어려운 출판 여건 속에서도 좋은 책을 만들기 위해 항상 애쓰시는 세창출판사 관계자 여러분께 깊은 감사를 드린다. 특히 김명희 이사님과 정조연 편집자님의 끝없는 관심과 세세한 교정 덕분에 본서의 완성도를 한층 더 높일 수 있게 되었다고 생각한다.

고황산 연구실에서 역주자를 대표해 정지호 씀

차례

해국도지
海國圖志

【十一】
(권33~권36)

해국도지 전체 차례

22

일러두기 ———————————————————————————————

1. 본 번역은 『해국도지海國圖志』 광서光緒 2년본(平慶涇固道署重刊), 『해국도지』 도광
   본道光本과 천화陳華 등이 교점한 『해국도지』(岳麓書社, 1998)(이하 '악록서사본'으로 약칭)
   등 『해국도지』 관련 여러 판본을 참고, 교감하여 진행했다.

2. 『해국도지』는 다음 원칙에 준해 번역한다.
   ① 본 번역은 광서 2년본에 의거하되, 글자의 출입이나 내용상의 오류가 발견될
      경우 악록서사본 등을 참고하여 글자를 고쳐 번역하고 주석으로 밝혀 둔다.

      예) 태국은 미얀마의 동남東南[1]쪽에서 위태롭게 버텨 오다가 건륭 36년(1771)에
          미얀마에게 멸망되었다.
          暹羅國跼長, 居緬東南, 緬于乾隆三十六年滅之.
          1) 동남쪽: 원문은 '동남東南'이다. 광서 2년본에는 '서남西南'으로 되어 있
             으나, 악록서사본에 따라 고쳐 번역한다.

   ② 본 번역은 가능한 한 직역을 위주로 하고 직역으로 문맥이 통하지 않을 경
      우에는 본뜻에 벗어나지 않는 범위 내에서 의역하며, 문맥의 이해를 돕기
      위해 필요시 [ ] 부분을 삽입해 번역한다.

   ③ 본 번역에서 언급되는 중국의 국명, 지명, 인명, 서명의 경우, 한국식 독음으
      로 표기하며, 조목마다 처음에만 한자어를 병기한다. 다만 홍콩, 마카오와
      같이 한국인에게 널리 알려진 지명의 경우는 그대로 사용하며, 지금의 지명
      으로 설명이 필요한 경우는 중국 현대어 발음으로 표기한다.

④ 중국을 제외한 외국의 국명, 지명, 인명, 서명의 경우, 외래어 표기법에 의거하여 해당 국가의 현대식 표기법을 따르고, 조목마다 처음에만 해당 지역의 영문 표기를 병기한다. 나머지 필요한 상황은 주석으로 처리한다. 외국의 국명, 지명, 인명 등에 대한 음역의 경우, 이해를 돕기 위해 두음법칙을 적용하지 않았다.

예) 캘리컷Calicut[1]
  1) 캘리컷Calicut: 원문은 '고리古里'로, 인도 서남부의 캘리컷을 가리킨다. 지금의 명칭은 코지코드Kozhikode이다.

⑤ 외국 지명은 현대식 표기법을 따를 때 역사적 사건과 사실이 잘 드러나지 않는 경우가 있다. 안남安南의 경우, 오늘날의 베트남을 지칭하지만, 역사적으로 보면 베트남의 한 왕국 이름이다. 따라서 이 경우에는 부득이하게 한자음을 그대로 따르고 처음 나올 때 이를 주석에 명기한다.

예) 안남安南[1]
  1) 안남安南: 지금의 베트남을 가리키는 말로, 당대에 이곳에 설치된 안남도호부安南都護府에서 유래되었다. 청대에는 베트남을 안남국, 교지국 등으로 구분하여 불렀다. 또한 안남국은 쨩남국을 가리키기도 한다.

⑥ '안案', '안按', '원안源案' 및 부가 설명은 번역문과 원문에 그대로 노출시킨다. 본문 안의 안과 부가 설명은 본문보다 작게 표기하고 안은 본문보다 연하게 다른 서체로 표기한다. 다만 본문 가장 뒤에 나오는 '안'과 '원안'의 경우는 번역문과 원문 모두 진하게 표기하고 본문 안의 안과 같은 서체로 표기해 구분한다.

예1) 이에 스페인 사람들은 소가죽을 찢어 몇천 길의 길이로 고리처럼 엮어 필리핀의 땅을 두르고는 약속대로 해 달라고 했다. 살펴보건대 마닐라 땅을 [소가죽 끈으로] 두르고 약속대로 해 달라고 했다고 해야 한다.

其人乃裂牛皮, 聯屬至數千丈, 圍呂宋地, 乞如約. 案: 當云圍蠻里喇地, 乞如約.

예2)
영국·네덜란드령 아체와 스리비자야

단, 3국은 같은 섬으로, 당唐나라 이전에는 파리주婆利洲 땅이었다.

수마트라의 현재 이름이 아체이다. 스리비자야의 현재 이름이 팔렘방Palembang이다.

英荷二夷所屬亞齊及三佛齊島

三國同島, 卽唐以前婆利洲地. 蘇門答剌, 今名亞齊. 三佛齊, 今名舊港.

예3) 위원이 살펴보건대 베트남의 서도는 후에에 있으니 곧 참파의 옛 땅이다. 여기에서
별도로 본저국을 가리켜 참파라고 하는데, 옳지 않다. 본저국은 캄보디아, 즉 옛
첸라국이다. 『해록』이 상인과 수군의 입에서 나온 책이기 때문에 보고 들은 것은
비록 진실에 속할지 모르지만, 고대의 역사사실을 고찰함에 있어 오류가 많다. 이
에 특별히 부록을 달아 바로잡는다. 참파의 동남쪽 바다에 있는 빈동·룡국은 바로
『송사』에서 말하는 빈다라賓陀羅로, 빈다라는 참파와 서로 이어져 있고 지금도 나
란히 꽝남 경내에 속해 있는 것으로 보아 아마도, 용내의 땅인 것 같다. 명나라 왕기
王圻가 편찬한 『속통고續通考』에는 『불경』의 사위성舍衛城이라고 잘못 가리키고 있
는데, 이에 대해서는 말루쿠제도Maluku 뒤에서 바로잡는다.

源案: 越南之西都, 在順化港, 卽占城舊地也. 此別指本底爲占城, 非是. 本底爲柬埔寨, 卽古眞
臘國. 『海錄』出於賈客舟師之口, 故見聞雖眞, 而考古多謬. 特附錄而辯之. 至占城東南瀕海, 尙
有賓童龍國, 卽『宋史』所謂賓陀羅者, 與占城相連, 今竝入廣南境內, 疑卽龍柰之地. 明王圻『續
通考』謬指爲『佛經』之舍衛城, 辯見美洛居島國後.

⑦ 주석 번호는 편별로 시작한다.

⑧ 본서에서 언급하고 있는 '원본'은 임칙서林則徐의 『사주지四洲志』이다.

예) 원본에는 없으나, 지금 보충한다.

해국도지 원서[1]

—

『해국도지』 60권은 무엇에 의거했는가? 첫째로 전 양광총독兩廣總督이자 병부상서兵部尚書였던 임칙서林則徐[2]가 서양인[3]의 저서를 번역한 『사주지四洲志』[4]에 의거했다. 둘째로 역대 사지史志[5] 및 명대明代 이래의 도지島志,[6] 그리고 최근의 외국 지도[7]·외국어 저술[8]에 의거했다. 철저하게 조사·고찰하고 일목요연하게 정리하여 새로운 길을 열고자 한다. 대체로 동남양東南洋,[9] 서남양西南洋[10]은 원본에 비해 10분의 8 정도를 증보했고, 대서양大西洋·소서양小西洋,[11] 북양北洋,[12] 외대서양外大西洋[13] 역시 10분의 6 정도를 증보했다. 또한 지도와 표를 날줄과 씨줄로 하고 다양한 사람들의 논점을 폭넓게 참고하여 논의를 진행했다.

[이 책이] 이전 사람들의 해도海圖에 관한 서적과 다른 점은 무엇인가? 이전 사람들의 책이 모두 중국인의 입장에서 서양[14]을 언급한 것이라면, 이 책은 서양인의 관점에서 서양을 언급했다는 것이다.[15]

이 책을 저술한 이유는 무엇인가? 서양의 힘을 빌려 서양을 공격하고

(以夷攻夷), 서양의 힘을 빌려 서양과 화친하며(以夷款夷), 서양의 뛰어난 기술을 배워(爲師夷長技) 서양을 제압하기 위해서 저술한 것이다(以制夷而作).

『주역周易』에 다음과 같은 기록이 있다.

"사랑과 증오가 서로 충돌함에 따라 길흉吉凶을 낳고, 장래의 이익과 눈앞의 이익을 취함에 따라 회린悔吝을 낳으며, 진실과 거짓이 서로 감응함에 따라 이해利害를 낳는다."[16] 그러므로 똑같이 적을 방어한다고 해도 그 상황을 아는 것과 모르는 것은 손익 면에서 아주 큰 차이가 난다. 마찬가지로 적과 화친한다고 해도 그 사정을 아는 것과 모르는 것은 손익 면에서 커다란 차이가 있다. 과거 주변 오랑캐[17]를 제압한 경우에, 적의 상황을 물어보면 자기 집 가구를 대하듯이 잘 알고 있었으며, 적의 사정을 물어보면 일상다반사와 같이 잘 알고 있었다.

그렇다면 이 서적만 있으면 서양을 제압할 수 있다는 것인가? 그렇다고 할 수도 있지만, 아닐 수도 있다. 이것은 군사적 전략은 될 수 있지만, 근본적인 대책은 아니다. 유형의 전략이지 무형의 전략은 아니다. 명대 관료는 말하길 "해상의 왜환倭患을 평정하고자 한다면 우선 사람들의 마음속에 쌓인 우환을 다스려야 한다"라고 했다. 사람들의 마음속에 쌓인 우환이란 무엇인가? [이것은] 물도 아니고 불도 아니며 칼도 아니고 돈도 아니다. 연해의 간민奸民도 아니고 아편을 흡입하거나 판매하는 악인도 아니다. 그러므로 군자는 [무공을 칭송한] 「상무常武」와 「강한江漢」[18]의 시를 읽기 전에 [인정을 칭송한] 「운한雲漢」과 「거공車攻」[19]을 읽으면서 『시경詩經』의 「대아大雅」와 「소아小雅」 시인들이 발분한 원인을 깨달았다. 그리고 『주역』 괘사卦辭와 효사爻辭[20]의 내괘內卦(하괘), 외괘外卦(상괘), 소식괘消息卦[21]를 음미하면서 『주역』을 지은 자가 근심한[22] 원인을 알았다. 이 발분과 우환이야말로 하늘의 도(天道)가 부否를 다해서 태泰로 움직이게 하는 것[23]이고 사람들의 마음(人心)이 몽매함을 벗어나 각성하게 하는 것이며 사람들의 재주(人才)가 허虛를 고쳐서 실實로 옮겨 가게 하는 것이다.

예전 강희康熙·옹정雍正 시기에 세력을 떨쳤던 준가르도 건륭乾隆 중기 순식간에 일소되어 버렸다.[24] 오랑캐의 아편[25]이 끼친 해로움은 그 해악이 준가르보다 더 크다. 지금 폐하[26]의 어짊과 근면함은 위로는 열조列祖[27]에 부합하고 있다. 하늘의 운행과 사람의 일에 길흉화복[28]은 언제나 번갈아 가며 변하는 것이니 어찌 [서양을] 무찔러 버릴 기회가 없음을 근심하는가? 어찌 무위武威를 떨칠 시기가 없음을 근심하는가? 지금이야말로 혈기 있는 자는 마땅히 분발해야 할 때이며, 식견을 가진 자는 마땅히 원대한 계획을 세워야 할 때이다.

첫째로, 허위虛僞와 허식을 버리고 재난에 대한 두려움을 버리며, 중병을 키우지 말고 자신의 안위만을 추구하지 않는다면 사람들의 우매한 병폐는 제거될 것이다.

둘째로, 실제의 일을 가지고 실제의 성과를 평가하고, 실제의 성과를 가지고 실제의 일을 평가해야 한다. 쑥은 삼 년간 묵혀서 쌓아 두고[29] 그물은 연못에 가서 엮고,[30] 맨몸으로 황하를 건너지 말며,[31] 그림의 떡을 바라지 않는다면,[32] 인재가 부족하다는 근심은 사라질 것이다.

우매함이 제거되면 태양이 밝게 빛나고, 인재가 부족하다는 근심이 사라지면 우레가 칠 것이다. 『전』에 이르기를 "누가 집안을 어지럽게 하고서 나라를 다스릴 수 있겠는가? 천하가 안정되니 월상越裳[33]도 신하 되기를 청하네"라고 한다.[34]

『해국도지』의 내용은 다음과 같다.

첫 번째, 「주해편籌海篇」[35]에서는 방어를 통해 공격하고 방어를 통해 화친하며, 오랑캐를 이용해서 오랑캐를 제압하는 열쇠를 쥐고 있는 것은 누구인가에 대해 서술한다.

두 번째, 「각 나라 연혁도各國沿革圖」에서는 3천 년의 시간과 9만 리의 공간을 씨실과 날실로 삼으면서, 지도와 역사적 사실을 아울러 서술한다.

세 번째, 「동남양 연안 각 나라東南洋海岸各國」에서는 기독교[36]와 아편을 영내에 들어오지 못하게 하면 우리의 속국[37]도 또한 적개심을 불태울 수 있다는 것에 대해 서술한다.

네 번째, 「동남양 각 섬東南洋各島」에서는 필리핀[38]과 자와는 일본과 같은 섬나라이지만, 한쪽(필리핀과 자와)은 병합되고 한쪽(일본)은 강성함을 자랑하는 것은 교훈으로 삼을 만하다[39]는 것에 대해 서술한다.

다섯 번째, 「서남양 오인도西南洋五印度」에서는 종교가 세 차례나 변하고,[40] 국토는 오인도[41]로 분할되어 까치집(인도)에 비둘기(영국)가 거주하는 것과 같은 형국이니, 이는 중국[42]에게도 재앙이 되고 있는 것에 대해 서술한다.

여섯 번째, 「소서양 아프리카小西洋利未亞」에서는 백인[43]과 흑인[44]은 거주하는 영역이 멀리 떨어져 있는데도 불구하고 흑인이 부림을 당하고 내몰리고 있는데, 이에 대해서는 해외에서 온 외국인[45]에게 자문한 것을 서술한다.

일곱 번째, 「대서양 유럽 각 나라大西洋歐羅巴各國」에서는 대진大秦[46]과 해서海西[47]에는 다양한 오랑캐[48]가 살고 있는데, 이익과 권위로 반림泮林의 올빼미[49]와 같이 감화시킬 수 있다는 것에 대해 서술한다.

여덟 번째, 「북양 러시아北洋俄羅斯國」에서는 동서양에 걸쳐 있고 북쪽은 북극해에 접해 있으니, 근교원공近交遠攻 정책을 취할 시에 육상전에 도움이 되는 우리 이웃 국가에 대해 서술한다.

아홉 번째, 「외대양 미국外大洋彌利堅」에서는 영국의 침략에 대해서는 맹

럴히 저항했지만, 중국에 대해서는 예의를 다하니 원교근공遠郊近攻 정책을 취할 시에 해상전에 도움이 되는 나라에 대해 서술한다.

열 번째, 「서양 각 나라 종교 표西洋各國敎門表」에서는 사람은 모두 하늘을 근본으로 하고 가르침은 성인에 의해 세워져 있으니, 이합집산을 되풀이하면서도 조리를 가지고 문란하지 않은 것에 대해 서술한다.

열한 번째, 「중국·서양 연표中國西洋紀年表」에서는 1만 리 영토의 기년紀年이 하나로 통일되어 있는 점에서 중화에는 미치지 못하지만, 단절되면서도 연속되어 있는 아랍[50]과 유럽[51]의 기년에 대해 서술한다.

열두 번째, 「중국·서양 역법 대조표中國西曆異同表」에서는 중국력은 서양력의 바탕이 되지만, 서양력은 중국력과 차이가 있으며, 사람들에게 농사짓는 시기를 알려 주는 것에 있어서는 중국력이 근간을 이루고 있다는 것에 대해 서술한다.

열세 번째, 「지구총설國地總論」에서는 전쟁은 지세의 이점을 우선하는데, 어찌 먼 변방이라고 해서 경시하겠는가! 쌀이나 모래로 지형을 구축해서 지세를 파악한다면[52] 조정은 전쟁에서 승리할 수 있다는 것에 대해 서술한다.

열네 번째, 「주이장조籌夷章條」에서는 지세의 이점도 사람들의 화합에는 미치지 못하며, 기공법奇攻法과 정공법正攻法을 병용한다면 작은 노력으로도 커다란 성과를 거둘 수 있다는 것에 대해 서술한다.

열다섯 번째, 「이정비채夷情備探」에서는 적을 알고 나를 알면 화친할 수도 있고 싸울 수도 있으니, 병의 증상을 알지 못하면 어찌 처방할 것이며, 누가 어지럽고 눈앞이 캄캄한 증상을 치료할 수 있겠는가에 대해 서술한다.

열여섯 번째, 「전함조의戰艦條議」에서는 해양국이 선박에 의지하는 것은 내륙국이 성벽에 의지하는 것과 같으니, 뛰어난 기술을 배우지는 않고 풍파를 두려워하는 것은 누구인가에 대해 서술한다.

열일곱 번째, 「화기화공조의火器火攻條議」에서는 오행이 상극하여 금金과 화火[53]가 가장 맹렬하니, 우레가 지축을 흔들듯이 공격과 수비도 같은 이치라는 것에 대해 서술한다.

열여덟 번째, 「기예화폐器藝貨幣」에서는 차궤와 문자[54]는 다르지만, 화폐의 기능은 같으니, 이 신기한 것을 유용하게 활용하기 위해서 어찌 지혜를 다하지 않겠는가에 대해 서술한다.

도광 22년(1842) 임인년 12월, 내각중서 소양 사람 위원이 양주에서 쓴다.

海國圖志原敍

一

『海國圖志』六十卷何所據? 一據前兩廣總督林尙書所譯西夷之『四洲志』. 再據歷代史志及明以來島志, 及近日夷圖·夷語. 鉤稽貫串, 創榛闢莽, 前驅先路. 大都東南洋·西南洋, 增於原書者十之八, 大·小西洋·北洋·外大西洋增於原書者十之六. 又圖以經之, 表以緯之, 博參群議以發揮之.

何以異於昔人海圖之書? 曰彼皆以中土人譚西洋, 此則以西洋人譚西洋也.

是書何以作? 曰爲以夷攻夷而作, 爲以夷款夷而作, 爲師夷長技以制夷而作.

『易』曰: "愛惡相攻而吉凶生, 遠近相取而悔吝生, 情僞相感而利害生." 故同一禦敵, 而知其形與不知其形, 利害相百焉. 同一款敵, 而知其情與不知其情, 利害相百焉. 古之馭外夷者, 諏以敵形, 形同几席, 諏以敵情, 情同寢饋.

然則執此書卽可馭外夷乎? 曰: 唯唯, 否否. 此兵機也, 非兵本也. 有形之兵也, 非無形之兵也. 明臣有言: "欲平海上之倭患, 先平人心之積患." 人心之積患如之何? 非水, 非火, 非刃, 非金. 非沿海之奸民, 非吸煙販煙之蒡民. 故君子讀「雲漢」·「車攻」, 先於「常武」·「江漢」, 而知二雅詩人之所發憤. 玩卦爻內外消息, 而知大『易』作者之所憂患. 憤與憂, 天道所以傾否而之泰也, 人心所以違寐而之覺也, 人才所以革虛而之實也.

昔準噶爾跳踉於康熙·雍正之兩朝, 而電埽於乾隆之中葉. 夷煙流毒, 罪萬準夷. 吾皇仁勤, 上符列祖. 天時人事, 倚伏相乘, 何患攘剔之無期? 何患奮武之無會? 此凡有血氣者所宜憤悱, 凡有耳目心知者所宜講畫也.

去僞, 去飾, 去畏難, 去養癰, 去營窟, 則人心之寐患祛, 其一. 以實事程實功, 以實功程實事. 艾三年而蓄之, 網臨淵而結之, 毋馮河, 毋畫餠, 則人材之虛患祛, 其二. 寐患去而天日昌, 虛患去而風雷行.『傳』曰: "孰荒於門, 孰治於田? 四海旣均, 越裳是臣." 敍『海國圖志』.

以守爲攻, 以守爲款, 用夷制夷, 疇司厥楗, 述「籌海篇」第一.

縱三千年, 圜九萬里, 經之緯之, 左圖右史, 述「各國沿革圖」第二.

夷敎夷煙, 毋能入界, 嗟我屬藩, 尙堪敵愾, 志「東南洋海岸各國」第三.

呂宋·爪哇, 嶼埒日本, 或噬或駾, 前車不遠, 志「東南洋各島」第四.

敎閱三更, 地割五竺, 鵲巢鳩居, 爲震旦毒, 述「西南洋五印度」第五.

維晳與黔, 地遼疆閎, 役使前驅, 疇詷海客, 述「小西洋利未亞」第六.

大秦海西, 諸戎所巢, 維利維威, 實懷泮鴞, 述「大西洋歐羅巴各國」第七.

尾東首西, 北盡冰溟, 近交遠攻, 陸戰之鄰, 述「北洋俄羅斯國」第八.

勁悍英寇, 恰拱中原, 遠交近攻, 水戰之援, 述「外大洋彌利堅」第九.

人各本天, 敎綱於聖, 離合紛紜, 有條不紊, 述「西洋各國敎門表」第十.

萬里一朔, 莫如中華, 不聯之聯, 大食·歐巴, 述「中國西洋紀年表」第十一.

中曆資西, 西曆異中, 民時所授, 我握其宗, 述「中國西曆異同表」第十二.

兵先地利, 豈間遐荒! 聚米畫沙, 戰勝廟堂, 述「國地總論」第十三.

雖有地利, 不如人和, 奇正正奇, 力少謀多, 述「籌夷章條」第十四.

知己知彼, 可款可戰, 匪證奚方, 孰醫瞑眩, 述「夷情備採」第十五.

水國恃舟, 猶陸恃堞, 長技不師, 風濤誰讋, 述「戰艦條議」第十六.

五行相克, 金火斯烈, 雷奮地中, 攻守一轍, 述「火器火攻條議」第十七.

軌文匪同, 貨幣斯同, 神奇利用, 盍殫明聰, 述「器藝貨幣」第十八.

道光二十有二載, 歲在壬寅嘉平月, 內閣中書邵陽魏源敘於揚州.

주석

1   원서: 이 서문은 원래 『해국도지』50권본의 서문이다. 악록서사본에 따르면 이는 도광 22년 12월(1843년 1월)에 서술되어 도광 27년(1847) 『해국도지』60권본을 출판할 때, 단지 50권본의 '5' 자를 '6' 자로 바꾸고 '서敍'를 '원서原敍'로 수정했다. 나머지 내용은 전부 50권본 그대로이다.

2   임칙서林則徐: 임칙서(1785~1850)는 청나라 말기의 정치가로 복건성 복주 출신이다. 자는 소목少穆, 호는 문충文忠이다. 1837년 호광총독湖廣總督으로 재임 중 황작자黃爵滋의 금연 정책에 호응해서 아편 엄금 정책을 주장했다. 호북湖北·호남湖南에서 금연 정책의 성공을 인정받아 흠차대신으로 등용되어 광동에서의 아편 무역을 단속하게 된다. 1839년 광동에 부임하여 국내의 아편 판매 및 흡연을 엄중히 단속하고 외국 상인이 소유하던 아편을 몰수했으며, 아편 상인을 추방하여 아편 무역을 근절하고자 했다. 그러나 이에 항의한 영국이 함대를 파견하자 이에 대한 책임을 지고 면직되어 신강성新疆省에 유배되었다.

3   서양인: 원문은 '서이西夷'이다.

4   『사주지四洲志』: 임칙서가 휴 머레이Hugh Muray 『세계지리대전The Encyclopaedia of Geography』의 일부를 양진덕梁進德 등에게 번역시킨 후, 직접 원고의 일부분을 수정해서 펴낸 책이다. 이하 본서에서 언급하고 있는 원본은 바로 『사주지』를 가리킨다.

5   사지史志: 『해국도지』에 인용되어 있는 24사를 비롯해 『통전通典』, 『문헌통고文獻通考』, 『속문헌통고續文獻通考』, 『황조문헌통고皇朝文獻通考』, 『통지通志』, 『수경주水經注』, 『책부원귀册府元龜』, 『대청일통지大淸一統志』, 『광동통지廣東通志』, 『무역통지貿易通志』 등의 서적을 가리킨다.

6   도지島志: 『해국도지』에 인용되어 있는 주달관周達觀의 『진랍풍토기眞臘風土記』, 왕대연汪大淵의 『도이지략島夷志略』, 사청고謝淸高의 『해록海

錄』, 장섭張燮의 『동서양고東西洋考』, 황충黃衷의 『해어海語』, 황가수黃可垂의 『여송기략呂宋紀略』, 왕대해汪大海의 『해도일지海島逸志』, 장여림張汝霖의 『오문기략澳門紀略』, 진륜형陳倫炯의 『해국문견록海國聞見錄』, 줄리오 알레니Giulio Aleni의 『직방외기職方外紀』, 페르디난트 페르비스트Ferdinand Verbiest의 『곤여도설坤輿圖說』 등의 서적을 가리킨다.

7 외국 지도: 원문은 '이도夷圖'이다. 서양에서 제작된 지도를 가리킨다.

8 외국어 저술: 원문은 '이어夷語'이다. 서양인이 저술한 서적을 가리킨다.

9 동남양東南洋: 위원이 말하는 동남양은 동남아시아Southeast Asia 해역, 한국Korea·일본Japan 해역 및 오세아니아Oceania 해역 등을 가리킨다.

10 서남양西南洋: 위원이 말하는 서남양은 아라비아해Arabian Sea 동부에 있는 남아시아South Asia 해역 및 서남아시아 동쪽의 아라비아해 서부 등의 해역을 포괄해서 가리킨다.

11 대서양大西洋·소서양小西洋: 위원이 말하는 대서양은 서유럽West Europe 및 스페인Spain·포르투갈Portugal의 서쪽 해역, 즉 대서양Atlantic Ocean에 인접해 있는 여러 국가 및 북해North Sea의 남부와 서부를 가리킨다. 위원이 말하는 소서양은 인도양Indian Ocean과 대서양에 인접해 있는 아프리카Africa 지역을 가리킨다.

12 북양北洋: 위원이 말하는 북양은 북극해Arctic Ocean 및 그 남쪽의 각 바다에 인접해 있는 유럽Europe과 아시아Asia 두 대륙 일부, 일부 발트해 연안 국가의 해역, 덴마크Denmark 서쪽의 북해 동부 및 북아메리카North America의 그린란드Greenland 주위 해역, 즉 노르웨이Norway·러시아·스웨덴Sweden·덴마크·프로이센Preussen 5개국의 해역 및 크름반도 주변 해역을 가리킨다.

13 외대서양外大西洋: 위원이 말하는 외대서양은 대서양에 인접해 있는 남북아메리카 일대를 가리킨다.

14 서양: 대서양 양안의 구미 각 나라를 가리킨다.

15 이 책은 … 언급했다는 것이다: 도광 27년(1847)의 60권본의 5, 7, 13, 14, 16, 20~23, 25~33, 36~38, 40~43권은 유럽인 원찬(歐羅巴人原撰), 후관 임

칙서 역후관림칙서役侯官林則徐譯, 소양 위원 중집邵陽魏源重輯이라고 기록하고 있는데, 이 부분은 『사주지』를 원본으로 하고 다른 서적을 참고해서 증보한 것이다.

16 사랑과 증오가 … 낳는다: 『주역』 제12장 「계사전繫辭傳」 하에 보인다. 길吉은 좋은 것, 흉兇은 나쁜 것이다. 회悔는 후회하는 것이고, 린吝은 개선하려고 하지 않는 것이다. 흉과 길이 이미 벌어진 일이라면 회와 린은 일종의 전조와 같은 것으로 회는 길할 전조, 린은 흉할 전조가 된다.

17 주변 오랑캐: 원문은 '외이外夷'이다.

18 「상무常武」와 「강한江漢」: 모두 『시경』 「대아」의 편명이다. 주나라 선왕宣王이 회북淮北의 오랑캐를 정벌하여 무공을 떨친 것을 기리기 위해 지은 것이다.

19 「운한雲漢」과 「거공車攻」: 「운한」은 『시경』 「대아」의 편명이고 「거공」은 「소아」의 편명이다. 주나라 선왕이 재해를 다스리고 제도를 정비한 것 등 내정을 충실히 한 것을 기리기 위해 지은 것이다.

20 괘사卦辭와 효사爻辭: 『주역』은 본래 양(—)과 음(--)의 결합에 의해 64괘로 이루어져 있다. 이 64괘에 대한 설명을 괘사라고 한다. 그리고 괘를 구성하고 있는 (—)과 (--)을 효라고 하는데, 이에 대한 의미를 설명한 것을 효사라고 한다. 1괘당 6개의 효가 있어 효사는 모두 384개로 이루어져 있다.

21 내괘內卦(하괘), 외괘外卦(상괘), 소식괘消息卦: 원문은 '내외소식內外消息'이다. 모두 『주역』의 용어로서 끊임없는 변화를 의미한다.

22 『주역』을 지은 자가 근심한: 『주역』 「계사전」 하에 의하면 "『주역』이 흥기한 것은 중고 시대일 것이다. 『주역』을 지은 자는 근심을 품고 있을 것이다(『易』之興也, 其於中古乎. 作『易』者其有憂患乎)"라고 언급하고 있다.

23 부否를 다해서 태泰로 움직이게 하는 것: '부'와 '태'는 모두 『주역』 64괘의 하나이다. '부'는 막혀 있는 상태, '태'는 형통하고 있는 상태로서 양자는 정반대의 위치에 있다. '부'가 지극해지면 '태'로 변화하는데, 이는 분노와 우환이 막혀 있는 상태에서 형통하는 상태로 변화하는 것을 의

미한다.

24 준가르도 … 일소되어 버렸다: 준가르는 17세기 초에서 18세기 중엽에
걸쳐 세력을 떨친 서북 몽골의 오이라트계 몽골족이다. 17세기 말경 종
종 중국의 서북 변경에 침입했으나 1755년 청나라군의 공격을 받아 준
가르가 붕괴되고 나아가 1758년 완전히 멸망되었다.

25 오랑캐의 아편: 원문은 '이연夷烟'이다.

26 폐하: 도광제道光帝(재위 1820~1850)를 가리킨다.

27 열조列祖: 청조의 역대 제왕을 가리킨다.

28 길흉화복: 원문은 '의복倚伏'이다. 노자老子 『도덕경道德經』의 "화란 것은
복이 의지하는 곳이고, 복은 화가 숨어 있는 곳이다(禍兮福之所倚, 福兮禍之
所伏)"라는 말에서 유래한다.

29 쑥은 삼 년간 묵혀서 쌓아 두고: 원문은 '애삼년이축지艾三年而蓄之'이다.
『맹자孟子』 「이루離婁」 하편에 "7년의 병을 치료하기 위해서는 삼 년간
숙성된 쑥이 필요하다(七年之病救三年之艾)"는 말이 있다.

30 그물은 연못에 가서 엮고: 원문은 '망임연이결지網臨淵而結之'이다. 『한서
漢書』 「동중서전董仲舒傳」에 "연못에 임해서 고기를 탐하는 것은 물러나
그물을 만드는 것보다 못하다(臨淵羨魚, 不如退而結網)"라는 말이 있다.

31 맨몸으로 황하를 건너지 말며: 원문은 '무풍하毋馮河'이다. 『논어論語』
「술이述而」편에 "맨손으로 호랑이를 잡고 맨몸으로 황하를 건너다가 죽
어도 후회가 없다는 사람과는 나는 함께하지 않을 것이다(暴虎馮河, 死而無
悔者, 吾不與也)"라는 말이 있다.

32 그림의 떡을 바라지 않는다면: 원문은 '무화병毋畵餠'이다.

33 월상越裳: 서주 초기의 '월상'은 막연하게 중국 남쪽의 아주 먼 나라를 가
리키기 때문에 정확한 지역은 알 수 없다. 삼국 시대 이후에 등장하는
'월상'은 대체로 베트남 중부의 월상현越裳縣을 가리키며, 지금의 하띤성
Ha Tinh 일대에 해당한다. 또한 라오스Laos나 캄보디아Cambodia를 가리키
기도 한다.

34 『전』에 … 한다: 『후한서後漢書』 「남만전南蠻傳」에 의하면 월상은 베트

남의 남쪽에 있던 나라로 주공周公 시기 여러 번이나 통역을 거쳐서 입
조해서 흰 꿩을 바쳤다는 일화가 등장하는데, "누가 집안을 … 신하 되
기를 청하네"는 한유韓愈의 시 「월상조越裳操」에서 인용한 것이다.

35 「주해편籌海篇」: '의수議守', '의전議戰', '의관議款' 세 항목으로 구성되어 있다.

36 기독교: 원문은 '이교夷敎'이다.

37 속국: 원문은 '속번屬藩'이다.

38 필리핀: 원문은 '여송呂宋'이다.

39 교훈으로 삼을 만하다: 원문은 '전거불원前車不遠'이다. 이 말은 앞 수레
가 넘어지면 뒤 수레의 경계가 된다는 의미의 '전거복철前車覆轍'과 은나
라가 망한 것을 거울로 삼아야 할 것은 멀리 있지 않다는 의미의 '은감
불원殷鑑不遠'의 앞뒤 두 글자를 따온 것이다.

40 종교가 세 차례나 변하고: 원문은 '교열삼경敎閱三更'이다. '종교의 나라'
로로 불리는 인도는 힌두교와 불교의 탄생지이며, 10세기경에는 이슬람
군이 인도의 델리 지방을 점거하면서 이슬람교가 전파되기 시작했다.

41 오인도: 원문은 '오축五竺'으로, 동인도·남인도·서인도·북인도·중인도
를 가리킨다. 약록서사본에 따르면 오인도는 다음과 같이 구분되고 있
다. 동인도Pracys는 지금의 인도 아삼주Assam 서부, 서벵골주West Bengal
의 중부와 남부, 오디샤Odisha의 북부와 중부 및 현 방글라데시Bangladesh
의 중부와 남부이다. 북인도Udicya는 현 카슈미르주Kashmir, 인도의 펀자
브주Punjab, 하리아나주Haryana, 파키스탄의 서북 변경, 펀자브주 및 아프
가니스탄의 카불강Kabul River 남쪽 양측 강변 지역이다. 서인도Aparanta는
현 파키스탄 중부와 남부, 인도 구자라트주Gujarat의 북부와 동부, 마디
아프라데시주Madhya Pradesh의 북부와 서부, 라자스탄주Rajasthan의 남부이
다. 『대당서역기大唐西域記』에는 '인도국'이 아니라고 명확히 밝히고 있
다. 중인도Madhyadesa는 현 방글라데시 북부, 인도의 서벵골주 북부, 라
자스탄주 북부, 우타르프라데시주Uttar Pradesh이다. 네팔Nepal을 중인도
에 넣고 있는데, 이는 옳지 않다. 선학들도 이미 논한 바 있다. 남인도
Daksinapatha는 인도차이나반도상의 오디샤주의 남부, 중앙주의 동남부,

마하라슈트라주Maharashtra와 위에서 서술한 세 곳 이남의 인도 각주 및 서북쪽으로 면한 카티아와르반도Kathiawar Peninsular이다. 『대당서역기』 에는 '인도국'이 아니라고 명확히 밝히고 있다. 위원이 『해국도지』를 편 찬할 때 무굴 제국Mughal Empire은 이미 멸망하여 잘 알지 못했기 때문에 『직방외기』에서 언급한 동·북·중·서인도가 무굴 제국에 병합되었다고 하는 설의 영향을 크게 받았다. 확실하게 영국의 동인도 회사가 직접 통치하는 벵골(현 방글라데시와 인도의 서벵골주 지역)을 동인도로 하고 카슈미 르를 북인도라 한 것을 제외하고는 예전 중·서인도 및 동·북인도의 나 머지 지역을 '중인도'라고 했다. 또한 지금 이란의 아라비아반도에 이르 는 일대를 '서인도'라고도 했다.

42 중국: 원문은 '진단震旦'으로, 지나支那와 같이 중국을 달리 부르는 말이다.

43 백인: 원문은 '석晳'이다.

44 흑인: 원문은 '검黔'이다.

45 해외에서 온 외국인: 원문은 '해객海客'이다.

46 대진大秦: 고대 로마 제국Roman Empire, 또는 동로마 제국Byzantium Empire을 가리킨다.

47 해서海西: 고대 로마 제국, 또는 동로마 제국을 가리킨다.

48 오랑캐: 원문은 '융戎'이다. 고대 중국은 주변 민족을 동이東夷, 서융西戎, 남만南蠻, 북적北狄으로 불렀다. 여기에서 융은 중국의 서쪽에 있는 이민 족을 가리킨다.

49 반림泮林의 올빼미: 원문은 '반효泮鴞'이다. 『시경』 「노송魯頌·반수泮水」 편에 "훨훨 날아다니는 올빼미가 반궁 숲에 내려앉았네. 우리 뽕나무의 오디를 먹고서는 나에게 듣기 좋은 소리로 노래해 주네(翩彼飛鴞, 集于泮林, 食我桑黮, 懷我好音)"라고 하는데, 이는 훨훨 나는 올빼미가 오디를 먹고 감 화되었다는 것을 의미한다.

50 아랍: 원문은 '대식大食'이다. 대식은 원래 이란의 한 부족명이었는데, 후 에 페르시아인은 이를 아랍인의 국가로 보았다. 중국은 당조唐朝 이후 대식을 아랍 국가의 명칭으로 사용하고 있다.

51 유럽: 원문은 '구파歐巴'이다.

52 쌀이나 모래로 … 파악한다면: 원문은 '취미화사聚米畵沙'이다. 『후한서』
　　권24「마원열전馬援列傳」에 의하면, 후한 광무제가 농서隴西의 외효隗囂
　　를 치기 위하여 친정했을 때, 농서 출신 복파장군伏波將軍 마원이 쌀을
　　모아서 산과 골짜기 등 지형을 그림처럼 만들어 보여 주자 광무제가 오
　　랑캐가 내 눈앞에 들어왔다고 기뻐했다는 고사가 전해진다.

53 금金과 화火: 금과 화는 음양오행설의 목·화·토·금·수의 순서에 따라 상
　　극(상승) 관계에 있다. 동시에 여기에서는 무기, 화기를 나타낸다. 『주
　　역』에 "우레가 지축을 흔든다(雷奮地中)"라는 말이 있다.

54 차궤와 문자: 『예기禮記』「중용中庸」편에 "지금 천하의 수레는 차궤를
　　같이하고, 서적은 문자를 같이하며, 행실은 윤리를 같이한다(今天下車同
　　軌, 書同文, 行同倫)"라고 한다. 여기에서 차궤, 문자, 행실은 넓은 의미에서
　　인류 사회의 문명을 의미한다.

海國圖志

해국도지 후서

―

　서양의 지리에 대해 이야기할 경우에는 명대 만력萬曆[1] 연간 서양[2]인 마테오 리치Matteo Ricci[3]의 『곤여도설坤輿圖說』[4]과 줄리오 알레니Giulio Aleni[5]의 『직방외기職方外紀』[6]에서부터 시작해야 한다. 이들 책이 처음 중국에 소개되었을 때, 중국인들은 대체로 추연鄒衍[7]이 천하를 논하는 것과 같다고 생각했다.[8] 청조[9] 시기에 이르러 광동에서 통상무역[10]이 활발해지면서 중국어와 산스크리트어가 두루 번역됨에 따라 지리에 관한 많은 서적이 중국어로 번역·간행되었다. 예를 들면, 북경 흠천감欽天監[11]에서 근무하던 페르디난트 페르비스트Ferdinand Verbiest[12]와 미셸 베누아Michel Benoist[13]의 『지구전도地球全圖』가 있다. 광동에서 번역 출간된 것으로서 초본鈔本[14]인 『사주지四洲志』·『외국사략外國史略』[15]이 있고, 간행본으로는 『만국지리전도집萬國地理全圖集』[16]·『평안통서平安通書』[17]·『매월통기전每月統紀傳』[18]이 있는데, 하늘의 별처럼 선명하고 손금을 보는 것처럼 명료했다. 이에 비로소 해도海圖와 해지海志를 펼쳐 보지 않았으면 우주의 창대함과 남북극의 상하가 둥글다는 것을 몰랐다는 사실조차 몰랐을 것이다. 다만, 이 발행물들은 대부분 서양 상인들이 발행한 것으로 섬 해안가 토산물의 다양함, 항구도시 화물 선박의 수, 더위와 추위 등 하늘의 운행에 따른 절기에 대해서는 상세하다. 그리고 각 나라 연혁의 전모나 행정 구역의 역사로 보아 각 나라 사서史書에 9만 리를 종횡하고 수천 년을 이어져 온 산천 지리를 기록할 수 있을 것 같은데, [이들 책에서는] 유감스럽게도 아직 들어 보지 못했다.

다만 최근에 나온 포르투갈[19]인 호세 마르티노 마르케스José Martinho Marques[20]의 『지리비고地理備考』,[21] 미국[22]인 엘리자 콜먼 브리지먼Elijah Coleman Bridgman[23]의 『미리가합성국지략美理哥省國志略』[24]은 모두 그 나라의 문인들이 고대 전적典籍[25]을 세세하게 살펴 [집필하여] 문장의 조리가 매우 분명해 이해하기가 쉽다. 그리고 『지리비고』의 「구라파주총기歐羅巴洲總記」 상하 2편[26]은 더욱 걸작으로, 바로 오랫동안 막혀 있던 마음을 확 트이게 해 주었다. 북아메리카[27]에서는 부락이 군장을 대신하고[28] 그 정관이 대대로 이어지는데도 폐단이 없고, 남아메리카[29] 페루국[30]의 금은은 세계에서 제일 풍부하지만, 모두 역대로 들은 바가 없다. 이미 [『해국도지』는] 100권을 완성해 앞에 총론을 제시해서 독자들로 하여금 그 대강을 파악한 후에 그 조목을 상세하게 알게 해 두었으니 분량의 방대함에 질려 탄식하지 않기를 바란다.

또한 예전 지도는 단지 앞면과 뒷면 2개의 전도全圖만 있고, 또한 각 나라가 모두 실려 있지 않아 좌우에 지도와 역사서를 모두 갖추는 바람을 채우지 못했다. 그런데 지금 광동과 홍콩에서 간행된 화첩畫帖[31] 지도를 보면 각각 지도는 일국의 산수와 성읍의 위치를 구륵鉤勒, 즉 동그라미로 표시하고 색칠해 두었으며 경도[32]와 위도[33]를 계산하는 데 조금도 어긋나지 않았다. 이에 고대부터 중국과 교류가 없었던 지역임에도 산천을 펼쳐 보면 마치 『일통지一統志』의 지도를 보는 것 같았고 풍토를 살펴보면 마치 중국 17개 성省의 지방지를 읽는 것 같았다. 천지 기운의 운행이 서북쪽에서 동남쪽으로 해서 장차 중외가 일가를 이루려고 하는 것인가!

무릇 그 형세를 자세하게 알면 다스리는 방법이 틀림없이 「주해편」에 들어 있다는 것을 알게 될 것이다. 「주해편」은 작게 쓰면 작은 효용이, 크게 쓰면 큰 효용이 있을 것이니 이로써 중국의 명성과 위엄을 떨칠 수 있다면 이는 밤낮으로 매우 원하던 바이다.

마르케스의 『천문지구합론天文地球合論』과 최근 수전에서 사용되었던 화공과 선박, 기기의 도면을 함께 뒤쪽에 부록으로 실어 두었으니, 지식을 넓히는 데 보탬이 되고, 유익하게 활용하는 데 도움이 되기를 바란다.

함풍咸豐 2년(1852), 소양 사람 위원이 고우주高郵州에서 쓴다.

海國圖志後敍

——

　　譚西洋輿地者, 始於明萬曆中泰西人利馬竇之『坤輿圖說』, 艾儒略之『職方外紀』. 初入中國, 人多謂鄒衍之談天. 及國朝而粵東互市大開, 華梵通譯, 多以漢字刊成圖說. 其在京師欽天監供職者, 則有南懷仁·蔣友仁之『地球全圖』. 在粵東譯出者, 則有鈔本之『四洲志』·『外國史略』, 刊本之『萬國地理全圖集』·『平安通書』·『每月統紀傳』, 爛若星羅, 瞭如指掌. 始知不披海圖海志, 不知宇宙之大, 南北極上下之渾圓也. 惟是諸志多出洋商, 或詳於島岸土產之繁, 埠市貨船之數, 天時寒暑之節. 而各國沿革之始末·建置之永促, 能以各國史書誌富媼山川縱橫九萬里·上下數千年者, 惜乎未之聞焉.

　　近惟得布路國人瑪吉士之『地理備考』與美里哥國人高理文之『合省國志』, 皆以彼國文人留心丘索, 綱擧目張. 而『地理備考』之『歐羅巴洲總記』上下二篇尤爲雄偉, 直可擴萬古之心胸. 至墨利加北洲之以部落代君長, 其章程可垂奕世而無弊, 以及南洲孛露國之金銀富甲四海, 皆曠代所未聞. 旣彙成百卷, 故提其總要於前, 俾觀者得其綱而後詳其目, 庶不致以卷帙之繁, 望洋生歎焉.

又舊圖止有正面背面二總圖, 而未能各國皆有, 無以愜左圖右史之願. 今則用廣東香港冊頁之圖, 每圖一國, 山水城邑, 鉤勒位置, 開方里差, 距極度數, 不爽毫髮. 於是從古不通中國之地, 披其山川, 如閲『一統志』之圖, 覽其風土, 如讀中國十七省之志. 豈天地氣運, 自西北而東南, 將中外一家歟!

夫悉其形勢, 則知其控馭必有於「籌海」之篇. 小用小效, 大用大效, 以震疊中國之聲靈者焉, 斯則夙夜所厚幸也. 夫至瑪吉士之『天文地球合論』與夫近日水戰火攻船械之圖, 均附於後, 以資博識, 備利用.

咸豐二年, 邵陽魏源敍於高郵州.

주석

1   만력萬曆: 명나라 제13대 황제 신종神宗 주익균朱翊鈞의 연호(1573~1620)
    이다.

2   서양: 원문은 '태서泰西'이다. 널리 서방 국가를 가리키는데, 일반적으로
    서유럽과 미국을 의미한다.

3   마테오 리치Mateo Ricci: 원문은 '이마두利瑪竇'이다. 마테오 리치(1552~1610)
    는 이탈리아 마체라타Macerata 출신으로 1583년에는 광동에 중국 최초의
    천주교 성당을 건립해 그리스도교를 전파했다. 그는 유학에도 상당히
    조예가 깊었으며, 철저한 중국화를 위해 스스로 유학자의 옷을 입었다.
    그리고 조상 숭배도 인정하는 융통성을 보여 유학자들로부터 '서양의
    유학자(泰西之儒士)'라고 불리었다. 대표적인 저작으로 자신과의 대화 형
    식을 빌려 천주교 교리를 설명한 『천주실의天主實義』가 있다.

4   『곤여도설坤輿圖說』: 청대 초기 흠천감을 맡고 있던 페르비스트(1623~1688)
    는 천문역법뿐만 아니라 세계 지리와 지도, 천주교 등 다양한 유럽 문
    화를 소개했는데, 그중 세계 지리서로 간행한 것이 바로 『곤여도설』이
    다. 이 책은 상하 2권 1책으로 구성되어 있다. 여기에서 마테오 리치의
    저술이라고 한 것은 오류이다. 마테오 리치는 1601년 『만국도지萬國圖
    志』를 그려서 만력제에게 선물했으며, 세계 지도 위에 지리학과 천문
    학적인 설명을 덧붙여 놓은 『곤여만국전도坤輿萬國全圖』를 번역하기도
    했다. 본문에서 『곤여도설』은 『곤여만국전도』의 오류가 아닌가 생각
    한다.

5   줄리오 알레니Giulio Aleni: 원문은 '애유락艾儒略'이다. 알레니(1582~1649)는
    이탈리아 출신의 예수회 소속 선교사이다. 중국의 복장과 예절을 받아
    들여 '서양의 공자'라고 일컬어졌다.

6   『직방외기職方外紀』: 알레니가 한문으로 저술한 세계지리도지世界地理圖

志이다. 마테오 리치의 『만국도지』를 바탕으로 증보했으며, 아시아, 유럽, 아프리카, 아메리카 및 해양에 관한 내용을 적고 있다. 『주례周禮』에 기록된 관제 중에 직방씨職方氏가 있는데, 천하의 땅을 관장하기 위해 지도를 맡아 관리했다. 이에 따르면 천하는 중국과 주위의 사이四夷, 팔만八蠻, 칠민七閩, 구맥九貉, 오융五戎, 육적六狄으로 구성되어 있다. 이에 알레니는 중국 사람들에게 천하에는 이들 이외에 중국에 조공하지 않는 많은 나라가 있음을 이 책을 통해 알려 주려고 한 것이다.

7   추연鄒衍: 추연(기원전 305~기원전 240)은 중국 전국 시대戰國時代 제齊나라 사람으로 제자백가 중 음양가陰陽家의 대표적 인물이다. 오행사상五行思想과 음양이원론陰陽二元論을 결합하여 음양오행사상을 구축했다.

8   천하를 논하는 것과 같다고 생각했다: 여기에서 천문은 추연의 대구주설大九州說을 말하는 것이다. 『사기史記』에 따르면, "중국을 이름 붙이기를 적현신주赤縣神州라고 했다. 적현신주의 안에 구주九州라는 것이 있는데, 우禹임금이 정한 구주가 바로 이것이나, 대구주는 아니다. 중국의 밖에는 적현신주 같은 것이 9개가 있는데, 이것이 구주인 것이다"라고 되어 있다. 즉 추연은 우공의 구주 전체를 적현신주라 하고 이와 똑같은 것이 8개가 더 합쳐져서 전 세계가 하나의 주를 구성하고 있다고 보았다. 추연의 대구주설은 처음에는 이단으로 받아들여졌으나, 서양의 세계 지도가 중국에 전래되면서 관심을 끌게 되었다고 한다.

9   청조: 원문은 '국조國朝'이다.

10   통상무역: 원문은 '호시互市'이다. 본래 중국의 역대 왕조가 국경 지대에 설치한 대외무역소를 가리키는데, 명청 시대에는 책봉 관계를 체결하지 않은 외국과의 대외무역 체제를 의미한다.

11   흠천감欽天監: 명청 시대 천문·역법 등에 관한 일을 담당하던 기관으로 서양 선교사들이 황실의 천문을 살펴 주고 그 사업을 주도했다.

12   페르디난트 페르비스트Ferdinand Verbiest: 원문은 '남회인南懷仁'이다. 벨기에 출신으로 1659년 중국에 와서 전도에 일생을 바쳤다. 당초 예수회 수사 아담 샬Adam Schall을 도와 흠천감에서 근무했는데, 이는 서양의 천

문학과 수학에 통달했기 때문이었다. 강희 원년(1662) 양광선楊光先을 중심으로 하는 보수파의 반대 운동에 부딪혀 아담 샬과 함께 북경 감옥에 갇혔다. 이어 보수파가 실각하자 다시 흠천감의 일을 맡게 되었으며, 궁정의 분수 등을 만들어 강희제의 신임을 받아 공부시랑工部侍郎의 직위를 하사받았다. 또한 서양풍의 천문기기를 주조하고 그것을 해설한 『영대의상지靈臺儀象志』(1674) 16권을 출판했으며, 같은 해에 『곤여도설坤輿圖說』이라는 세계 지도를 펴냈다.

13 미셸 베누아Michel Benoist: 원문은 '장우인蔣友仁'이다. 미셸 베누아(1715~1774)는 프랑스 출신의 예수회 선교사, 천문학자이다.

14 초본鈔本: 인쇄 기술에 의존하지 않고 손으로 직접 글을 써서 제작한 도서나 출판물을 가리킨다. 필사본이라고도 한다.

15 『외국사략外國史略』: 영국인 선교사 로버트 모리슨Robert Morrison의 작품으로 『해국도지』에 커다란 영향을 미쳤다.

16 『만국지리전도집萬國地理全圖集』: 광서 2년본에는 '『만국도서집萬國圖書集』'으로 되어 있으나, 악록서사본에 따라 고쳐 번역한다.

17 『평안통서平安通書』: 미국 선교사 디비 베툰 매카티Divie Bethune McCartee의 저서로, 기독교 교의와 과학 지식, 천문天文·기상氣象 관련 상식들을 소개하고 있다.

18 『매월통기전每月統紀傳』: 원명은 『동서양고매월통기전東西洋考每月統記傳』으로, 카를 귀츨라프Karl Gützlaff가 1833년에 광주廣州에서 창간한 중국어 월간지이다.

19 포르투갈: 원문은 '포로국布路國'이다.

20 호세 마르티노 마르케스José Martinho Marques: 원문은 '마길사馬吉士'이다. 마규사馬圭斯, 혹은 마귀사馬貴斯라고도 한다. 마르케스(1810~1867)는 어려서부터 마카오의 성요셉 수도원에서 한학을 배웠다. 1833년 23세 때 통역사 자격을 취득한 후 마카오 의사회에서 통번역 일을 했으며, 1848년부터는 프랑스 외교사절의 통역에 종사했다.

21 『지리비고地理備考』: 전 10권으로 구성되어 있다. 제1권은 지리학, 천문학

과 기상학, 제2권은 지진, 화산 등 각종 자연 현상, 제3권은 포르투갈의 정치 무역을 비롯해 각 나라의 기원과 역사에 대해, 제4권에서 제10권은 지구총론, 유럽, 아시아, 아프리카, 아메리카, 오세아니아주의 정치, 지리, 경제 현상에 대해 서술하고 있다.

22 미국: 원문은 '미리가국美里哥國'이다.

23 엘리자 콜먼 브리지먼Elijah Coleman Bridgman: 원문은 '고리문高理文'이나, 비치문裨治文으로 표기하는 것이 일반적이다. 브리지먼(1801~1861)은 중국에 파견된 최초의 미국 프로테스탄트 선교사이다. 성서 번역 외에 영어판 월간지 Chinese Repository를 창간했다. 또한 싱가포르에서 한문으로 미국을 소개한 『미리가합성국지략』을 간행했는데, 이 책은 위원의 『해국도지』에서 미국 부분을 서술하는 데 중요한 참고자료가 되었다.

24 『미리가합성국지략美理哥合省國志略』: 원문은 '『합성국지合省國志』'이다. 혹자는 이 말을 오해해서 『합성국지』가 『해국도지』 100권본에 이르러 비로소 인용되었다고 하지만, 악록서사본에 따르면 이미 『해국도지』 50권본에서 이 책을 인용하고 있다고 한다.

25 고대 전적典籍: 원문은 '구색索丘'이다. 『팔색八索』과 『구구九丘』를 아울러 칭한 것으로 일반적으로 고대의 모든 전적을 가리킨다.

26 『지리비고地理備考』의 「구라파주총기歐羅巴洲總記」 상하 2편: 위원은 『지리비고』의 「방국법도원유정치무역근본총론邦國法度原由政治貿易根本總論」의 전문을 각색해서 「구라파주총기」 상하 두 편으로 표제를 수정했다.

27 북아메리카: 원문은 '묵리가북주墨利加北洲'이다.

28 부락이 군장을 대신하고: 원문은 '이부락대군장以部落代君長'으로, 미국의 연방제를 가리키는 것으로 보인다.

29 남아메리카: 원문은 '남주南洲'이다.

30 페루국: 원문은 '패로국孛露國'이다.

31 화첩畵帖: 원문은 '책혈冊頁'이며, 화책畵冊이라고도 한다.

32 경도: 원문은 '개방리차開方里差'이다. 오늘날 시간대를 나타내는 이차의 원리는 원나라 이후 널리 알려져 절기와 시각, 일식과 월식을 예측하는

데 널리 적용됐다.

33 위도: 원문은 '거극도수距極度數'이다.

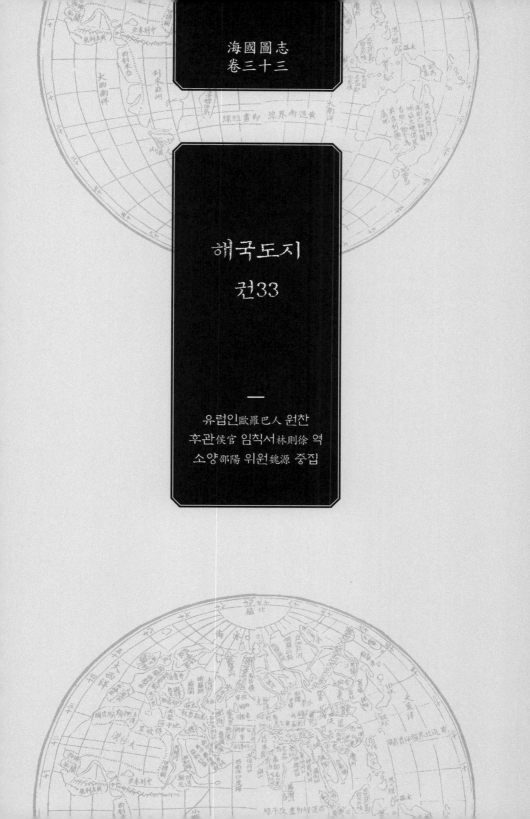

海國圖志
卷三十三

해국도지
권33

一

유럽인歐羅巴人 원찬
후관侯官 임칙서林則徐 역
소양邵陽 위원魏源 중집

본권에서는 아프리카대륙의 지리, 풍속, 외모, 언어, 문화적 특색에 대해 전반적으로 서술하고 있다. 『직방외기職方外紀』, 『지구도설地球圖說』, 『지리비고地理備考』, 『영환지략瀛環志略』, 『만국지리전도집萬國地理全圖集』, 『매월통기전每月統紀傳』 등의 기록을 통해 아프리카 국가 중에서도 특히 이집트와 에티오피아에 대해 자세히 기술하고 있다. 위원은 『원사』의 기록을 인용하면서 동남아시아의 마팔이국과 구람국을 아프리카로 잘못 여겨 이곳에 분류하는 오류를 범하고 있다.

소서양 아프리카 서설

—

위원이 말한다.

소서양 아프리카는 유럽과 지중해를 사이에 두고 있으며 땅의 면적과 인구는 모두 유럽에 맞먹는다. 그러나 교화로 따져도 세상을 다스리는 데 도움이 될 만한 성현은 나온 적이 없고, 부국강병으로 따져도 나라를 통일한 왕이 없으며, 땅은 사분오열되었고 오직 흑인 노예만을 산출해 인신매매용으로 제공하고 있으니 무엇 때문인가? 오늘날 동쪽 6개 지역은 포르투갈이 관할하고 있고, 지중해와 인접해 있는 북쪽 4개 지역은 모두 해적들로 프랑스가 관할하고 있으며, 대서양Atlantic Ocean에 접해 있는 서쪽의 24개 지역은 포르투갈·네덜란드·영국·프랑스 각 나라가 나누어 관할하고 있다. 남쪽으로는 스톰버그산맥Stormberg Mountains[1]과 킬리만자로산Kilimanjaro Mountain[2]이 남극해Antarctic Ocean[3]로 쑥 들어가 있다. 최남단에 있는 폭풍봉Cape of Storms[4]은 바로 희망봉Cape of Good Hope[5]으로, 남위 36도, 북위 36도에 위치해 중국과는 반대이며 대서양의 상선들이 반드시 둘러서 지나가는 곳으로, 또한 영국과 네덜란드의 군사들이 주둔하고 있다. 영국과 네덜란드는 해구를 점령한 채 포대를 세우고 항구를 열었는데, 원주민들을 모두 노예로 부렸다. [이 때문에] 지금 아프리카에 대한 기록은 실제로는 대서양에 대한 기록이 되어 버린 것이다.

위원이 또 말한다.

물은 산맥을 따라 흐르는데, 산이 역방향이면 물도 거꾸로 흐른즉, 물이 빙빙 돌면서 기운이 잘 흐르지 못한다. 파미르고원 동쪽은 물이 모두 동쪽으로 흐르기 때문에 음양과 수맥을 살피는 자들은 모두 서쪽으로 물이 흐르는 것을 역류라고 생각한다. 파미르고원 서쪽은 물이 모두 서쪽으로 흐르기 때문에 또한 동쪽으로 흐르는 것을 역류라고 생각한다. 아프리카의 나일강Nile[6]은 서쪽에서 동쪽으로 8천~9천 리를 거꾸로 흘러 지중해로 들어간다. 대개 산맥은 동쪽으로 유다Judah[7]의 협곡에서 시작해 남쪽으로 이집트Egypt[8]와 에티오피아Ethiopia[9]를 돌아 남아프리카Southern Africa에 도착한 이후에 서쪽으로 꺾어 북동쪽으로 방향을 바꿔 가면 다시 이집트에 도착한다. 1만여 리의 둘레를 돌며 물이 흐른다. 그래서 중앙아프리카Central Africa 각국은 사방이 산으로 둘러싸여 있어 해외 국가와는 왕래하지 않았으며, 서양 상선들이 교류했던 곳은 모두 산 뒤쪽 사방의 거친 땅에서만 했을 뿐이다. 이집트[10]와 에티오피아 두 나라는 나일강 하류에 위치해 서인도 홍해 연안과 가깝기 때문에 일찍 개방되어 명성과 문물이 대서양[11]의 으뜸이다. 그러나 근자에 이슬람교가 한바탕 휩쓸고 가 풍속이 완전히 야만적으로 바뀌었다. 나일강 상류의 내지는 강 인근의 양쪽 기슭을 제외하고 나머지는 모두 사막으로, 열사병과 풍토병으로 외부인이 들어갈 수 없다. 영국은 일찍이 화륜선을 타고 내지 깊숙이 들

어갔다가 중도에 역병에 걸려 아무 소득이 없이 돌아갔다. 그래서 산천·
지리·물산·풍속에 대해서는 모두 잘 알지 못하며, 4대륙 가운데 기후가
가장 열악하다. 중앙아프리카 사람들은 조금 희고 서·남아프리카 사람
들은 모두 흑인 노예로, 유럽의 전함에서 노역했다. 그러나 중국에 온 사
람들이 이 두 곳 출신인지 몰랐기 때문에 간혹 개중에는 유럽인들은 흑
인과 백인 두 종족이 있다고 생각하는 이도 있었다.

小西洋利未亞洲各國志

一

敍曰: 小西洋利未亞洲與歐羅巴隔地中海, 其地之廓, 人之庶, 皆與歐羅巴
埒. 乃語敎化則無持世之哲, 語富強則無統一之王, 四分五裂, 惟產黑奴以拱掠
賣, 何哉? 今東六部, 則布路亞國服之, 北四部鄰地中海, 爲海賊, 則佛蘭西服
之, 西二十四部瀕西海, 則布路亞·荷蘭·英吉利·佛蘭西各國分踞之. 南則斯溜
墨·大雪山, 斗入南海. 其極南之兀賀峽卽大浪峰, 南極出地三十六度, 北極入
地三十六度, 與中國反對, 爲大西洋商舶必繞過之地, 亦英吉利·荷蘭兵戍守之.
皆據海口立砲臺, 設市埠, 而土人供其驅使. 今志小西洋, 實所以志大西洋也.

魏源又曰: 水隨山脈行, 山逆則水逆, 逆則回環而氣鍾焉. 蔥嶺以東, 水皆東
流, 故相陰陽觀流泉者, 皆以西流爲逆. 蔥嶺以西, 水皆西注, 則又以東流爲逆.
利未亞洲之泥祿河, 自西至東逆行八九千里, 而入地中海. 蓋山脈東起如德亞
峽, 南繞伊揖及亞毗心域, 及至南利未加, 而後折西轉北東行, 復至伊揖. 周環
萬餘里, 而水從之. 故中利未亞各國四周環山, 不與海國往來, 而西洋商舶所通

者, 皆其山背四隅頑獷之地而已. 麥西及亞毗心域二國居泥祿河下游, 近西印度紅海岸, 故風氣早開, 聲名文物冠西海. 而近掃蕩於回敎, 全變羶俗. 其上游腹內之地, 則除近河兩岸外, 餘皆沙漠, 炎毒瘴癘, 外人所不能入. 英吉利曾以火輪船深入其中, 半途病疫, 不得要領而還. 故山川·疆域·物產·風俗皆未深悉, 於四洲中地氣最劣焉. 中利未洲其人稍皙, 西·南利未洲則皆黑奴, 爲歐羅巴兵艘役之. 而來華人不知其產二地也, 則或謂歐羅巴人種有黔皙云.

주석

1 스톰버그산맥Stormberg Mountains: 원문은 '사류묵斯溜墨'이다.

2 킬리만자로산Kilimanjaro Mountain: 원문은 '대설산大雪山'이다.

3 남극해Antarctic Ocean: 원문은 '남해南海'이다.

4 폭풍봉Cape of Storms: 원문은 '올하협兀賀峽'으로, 희망봉의 옛 명칭이다.

5 희망봉Cape of Good Hope: 원문은 '대랑봉大浪峰'이다. 1488년 포르투갈의
   항해가 바르톨로메우 디아스가 아프리카대륙의 남단을 확인한 후 포르
   투갈로 귀항하는 길에 처음으로 이 곳을 발견했다고 한다. 본래 이곳은
   폭풍봉이라 불렸는데, 이 곳의 발견으로 유럽과 인도를 잇는 항로 개척
   의 가능성이 확인되었기 때문에 디아스가 희망봉이라 이름 붙였다고
   한다.

6 나일강Nile: 원문은 '니록강泥祿河'이다.

7 유다Judah: 원문은 '여덕아如德亞'이다.

8 이집트Egypt: 원문은 '이읍伊揖'이다.

9 에티오피아Ethiopia: 원문은 '아비심역亞毗心域'이다.

10 이집트: 원문은 '맥서麥西'이다.

11 대서양: 원문은 '서해西海'이다.

동·아프리카의 양대 대국은 별도로 이 권에 둔다.

아프리카 총설

—

원본에는 없으나, 지금 보충해서 편집한다.

『직방외기職方外紀』에 다음 기록이 있다.

세계에서 세 번째로 큰 대륙을 아프리카라고 하는데, 크고 작은 1백여 개의 나라가 있다. 서남쪽으로는 대서양 동남부¹에 이르고 동쪽으로는 서홍해西紅海에 이르며, 북쪽으로는 지중해에 이른다. 최남단은 남위 35도이고, 최북단은 북위 35도이며, 동서의 너비는 78도이다. 이 땅은 너른 들판이 많아 야생 동물이 매우 많다. 아주 단단하고 나뭇결이 좋은 나무가 있는데, 물에 가라앉히거나 흙에 묻어도 천 년 동안 썩지 않는다. 북쪽 근해에 있는 여러 나라는 아주 풍요로워 오곡이 1년에 두 번 익고, 한 말을 심으면 열 섬을 거둘 수 있다. 곡식이 익을 때면 다른 나라의 온갖 새들이 모두 이 땅에 와서 추위를 피하고 먹이를 먹으며 겨울을 지낸 뒤에야 돌아간다. 그래서 늦가을부터 초겨울까지 근해의 땅에서 사냥해 잡아들인 새가 셀 수 없을 정도로 많다. 이곳에서 나는 포도나무는 아주 높고 크며 열매도 주렁주렁 달리는데, 이는 다른 나라에는 없는 것이다. 땅은 아주 광활하며 일정한 거처 없이 사는 사람들도 있는데, 그들은 씨앗을 뿌려서 일단 곡식을 수확하면 바로 다른 곳으로 옮겨 간다. 초원에는 기이한 동물들이 살고 있는데, 그곳에는 하천이 아주 드물기 때문에 물이 고이는 곳이면 온갖 짐승들이 모여든다. 게다가 서로 다른 종류의 짐승들이 짝을 지어 번번이 기이한 생김새의 짐승이 태어나기도 한다. 사자는 사나워서 호랑이와 싸울 수 있고, 호랑이와 표범, 곰, 큰곰의 종류가 한둘이 아니어서 원주민들은 대부분 사냥을 일삼는다. 신분이 귀한 사람들도 사냥을 나가서 사자나 호랑이를 잡는 것을 재미로 삼았다. 경내에 아틀라스산맥Atlas Mountains[2]이라는 명산이 있는데, 서북쪽에 위치한다. 세계에서 이 산이 가장 높아서 무릇 바람과 비, 이슬, 천둥이 모두 산중턱에서 일어나고, 산 정상은 항상 맑고 깨끗하여 해와 별이 가장 크게 보인다. 옛날 사람이 화산재에다 글자를 쓴 적이 있는데, 천 년이 지나도록 그대로 있었으니, 바람이 없기 때문이다. 나라 사람들은 이 산을 하늘의 기둥이라고 부른다. 이곳 사람들은 밤에 잠을 잘 때 꿈을 꾸지 않으니 정말 신기하다. 물란예산Mulanje Mountain[3]은 적도 남쪽 23도에 위치하는데, 아주 험준해서 올라갈 수가 없다. 시에라리온Sierra Leone[4]은 서남쪽 경계에 위치하며 그 위에서 자주 천둥과 번개가 일어나 우르르 쾅 번개 치는 소리가 끊이지 않는데, 추울 때나 더울 때나 시시때때로 발생한다. 그곳에는 앙골라국Angola[5]이 있는데, 은을 생산하는 광산이 매우 많으며 캐내어도 끝이 없다. 그곳의 서남쪽 바다에는 희망봉[6]이 있는데, 그 아래 바다는 바람이 빠르고 급하여 풍랑이 매우 거세게 일어나 상선들이 이곳에 이르러서 간혹 지나갈 수 없으면 물러나서 돌아갔다. 서양 선박들이 난파당하는 일은 대부분 이곳에서 일어났다. 이곳을 지나가면 너무 기뻤기 때문에 또한 희망봉[7]이라고 불렀다. 이 산의 동쪽에는 암초가 있는데, 전체가 다 산호로 되어 있으며 단단한 것은 칼날처럼 날카로워 선박들이 아주 두려워하며 피한다. 무릇 아프리카 나라 가운데 유명한 왕국으로는 액입다厄入多 바로 이집트이다. ·마라가馬羅可 바로 모로코Morocco[8]이다. ·불사弗沙 바로 튀니지Tunisie[9]이다. ·아미리가亞未利加 바로 동아프리카 각국이다. ·누미디아Numidia[10] 바로 남아프리카의 원주민 왕국이다. ·아비심역亞毗心域 바로 에티오피아[11]이다. ·무타파 제국Mwene we Mutapa[12] 바로 샨켈라Shanqella[13] 원주민 왕국이다. ·시르티스Syrtis[14] 서아프리카 대륙에 있는데, 어느 나라인지 모른다. 가 있다. 해상에 흩어져 있는 나라로는 잔지바르섬Zanzibar Island[15]·상투메섬Ilha de São Tomé[16]·세인트헬레나섬Saint Helena Island[17]·마다가스카르Madagascar[18]가 있다. 아프리카 서북쪽에 7개의 섬이 있는데, 카나리아제도Islas Canarias[19]가 그 섬 전체를 부르는 이름이다. 그 땅은 아주 풍요로워 사람이 살아가는 데 필요한 것이 없는 것이 없다. 비는 전혀 내리지 않지만 바람과 공기가 촉촉하게 젖어 있어 초목이 잘 자라며, 온갖 곡식들도 번거롭게 경작하고 파종하지 않아도 씨만 뿌려 놓으면 저절로 자란다. 포도주와 설탕이 아주 많아서 서양 상선이 왕래할 때면 반드시 카나리아제도에 들러 물건을 사서 배 안에서 사용했다. 7개의 섬 가운데 엘이에로섬El Hierro[20]은 샘물이 전혀 없지만, 큰 나무 한 그루가 자라는데, 매일 해가 지면 바로 구름이 나무를 둘러싸고 감로수를 만들어 떨어뜨리고 이튿날 아침 해가 나오면 그제야 구름이 흩어지고 물이 사라진다. 나무 아래에 연못 몇 개를 만들어 두면 하룻밤 사이에 물이 가득 차 사람과 가축이 모두 목을 축이기에 충분했다. 예로부터 이러해서 성적수聖迹水라 불렀는데, 이는 하느님이 사람에게 필요한 것을 끊지 않고 특별히 이와 같은 기이한 물을 만들어 사람이 살 수 있게 해 주었음을 의미한다. 여러 나라의 사람들은 대부분 이 물을 담아 돌아가면서 특별한 산물이라 여겼다.

『지구도설地球圖說』에 다음 기록이 있다.

아프리카대륙은 동쪽으로는 홍해와 인도양에 접해 있고 서남쪽으로
는 대서양, 북쪽으로는 지중해와 접해 있다. 인구는 대략 9천만 정도 되
고 땅은 적도의 정중앙에 해당해 날씨가 아주 덥다. 중부에 사막이 끝없
이 펼쳐져 있는데, 물과 풀은 하나도 없어 사람과 말이 다니기 힘들다.
오직 낙타만이 다닐 수 있으며, [낙타는] 7~8일 동안 물을 마시지 않아도
괜찮다. 간혹 물과 풀이 있는 곳이 몇 군데 있어 지나가면서 물을 먹을
수 있다. 그래도 이상은 모두 사람의 발길이 닿는 곳이다. 내륙으로 들
어가면 사람이 지나다니는 것을 볼 수 없다. 다만 저 멀리 물란예산이라
는 높은 산만 보이는데, 아프리카의 중앙에 걸쳐 있으며 서쪽에서부터[21]
동쪽으로 길게 뻗어 있다. 아프리카 동쪽에는 3개의 섬이 있는데, 첫째
는 마다가스카르[22] 마압갑馬狎甲이라고도 한다. 로, 아프리카대륙 관할하에 있
고, 둘째는 모리셔스Mauritius[23]로 영국 관할하에 있으며, 셋째는 부르봉
섬Île Bourbon[24]으로 프랑스 관할하에 있다. 서쪽에는 4개의 섬이 있는데,
하나는 카나리아제도[25]로 스페인 관할하에 있고, 그 나머지 중 마데이라
제도Arquipélago da Madeira[26]·아소르스제도Ilhas dos Açores[27]·카보베르데제도
Ilhas de Cabo Verde,[28] 세 섬은 모두 포르투갈 관할하에 있다. 아프리카 사람
들은 피부가 검고 모발이 말려 있으며, 코가 납작하고 입술이 두꺼운데,
배우기를 좋아하지 않고 그다지 총명하지 않으며, 농사는 적게 짓고 목
축을 많이 한다. 옛날에는 이 대륙 북쪽에 큰 성이 있었으며 학교도 아
주 많고 문학도 유명했으나 지금은 그렇지 않다. 이곳의 이집트[29]라는 곳
은 바로 1800여 년 전 마리아가 유다국[30]의 박해를 피해 와 머물렀던 곳
이다. 종교의 경우 대부분은 우상에게 제사 지내고 반 정도 안 되게는 이
슬람교를 받들며 예수교를 믿는 사람들도 간혹 있다. 이 땅에서는 커피·

포도주·오곡·올리브유·약재·수유樹油 비누를 만들 수 있다. ··유제품·은행·목재·상아·짐승 가죽·사자·코끼리·무소·호랑이·큰 뱀·도마뱀·타조 등이 난다. 또한 아주 큰 흰개미가 있는데, 1길 남짓 높이의 흙집을 지을 수 있다. 2개의 큰 강이 있는데, 바로 나일강[31]과 나이저강Niger River[32]이다. 이 대륙 최남단의 경우 옛날에는 네덜란드 사람들이 차지했다. 그러다가 가경嘉慶 10년(1805)에는 영국이 점령했다. 대륙 북부의 이집트 경내에는 탑 같이 생긴 아주 높은 고대 유적을 남겼는데, 매우 높은 것은 70길 정도이다. 또한 기이한 형태의 석성石城과 고대 유적이 있으니, 세월이 많이 지나면서 모래와 흙에 파묻혀 겨우 머리 부분만 남아 있었는데, 사람의 머리에 짐승의 몸을 하고 있으며 전체 몸은 대략 13길 정도 되고 다리 네 개는 모두 온전했다. 앞 두 허벅지 사이와 앞쪽 두 발 위에 모두 사당이 있는데, 후대 사람들이 모래흙을 제거하고 나서야 그 큰 규모가 드러났다.

『지리비고地理備考』에 다음 기록이 있다.

세계 오대륙 가운데 가장 알 수 없는 곳이 바로 아프리카대륙[33]이다. 땅이 적도에 위치해 있어서 나쁜 기운이 차올라 풍토병이 된다. 사막을 사이에 두고 있어서 독충과 해충이 많으며, 다른 나라 사람들이 이곳에 오면 병에 걸려 죽기 때문에 옛날부터 교류하지 않았다. 영국 상인들이 일찍이 이곳을 알아보러 왔다가 어떤 사람은 풍토병에 걸려 죽고 어떤 사람은 원주민에게 살해당하기도 해서 결국은 알 도리가 없었다. 또 화륜선을 이용해 나이저강[34] 하류에서부터 들어왔는데, 선원들이 도중에 죽었고 단지 우연히 높은 산이 가로놓여 있는 것만 보았을 뿐, 별달리 들은 바 없이 돌아갔다. 그래서 지금까지 다만 연안 지역 사면에 대해서만 알 뿐, 내지의 산천·인물·지세·토산물에 대해서는 두루 알 수가 없다. 모든 부락의 이름은 그저 여러 전해지는 말을 통해 알 수 있을 뿐이다. 그 땅은 아시아의 서남쪽에 위치하는데, 나침반으로 보면 딱 서남쪽[35] 부근에 위치한다. 남북의 길이는 1만 8천 리,[36] 동서의 너비는 1만 6천 리이다.

아프리카대륙은 위도는 적도 북쪽 38도에서 시작해서 남쪽 35도에 이르고, 경도는 파리 본초자오선[37] 서쪽 19도에서 시작해서 동쪽 40도에 이른다. 남북의 거리는 1만 8천 리이고, 동서의 거리는 1만 6500리이며, 면적은 사방 750만 리이다. 그 땅은 열대 지역에 위치한 경우가 많고, 온대 지역에 위치한 경우는 적다. 해변은 오히려 시원하나 나머지 지역은 유달리 뜨겁고 덥다. 내지는 특히 더워서 기후와 풍토가 아주 사납고 풍토병이 돌며, 12시를 기점으로 추위와 더위가 번갈아 일어나면 원주민이라 하더라도 견디기 힘들다. 계절이 바뀔 때 우레와 번개, 비바람이 번갈아 일어나면서 폭염이 잠시 주춤한다. 그러다 날이 개면 이전처럼 날씨가 무더워진다.

『외국사략外國史略』에 다음 기록이 있다.

아프리카는 북위 37도 20분에서 남위 34도 50분에 이르고, 동경 51도에서 서경 17도 33분에 이르며, 땅의 면적은 사방 60만 리이고 너비는 1020리이다. 서쪽과 남쪽은 모두 대서양에 이르고 북쪽은 지중해에 이르며, 유럽과는 지브롤터해협Strait of Gibraltar[38]을 사이에 두고 동쪽으로는 아시아 수에즈지협Isthmus of Suez[39]과 이어져 있으며 서홍해를 경계로 하고 있다. 아프리카대륙은 면적은 광대하지만 연해 주변이 굽지 않고 직선으로 뻗어 있어 배가 정박할 수 있는 곳이 드물다. 강에서 배를 몰고 내륙으로 들어간다고 해도 강이 길거나 넓지 않다. 서쪽에서 가장 큰 강은 나이저강·카발라강Cavalla River[40]으로, 그 발원지는 알 수 없다. 너른 들판의 사방은 모래와 자갈뿐이지만, 중부 섬들의 경우에는 물과 풀이 풍부하다. 북쪽에 위치한 산 중에 높이가 천백 길 되는 산의 정상은 드넓고 평평하다. 해변의 날씨는 여름처럼 아주 덥고, 오직 최남단과 최북단 지역만이 날씨가 사계절에 부합한다. 그래서 서양의 강국들도 그 내지로 침입하지 못한다. 또한 지금까지 상인들도 오직 해구에서만 무역할 뿐 중부의 상황은 모른다. 짐승은 사자·호랑이·표범·코끼리·낙타·사슴·하마·코뿔소가 많다. 새는 공작새가 많고 타조는 아주 특이하며 모두 울지 않는다. 괴이하게 생긴 낙타와 악어도 난다. 초목은 봄에 싹을 틔우고 가을에 떨어져 아시아와 비슷하다. 다만 사람들이 게으르고 땅이 거칠며 일을 할 줄 모르기 때문에 사용할 수 있는 물품이 적다. 사람들은 대부분 곱슬머리에 얼굴이 검고, 코가 납작하며 치아가 하얗다. 원주민 대부분은 언어로 종족과 방계를 구분한다. 외국 선박들이 이곳을 지나갈 때 대부분 흑인을 잡아 노예로 팔았는데, 최근에 영국이 이를 금지했다. 이곳에 거주하던 선교사들은 대부분 풍토병에 걸려 죽었다. 이 땅은 크게 남아프리카·북아프리카·중앙아프리카, 세 지역으로 나뉜다.

『영환지략瀛環志略』에 다음 기록이 있다.

아프리카 북쪽의 땅 가운데 홍해 서남쪽 해안에 위치한 지역은 아시아와 근접해 있기 때문에[41] 유독 빨리 개방했다. 지중해 남쪽 해안에 자리한 지역은 유럽과 가깝기 때문에 페니키아Phoenicia[42]가 앞서 아프리카 영토를 개척했고, 로마가 뒤이어 경영했다. 칼리파khaliifa 시대[43]가 강성해졌을 때 거의 다 전멸했다. 이집트는 오스만 제국Osmanlı İmparatorluğu[44]에 예속된 뒤에 지난날의 흥성했던 문물이 모조리 없어져 버렸다. 또한 지중해 남쪽 해안의 여러 부락은 절반 정도가 도적[45]의 소굴이 되었다. 이는 시대의 추세에 따른 변화로 개탄할 만하다.

『영환지략』에 다음 기록이 있다.

살펴보건대 북아프리카 동쪽의 편벽된 땅은 대부분 사막 지대로 본래부터 불모지였는데, 오직 이집트만이 나일강의 물을 끌어들여 옥토로 변했다. 그 서북쪽 변경 지대에 있는 수에즈Suez[46] 또한 소엽蘇葉이라고도 한다. 는 또한 아라비아Arabia[47]·유다국과 인접해 있기 때문에 동방 오랑캐들이 상고 시대에 이곳까지 이동했다. 제도와 규범을 만들고 유럽 문명의 시작을 열어 몇 대를 거쳐 천몇백 년에 이르기까지 번성했다. 다만 나라를 세우고 백성들을 규합함에 오직 구불구불한 나일강 일대에만 의지했을 뿐, 넓힐 만한 땅도 없고, 수비할 수 있는 험지도 없었다. 그래서 페르시아·그리스·로마 등의 대국이 일어났을 때 이집트는 늘 그들의 신하 나라가 되었다. 칼리파 시대가 강성해졌을 때 결국 점령당해 이름난 땅이 야만적 풍속으로 바뀌었다. 누비아Nubia[48]는 본래 이집트의 남부에 위치하며 종족은 비록 야만족이 섞여 있지만, 옛날부터 따로 나라를 세우지는 않았다. 에티오피아[49]는 유럽도 아니고 이슬람도 아니며, 예로부터 원주민 부락이었다. 어떤 사람들은 에티오피아가 본래부터 규모가 있는 나라로, 서양인들이 말하는 그런 야만적 나라는 아니었다고 한다. 그러나 이집트와 비교하면 중국과 오랑캐의 구별에 지나지 않는다. 신봉하는 종교는 천주교와 대진교大秦敎인데, 사실 대진교는 바로 페르시아가 옛날에 신봉하던 조로아스터교[50]로, 대진국이라는 이름[51] 때문에 당나라 사람들이[52] 잘못 전한 것이다.

또 살펴보건대, 서인도에서 서쪽으로 가면 아덴Aden[53]이라는 작은 섬이 나오는데, 영국이 차지하고 있다. 여기서부터 홍해로 들어가 서북쪽으로 4천 리를 가서[54] 뱃길이 끝나면 이집트의 수에즈가 나오고, 육로로 170리를 가면 바로 지중해의 동남쪽 끝이 나온다. 다시 배를 타고 7천 리를 가면 지브롤터해협이 나오는데, 바로 대서양이다. 우회해서 남쪽으로 가는 경우와 비교해 보면, 아프리카의 서쪽 경계를 둘러서 최남단인 희망봉[55]에 이르고 또한 여기서 키를 돌려 동북쪽으로 가니 전체 거리가 약 2만이 줄어들어 대략 한 달 거리 정도 가까워진다. 다만 수에즈는 육로에서 170리 떨어져 있어 배로 지나갈 수 없기에 『해국문견록海國聞見錄』에서는 칼로 잘라 내지 못해 한스럽다고 했으니, 바로 이것을 가리키는 것이다.

근래에 영국이 화륜선을 제작하고는[56] 문서를 보내왔는데, 인도양에서 출발해 배를 몰고 아덴에 갔다가 홍해로 들어가서 수에즈에 도착했고, 육로로 지중해 동남쪽 끝에 도달했다고 했다. 그곳에서는 화륜선으로 화물을 주고받으며 서쪽으로 배를 몰아 지브롤터해협을 빠져나온다. 화륜선은 운항 속도가 매우 빠르고 풍랑도 두려워하지 않아도 되며, 또한 이동 거리도 2만 리 정도 되기 때문에 50일이면 영국 수도에 도착할 수 있다. 명나라 이전부터 유럽은 중국과 교류할 때 모두 이 길을 통해 왔다. 자세한 상황은 이슬람 4개국에서 설명한다. 옛날부터 북쪽 사람들은 말을 이용하고 남쪽 사람들은 배를 이용한다고 했는데, 단지 중국의 강하江河에만 해당하는 말이다. 만약 서양의 여러 나라처럼 바다를 건너는 일이었다면 진실로 크고 작은 무당의 판단이 필요했으리라.

利未亞洲總說

一

原本無, 今補輯.

　　『職方外紀』: 天下第三大洲曰利未亞, 大小共百餘國. 西南至利未亞海, 東
至西紅海, 北至地中海. 極南, 南極出地三十五度, 極北, 北極出地三十五度,
東西廣七十八度. 其地中多曠野, 野獸極盛. 有極堅好文彩之木, 能入水土千年
不朽者. 迤北近海諸國最豐饒, 五穀一歲再熟, 每種一斗, 可收十石. 穀熟時外
國百鳥皆至其地避寒就食, 涉多始歸. 故秋末冬初, 諸近海地獵取禽鳥無算. 所
產葡萄樹極高大, 生實繁衍, 他國所無. 地旣曠野, 人或無常居, 每種一熟, 卽
移徙他處. 野地皆產異獸, 因其處水泉絕少, 水之所瀦, 百獸聚焉. 更復異類相
合, 輒產奇形怪狀之獸. 獅猛, 能與虎鬭, 虎豹熊羆之類不一, 土人多以田獵爲
業. 貴人亦時出獵, 搏獅虎爲娛. 界內名山有亞大蠟者, 在西北. 天下惟此山最
高, 凡風電露雷皆在山半, 山頂終古晴明, 視日星倍大. 昔人有畫字於灰土者,
歷千年不動, 無風故也. 國人呼爲天柱. 此方人夜睡無夢, 甚奇. 有月山, 在赤
道南二十三度, 極險峻, 不可躋攀. 有獅山, 在西南境, 其上頻興雷電, 轟擊不
絕, 不間寒暑. 其在曷噩剌國者, 出銀鑛甚多, 取之無窮. 其在西南海者, 曰大

浪山, 其下海風迅急, 浪起極大, 商舶至此, 或不能過, 則退歸. 西洋舶破敗, 率在此處. 過之則大喜, 故亦稱喜望峰. 此山而東, 嘗有暗礁, 全是珊瑚之屬, 剛者利若鋒刃, 海船極畏避之. 凡利未亞之國, 著者曰厄入多 卽伊揖國. ·曰馬羅可 卽摩羅果國. ·曰弗沙 卽都尼司國. ·曰亞未利加 卽東阿未利加各國. ·曰奴米弟亞 卽南阿未利加土番. ·曰亞毗心域 卽阿邁司尼國. ·曰馬拿莫大巴 卽山牙臘土蠻. ·曰西爾得. 在西未利加洲, 未審何國. 其散處海中者, 曰井巴島·曰聖多默島·意勒訥島·聖老楞佐島. 利未亞西北有七島, 福島其總名也. 其地甚饒, 凡人生所需, 無所不有. 絕無雨而風氣滋潤, 易長草木, 百穀亦不煩耕種, 布種自生. 葡萄酒及白糖至多, 西土商舶往來, 必至此島市物, 以爲舟中之用. 七島中有一鐵島, 絕無泉水, 而生一大樹, 每日沒, 卽有雲氣抱之, 釀成甘水滴下, 至明旦日出, 方雲散水歇. 樹下作數池, 一夜輒滿, 人畜皆沾足焉. 終古如此, 名曰聖迹水, 言天主不絕人用, 特造此奇異之迹以養人. 各國人多盛歸, 以爲異物.

『地球圖說』曰: 亞非利加大洲, 東界紅海竝印度海, 西南界大西洋海, 北界地中海. 百姓約共九千萬, 地當赤道正度, 天氣極熱. 中有曠野, 浩浩無涯, 水草皆窮, 人馬難行. 惟駱駝尙可奔馳, 雖七八日不飮亦無妨. 然間有水草數處, 可經過而飮焉. 以上皆人迹經歷之地. 至其腹地, 無人經覽. 但遙見一高山名月山, 長亙州中央, 自西而東而已. 州東有三島, 一名馬達加葛, 又名馬狎甲. 係是洲管轄, 二名冒勒突, 係英國管轄, 三名埔耳防, 係佛蘭西管轄. 西邊有四島, 一名加那利, 係大呂宋管轄, 其餘馬太拉·亞鎮利·綠頭三島, 係葡萄牙國管轄. 此洲人民, 膚黑髮鬈, 鼻扁唇厚, 不好學, 不甚聰明, 農少牧多. 在昔此洲北有大城, 極多書院, 文學有名, 今無是矣. 是方有夷及多一處, 卽一千八百餘年前馬利亞避猶太國加害旅寓之地. 所述之教, 大半祀偶像, 小半回回教, 而耶穌教間或有之. 土產架非·葡萄酒·五穀·橄欖油·藥材·樹油 可造番鹼. ·乳酥·百果·木

料·象牙·獸皮·獅·象·犀·虎·蟒·虺·駝鳥. 復有極大之白蟻, 能作土宮舍, 高至丈
餘. 有二大江, 卽尼羅江與黑江是也. 是洲極南, 昔荷蘭國人所踞. 嘉慶十年間,
英吉利國據之. 洲北夷及多界內, 有極高之古蹟, 狀如塔, 其至高者有七十丈.
更有異樣石人古蹟, 世遠年湮, 被沙土埋掩, 僅存其首, 形狀人頭獸身, 統體約
十三丈, 四足俱全. 前二股間與前右足上俱有廟宇, 乃後人去其砂土, 獲此大
觀也.

『地理備考』曰: 天下五州, 最難盡悉者, 乃亞非里加州也. 地當赤道, 災氣蒸
爲瘴癘. 隔以沙漠, 多毒蟲惡豸, 他國人到輒病死, 故自古未通. 英吉利商常往
探之, 或染瘴死, 或爲土番邀殺, 迄不得要領. 又用火輪船, 從尼日爾河下遊駛
入, 水手半途死亡, 惟遇見高峰橫亙, 別無所聞而歸. 故至今惟知沿海四面, 其
腹內山川·人物·地勢·土產, 則不能周知. 所有部落之名, 僅得諸傳聞而已. 其
地在亞細亞之西南, 以羅針視之, 正當坤申之位. 南北一萬八千里, 東西闊處一
萬六千里.

亞非里加州緯度距赤道自北三十八度起至南三十五度止, 經度自巴黎斯
第一午線西十九度起至東四十度止. 南北相距一萬八千里, 東西相去一萬
六千五百里, 地面積方七百五十萬里. 其地居熱道者多, 居溫道者寡. 海邊尙
覺清涼, 其餘熇烈異常. 域中尤爲酷熱, 水土猛烈, 瘴癘流行, 十二時寒熱相間,
卽土人亦屬難堪. 易季之時, 雷電風雨交作, 熇烈稍減. 卽霽, 其熱如故.

『外國史略』曰: 利未加州北極出地三十七度二十分及南極出地三十四度
五十分, 偏東五十一度至偏西十七度三十三分, 廣袤方圓六十萬里, 廣一千零
二十里. 西·南皆抵大洋海, 北極地中海, 與歐羅巴相隔以危亞達海峽, 東與亞
西亞微地相連, 而以西紅海爲界. 此洲地雖大, 但沿海邊, 直而不曲, 少泊舟之

處. 其江河駛入內地, 亦不長廣. 西方最大者曰尼額河·加瓦拉河, 未詳其源. 其曠野四面沙礫, 而中央如嶼間, 豊水草. 北地之山高者千百丈, 上有廣坦. 海濱天氣長熱如夏, 惟極南北之地應乎四時. 故以西洋各國之強, 而不侵其內地. 且至今商旅, 亦惟在海口貿易, 莫知其中央情形焉. 獸多獅·虎·豹·象·駝·鹿·水馬·犀牛. 其鳥多翠翎, 駝鳥尤異常, 俱不鳴. 產駝·鱷, 怪異. 草木春萌秋落, 與亞西亞州相仿. 但其民惰地荒, 不知工作, 故可用之物少. 其居民大半卷髮黑面, 扁鼻白齒. 多土蠻, 以語音別其宗派支類. 外國舟船過此, 多掠其黑人販賣爲奴婢, 近日英人禁之. 然居此地之教師, 多死於煙瘴. 其地可分三分, 爲南·北·中亞非利加.

『瀛環志略』曰: 亞非利加北土, 在紅海西南岸者, 近亞細亞, 故開風氣獨早. 在地中海南岸者, 近歐羅巴, 故非尼西亞國啓疆於前, 意大里亞耘鋤於後. 迨回部旣強, 噬滅殆盡. 麥西旣隸土耳其, 曩時文物之盛, 已掃蕩無遺. 而地中海南岸諸部, 乃半化爲蹻蹠之巢穴. 時勢之變遷, 可慨也夫.

『瀛環志略』曰: 按北亞非利加之東, 偏地多沙漠, 本不毛之土, 獨麥西得尼羅河之淤灌, 變爲沃壤. 其西北境之蘇爾士, 又作蘇葉. 又與阿拉伯·猶太接連, 故東方夷族, 上古時卽轉徙至此. 其創制規爲, 遂爲歐羅巴開風敎之始, 歷數至一千數百年, 可謂盛矣. 惟立國鳩民, 僅傍尼羅河蜿蜒一帶, 無地可擴, 無險可守. 故波斯·希臘·羅馬諸大國興, 麥西恒爲之臣. 迨回部旣強, 遂爲所呑噬, 而名土變膻俗矣. 盧比阿本麥西南部, 其種人雖雜野番, 自昔別無立國. 阿邁司尼不歐不回, 自古爲土番部落. 或謂其國尙有規模, 不至如泰西人所云之荒陋. 然較之麥西, 不啻有華·夷之別矣. 所奉者天主·大秦二教, 其實大秦教卽波斯舊奉之火祆教, 而大秦之名, 乃唐人訛傳也.

又按由西印度西行, 有小島曰亞丁, 英吉利所據也. 由此入紅海, 西北行四千里而港盡, 至麥西之蘇爾士, 行旱路一百七十里, 卽地中海之東南隅. 再舟行七千里, 出直布羅陀海口, 卽大西洋海. 較之紆廻南向, 繞阿非利加之西境, 至極南之岌樸, 而始轉舵東北者, 計里約減二萬, 計程約近一月. 惟蘇爾士隔旱路一百七十里, 舟楫不能通行, 『海國聞見錄』謂恨不用刀截斷者, 卽指此也.

近年英吉利製火輪船遞送文書, 由印度海駛至亞丁入紅海, 至蘇爾士, 行旱路至地中海東南隅. 彼處有火輪船接遞, 西駛出直布羅陀海口. 火輪船行駛甚速, 不畏風浪, 而計程又近二萬里, 故五十日可達英倫國都. 自明以前, 歐羅巴通中國, 皆出此路. 說詳回部四國. 向言北人使馬, 南人使船, 僅就中國江河言之. 若以例西洋諸國之渡海, 眞有大小巫之判矣.

주석

1 대서양 동남부: 원문은 '리미아해利未亞海'이다.

2 아틀라스산맥Atlas Mountains: 원문은 '아대랍亞大蠟'이다. 세계에서 가장 높은 산도 아니고 아프리카에서 가장 높은 산도 아니다.

3 물란예산Mulanje Mountain: 원문은 '월산月山'으로, 아프리카 동남쪽에 위치한다.

4 시에라리온Sierra Leone: 원문은 '사산獅山'이다.

5 앙골라국Angola: 원문은 '갈악랄국曷噩剌國'이다.

6 희망봉: 원문은 '대랑산大浪山'이다.

7 희망봉: 원문은 '희망봉喜望峰'이다.

8 모로코Morocco: 원문은 '마라과국摩羅果國'이다.

9 튀니지Tunisie: 원문은 '도니사국都尼司國'이다.

10 누미디아Numidia: 원문은 '노미제奴米弟'로, 지금의 알제리Algérie 북부에 해당한다. 위원이 남부 아프리카라고 한 것은 오류이다.

11 에티오피아: 원문은 '아매사니국阿邁司尼國'이다.

12 무타파 제국Mwene we Mutapa: 원문은 '마나막대파馬拿莫大巴'로, 막나막탑파莫拿莫塔帕라고도 한다. 고대의 제국으로, 옛 땅은 지금의 모잠비크와 짐바브웨 사이에 위치한다.

13 샨켈라Shanqella: 원문은 '산아랍山牙臘'이다. 무타파 제국의 최대 종족은 쇼나족Shona이지 에티오피아의 샨켈라족이 아니다.

14 시르티스Syrtis: 원문은 '서이득西爾得'이다. 지금의 리비아 북부에 위치하며, 서부 아프리카에 있지 않다.

15 잔지바르섬Zanzibar Island: 원문은 '정파도井巴島'이다. 지금의 동부 아프리카 탄자니아 동쪽에 위치한 해상 도시이다.

16 상투메섬Ilha de São Tomé: 원문은 '성다묵도聖多默島'이다.

17 세인트헬레나섬Saint Helena Island: 원문은 '의륵눌도意勒訥島'이다.

18 마다가스카르Madagascar: 원문은 '성노룽좌도聖老楞佐島'이다.

19 카나리아제도Islas Canarias: 원문은 '복도福島'로, 옛 명칭인 행운의 섬Insula Fortunate을 의미한다.

20 엘이에로섬El Hierro: 원문은 '철도鐵島'이다. 고대 아프리카어에서 'hero'나 'berro'는 우물을 뜻한다. 섬에 강우량이 적어 우물을 파서 물을 얻었기 때문에 이런 이름이 붙었다.

21 서쪽에서부터: 원문은 '자서自西'이다. 광서 2년본에는 '지서至西'로 되어 있으나, 악록서사본에 따라서 고쳐 번역한다.

22 마다가스카르: 원문은 '마달가갈馬達加葛'로, 마달가사가馬達加斯加라고도 한다.

23 모리셔스Mauritius: 원문은 '모륵돌冒勒突'이다.

24 부르봉섬Ile Bourbon: 원문은 '포이방埔耳防'으로, 지금의 레위니옹섬Ile de La Réunion이다.

25 카나리아제도: 원문은 '가나리加那利'이다.

26 마데이라제도Arquipélago da Madeira: 원문은 '마태랍馬太拉'이다.

27 아소르스제도Ilhas dos Açores: 원문은 '아쇄리亞鎖利'이다.

28 카보베르데제도Ilhas de Cabo Verde: 원문은 '녹두綠頭'로, 지금의 카보베르데 공화국República de Cabo Verde이다.

29 이집트: 원문은 '이급다夷及多'이다.

30 유다국: 원문은 '유태국猶太國'이다.

31 나일강: 원문은 '니라강尼羅江'이다.

32 나이저강Niger River: 원문은 '흑강黑江'으로, 니액하尼額河라고도 한다.

33 아프리카대륙: 원문은 '아비리가주亞非里加州'이다.

34 나이저강: 원문은 '니일이하尼日爾河'이다.

35 서남쪽: 원문은 '곤신坤申'이다.

36 리: 원문은 '리里'이다. 광서 2년본에는 이 글자가 없으나 악록서사본에 따라서 고쳐 번역한다.

37 파리 본초자오선: 원문은 '파려사제일오선巴黎斯第一午線'이다. 세계 지도를 보면 영국의 런던을 지나는 자오선이 경도 0도로 되어 있지만, 옛날에는 파리 역시 경도 0도였으며 본초자오선이 처음부터 런던을 지나는 것으로 정해져 있었던 것은 아니다. 대항해 시대에는 영국과 프랑스 모두 대서양의 카나리아제도를 경도 0도로 삼은 지도를 사용했다. 그러나 뒤에 크로노미터(즉 해상시계)를 발명하여 경도를 정확하게 표기하기 시작하면서 만국 공통의 기준이 되는 본초자오선이 필요하게 된 것이다. 1875년, 국제지리학회에서 파리의 자오선을 기준자오선으로 정하겠다고 했지만, 당시 해상무역의 중심지였던 영국은 이에 불복했고, 결국 1884년, 워싱턴에서 열린 만국지도회의에서 25개국이 영국의 그리니치 천문대를 본초자오선으로 삼는다는 결정을 내렸다.

38 지브롤터해협Strait of Gibraltar: 원문은 '위아달해협危亞達海峽'이다.

39 수에즈지협Isthmus of Suez: 원문은 '미지微地'로, 소익미지蘇益微地라고도 한다.

40 카발라강Cavalla River: 원문은 '가와랍하加瓦拉河'이다.

41 때문에: 원문은 '고故'이다. 광서 2년본에는 '고故' 자 뒤에 '맥서국麥西國' 3글자가 있으나, 『영환지략』에 따라서 고쳐 번역한다.

42 페니키아Phoenicia: 원문은 '비니서아非尼西亞'이다.

43 칼리파khaliifa 시대: 원문은 '회부回部'이다. 이슬람의 정통 칼리파 시대를 가리킨다.

44 오스만 제국Osmanlı İmparatorluğu: 원문은 '토이기土耳其'이다.

45 도적: 원문은 '교척蹻跖'이다. 고대의 대도였던 장교莊蹻와 도척盜跖을 병칭해서 부르는 말이다.

46 수에즈Suez: 원문은 '소이사蘇爾士'이다.

47 아라비아Arabia: 원문은 '아랍백阿拉伯'이다. 광서 2년본에는 '아백阿伯'으로 되어 있으나, 『영환지략』에 따라서 고쳐 번역한다.

48 누비아Nubia: 원문은 '노비아盧比阿'이다. 지금의 나일강 유역에 위치한다.

49 에티오피아: 원문은 '아매사니阿邁斯尼'로, 아비서니아阿比西尼亞라고도

한다.

50 조로아스터교: 원문은 '화현교火祆教'로, 배화교拜火教, 파사교波斯敎라고
    도 한다.

51 대진국이라는 이름: 원문은 '대진지명大秦之名'이다. 광서 2년본에는 '이대
    당지명而大唐之名'으로 되어 있으나, 『영환지략』에 따라서 고쳐 번역한다.

52 당나라 사람들이: 원문은 '내당인乃唐人'이다. 광서 2년본에는 '즉중토則
    中土'로 되어 있으나, 『영환지략』에 따라서 고쳐 번역한다.

53 아덴Aden: 원문은 '아정亞丁'이다.

54 가서: 원문은 '행行'이다. 광서 2년본에는 이 글자가 없으나, 『영환지략』
    에 따라서 고쳐 번역한다.

55 희망봉: 원문은 '급박炆樸'이다.

56 제작하고는: 원문은 '제製'이다. 광서 2년본에는 '습襲'으로 되어 있으나,
    『영환지략』에 따라서 고쳐 번역한다.

이집트[1]

—

이읍국伊揖國이다.

『지리비고』에 다음 기록이 있다.

이집트 액일다厄日多라고도 한다. 는 아프리카 동북쪽에 위치하며 북위 23도 23분에서 31도 37분, 동경 22도 10분에서 33도 22분에 이른다. 동쪽으로는 홍해와 수에즈지협,[2] 서쪽으로는 트리폴리타니아Tripolitania[3]와 리비아 사막Libyan Desert,[4] 남쪽으로는 누비아국,[5] 북쪽으로는 지중해와 접해 있다. 길이와 너비는 모두 약 1750리이고 면적은 사방 24만 리이다. 인구는 4백만여 명이다. 나라 전체는 상·중·하의 세 지역으로 나누어진다. 상부·중부의 동쪽과 서쪽 두 지역은 언덕이 연이어 있고 지세가 골짜기 같다. 하부는 평원이 광활하게 펼쳐지고 계곡이 그 사이에 간간이 있다. 긴 강으로는 나일강이 있는데, 남쪽과 북쪽을 관통해 흐른다. 큰 호수로는 만잘라호Baḥīrat Manzala,[6] 마류트호Boḥēret Maryūṭ,[7] 부룰루스호Buḥayrat al-Burullus,[8] 그레이트비터호al-Buḥayrah al-Murra al-Kubrā[9]가 있다. 강변은 비옥하지만 나머지 땅은 사막이니, 농지의 비옥하고 척박함은 강물이 있고 없음에 달려 있다. 매해 여름에는 강물이 불어나지만, 가을이 지나면 강물이 줄어든다. 강물이 너무 많이 불어나지 않으면 그해는 반드시 풍년이고, 그렇지 않으면 그해는 반드시 흉년이다. 토산물로는 곡식·과일·마·인디고·면화·무늬석 등이 있다. 짐승들은 번성하며 낙타와 말이 특히 좋다. 기후는 아주 덥고 비 오는 날이 매우 드물다. 계절은 봄이 아니면 여름으로, 사막은 찌는 듯이 덥고 풍토병이 유행한다. 군주를 세우지 않으며 오스만 제국에 예속되어 있기 때문에 총관을 파견해 관리한다. 이슬람교를 신봉하며 다른 종교를 신봉하는 것도 또한 금지하지 않는다. 무역이 활발하다. 이 나라는 원래 고대에는 대국이었으나 주周나라 위열왕威烈王[10] 때 페르시아Persia[11]에 나라를 빼앗겼다. 2백 년 뒤에는 알렉산드로스대왕Alexandros o Megas[12]이 군대를 이끌고 공격했다. 그가 죽은 후 여러 장군이 땅을 나누어 차지했다. 로마 국왕이 그 땅을 병합한 후에 하나로 통일됐다. 로마가 쇠약해지자 또 아라비아 왕국[13]에 빼앗겼다. 송宋나라 이종理宗 순우淳祐[14] 연간에 아리비아 왕국의 주둔 군사가 반란을 일으켜 스스로 우두머리 한 명을 추천해 왕으로 삼고 여러 번 전쟁을 벌였으나 결국 오스만 제국에 점령당했다. 가경嘉慶 3년(1798)에 프랑스 군대가 공격해 차지했다. 3년 후에 다시 그 땅은 오스만 제국의 차지가 되었다. 이후 해마다 총관 1명을 파견해 통치했다. 그 나라는 25개의 부락으로 나뉜다. 카이로Cairo[15]는 사막에 건설되었고, 칼리우브Qalyub,[16] 빌베이스Bilbeis,[17] 시베Shibeh,[18] 미트가므르Mit Ghamr,[19] 만수라Mansoura,[20] 다미에타Damietta,[21] 메르스엘케비르Mers-el-Kébir,[22] 탄타Tanta,[23] 메리그Melyg,[24] 미누프Menouf,[25] 네기레Negyleh,[26] 푸아Fuwwah,[27] 다만후르Damanhur,[28] 알렉산드리아Alexandria,[29] 기자Giza,[30] 아트피Atfih,[31] 베니수에프Beni Suef,[32] 파이윰Faiyum,[33] 미니아Minya,[34] 만팔루트Manfalut,[35] 아시우트Asyut,[36] 기르가Girga,[37] 케나

Qena,[38] 에스나Esna[39]이다. 그 통상무역이 빈번히 이루어지는 지역은 일곱 군데이다. 이 외에 또한 합병된 지역이 몇 군데 있는데, 큰 지역은 시우 아Syuah[40]와 알하르가Al-Kharga[41]로 모두 서부에 있고, 가새의이哥塞義爾와 수 에즈[42]는 모두 동부에 있다.

『외국사략』에 다음 기록이 있다.

아프리카 동북부의 터키인이 차지한 이집트는 애급다埃及多라고도 불 린다. 남쪽으로는 흑인들의 땅과, 북쪽으로는 지중해와 접해 있으며, 동 북쪽은 수에즈지협으로 아라비아[43]와 서로 이어져 있다. 동쪽으로는 홍 해와, 서쪽으로는 사막과 접해 있다. 면적은 사방 7500리이다. 나일강이 있는데, 양쪽은 협곡이다. 인구는 3백만 명이고 마을은 대략 2500개이 며 나일강이 흐르고 있다. 나일강은 북쪽에서 두 지류로 나뉘어 지중해 로 유입되고 강변에서는 매년 물이 불어날 때 농사를 지을 수 있으나 나 머지 땅은 대부분 모래이다. 면화·오곡·대추·남과南瓜·삼실(麻苧)이 난다. 물이 불어나면 밭이 풍요롭고 그렇지 않으면 대부분 가물었다. 메뚜기 와 두더지 및 각종 해충이 벼를 망치기 때문에 풍년에도 허기를 면할 수 없었다. 백성들은 기술에 뛰어나고 제사장을 신처럼 받들며 해외로 나 가는 것을 엄금한다. 나라마다 각각 군주가 있다. 주나라 현왕顯王[44] 때 페 르시아의 왕[45]이 공격해서 신상[46]을 파괴했다. 알렉산드로스대왕이 뒤이 어 결국 전국을 항복시켰다. 그 후에 장군이 섭정하며 왕이라 칭하고 현 사賢士들을 불러들여 결국 인재가 모이게 됐다. 한漢나라 성제成帝 건시建始 2년(기원전 31)에 로마 장군 마르쿠스 안토니우스Marcus Antonius[47]가 지역의 우두머리가 되어 이곳을 다스리면서부터 그리스와 통상했다. 지금은 예 수의 무리가 이곳에서 선교한다. 당唐나라 정관貞觀 13년(639)에 이슬람족이 이 땅을 강제로 차지하고 스스로 나라를 세워 예수의 무리를 능욕했다. 명明나라 무종武宗 정덕正德 연간에 오스만 제국이 또한 이 땅을 빼앗았다. 가경 2년(1797)에 프랑스 장군 나폴레옹Napoléon[48]은 군대를 이끌고 이 땅을 차지해서 바다를 건너 인도를 공격하려고 했다. 영국 군대가 나일 강 하구를 막고 프랑스의 전함을 불태워 그의 진격을 막았다. 이때 오스만의 장군은 매우 총명하여 특히 권력을 농단한 장군을 제거하고 인재를 모집해 통상하며 진법陣法을 훈련해서 여러 나라와의 차이를 없앴고 또 영국 군대의 도움을 받았기 때문에 프랑스와의 전쟁에서 패하지 않았다. 그러나 오스만 제국의 군주는 세금을 과하게 부과해 농민들이 피폐해졌고, 관리의 녹봉은 넉넉했으나 백성들은 도탄에 빠졌다. 매년 징수하는 군비는 대략 은 675만 냥에 달했는데, 군사가 4만 8천 명에, 상·중·하 전함이 매우 많았기 때문에 어마어마한 비용이 들어갔다.

주민들은 여러 민족으로 구분되는데, 오직 원주민과 그리스인만이 예수교를 숭상한다. 이 두 종족과 유대인은 대체로 모두 어눌하다. 아라비아인은 장사 솜씨가 뛰어나나 권력을 가진 사람은 대부분 오스만 사람들이다.

이집트는 아프리카의 내지와 대부분 연결되어 있어 상인들이 무리를 이루어 이곳에서 흑인 노예들을 사다가 지중해 각 변경에 판다. 면화와 오곡이 난다.

나라는 상·중·하의 세 부분으로 나뉘고 도성은 카이로[49]이며 인구는 20만 명이다. 거리는 매우 좁고 집은 아주 더러우며, 무역이 활발하다. 나일강 상류에는 큰 탑이 있는데 높이가 60길이고 둘레가 69길이며 10만 명이 건설해서 20년 만에 완성되었기에 사방에서 우러러보며 감탄한다. 상부 이집트의 사막에는 큰 성이 있다. 해변에도 옛 성이 있는데 알렉산드리아[50]라고 하며, 옛날에는 지중해의 큰 항구로 상선들이 구름처럼 몰려들었다. 지금은 이미 쇠락하여 단지 6천여 명만이 거주할 뿐이다. 로제타Rosetta[51]는 아름다운 마을로, 그리스인들이 살며 인구는 1만 6천여 명이고 날로 인구가 늘고 있다.

살펴보건대, 아프리카대륙은 지금까지 광동과 무역을 하지 않았는데, [그렇다고 광동과 무역을 하지 않은 곳이] 비단 이집트 한 나라만은 아니다. [이 나라를] 서양 지도에서는 이읍국伊揖國, 맥서국麥西國이라고도 하며, 『원사元史』에서는 마팔이국馬八爾國이라고 한다.[52] 내이하奈爾河[53]는 바로 나일강이다.

이집트는 아프리카대륙의 동북쪽에 위치하며 동쪽으로는 아시아대륙의 오스만 제국,[54] 북쪽은 지중해, 서쪽은 트리폴리Tripoli,[55] 남쪽은 동아프리카 각국과 경계를 맞대고 있는데, 마테오 리치Matteo Ricci[56]가 흑인이 많다고 한 그곳이다. 『직방외기』에는 액입다厄入多, 『곤여도설坤輿圖說』에는 액일다厄日多라고 되어 있다. 카이로[57]가 도성인 유명한 나라이며, 이 나라에 대해 들은 사람들은 존경심을 갖는다. 그러나 역사서가 오래전에 없어진 까닭에 인물의 내력, 왕조의 연혁은 모두 상고할 수 없다. 비록 서적에서 매우 영화롭고 부귀했다고 서술하고 있지만 또한 증명할 만한 유적이 없다. 살펴보건대, 『곤여도설』[58]에 실린 세계 7대 불가사의 가운데 두 개가 이집트에 있다. 하나는 쿠푸왕의 대피라미드[59]로, 프톨레마이오스Ptolemaeos왕[60]이 건설한 것이다. 지반은 사방 1리이고 둘레는 4리며, 계단 250층의 높이로, 매 계단은 너비가 1길[61] 8자 5치, 높이가 2자 5치로 모두 흰색 돌로 만들었고 총 높이는 62길 5자이다. 정상에는 50명의 사람을 수용할 수 있으며, 건설하는 데 매일 36만 명의 인부가 동원되었다. 또 하나는 파로스Paros섬[62]의 등대로, 역시 프틀레마이오스왕이 만든 것이다. 산에다가 흰색 돌로 쌓아 만들었다. 정상에는 횃불을 설치해 밤에는 1백 리 밖까지 비추어 선박들이 항로를 알아볼 수 있도록 했다. 이는 모두 영화롭고 부귀했던 시절의 일들이다. 그러나 여기에서 증명할 만한 유적이 없다고 했는데, 설마하니 지금은 모두 사라졌단 말인가? 다만 상고 시대 세소스트리스Sesostris[63]의 이야기가 전해지는데, 그는 사실 유명한 왕으로 일찍이 아시아대륙의 각국을 정복하고 중부 아프리카대륙의 땅을 공격했다고 하며 지금 테베Thebes[64] 부락에는 여전히 그의 석상이 남아 있다. 얼마 지나지 않아 또 유다[65]·시리아Syria[66]·아시리아Assyria[67]·페르시아·박트리아Bactria[68] 등을 정복하고 여러 나라에 명성을 떨쳤다. 프삼티크 3세Psamtik III[69]에 이르러 아프리카의 북쪽을 공격하러 갔다가 패하고 아울러 페르시아에 습격당해 본국도 뺏겼지만, 나라 사람들이 페르시아에 굴복하지 않아 결국 알렉산드로스대왕[70]이 군대를 일으켜 수복했다. 동시에 프톨레마이오스Ptolemaeos[71] 등 걸출한 재능을 가진 사람들이 함께 나와 산업을 일으키고 기술을 가르쳐서 결국 이집트는 일변하여 뛰어난 문물로 명성을 떨쳤다. 그리스Greece[72]의 기술은 원래 이집트에서 비롯된 것이다. 예수가 태어나기 전인 기원전에는 바다 건너 로마[73]에 점령을 당해 한때 불행했지만, 기술과 재주를 로마로부터 전수받을 수 있었다. 기원후 700년 당나라 사성 17년이다. 에 이슬람 사라센Saracen[74]의 공격을 받았다. 사라센은 다른 종교를 원수처럼 여겨 결국 프톨레마이오스 등의 서적을 모조리 불태워 버렸다. 이집트 사람들은 나날이 황폐해져 갔다. 페르시아를 격파한 후에 비로소 본국을 되찾아 다시 옛 기술을 학습했지만, 끝내 그리스를 따라갈 수는 없었다. 후에 또한 오스만 제국에 나라를 빼앗겨 파샤Pacha[75]의 통치를 받았다. 이집트의 맘루크족Mamluk[76]은 본래 모두 노예의 후예로, 그 종족이 많은 것만을 믿고 반란을 일으켜 주인이 되고 스스로 우두머리를 세워 투르크 번국[77]이라고 칭했다. 1506년 명나라 정덕正德 11년이다. 에 결국 스스로 동방의 왕이 되고자 하여 오스만 제국의 변경을 공격했다. 오스만 제국에서는 군대를 일으켜 토벌했으나 종족이 말도 잘 타고 활도 잘 쏘며 배반을 잘해서 파샤의 관할을 받지 않는 경우가 거의 대부분이었다.

1798년 가경 3년이다. 에 프랑스 군대가 이집트에 침략했다가 영국에 후미를 습격당해 결국 패하고 물러났다. 이집트의 파샤는 이 틈을 타 맘루크족을 국경 밖으로 쫓아내고 마침내 오스만 제국을 배반하고 자립했다. 다시 옛날의 기술과 법률을 회복하고 나라 사람들을 장려하여 유럽의 기술을 익히게 해 국력이 진작되었다. 사라센 제국이 압둘 와하브 Adul Wehhab[78]의 공격을 받자 이집트는 군사를 이끌고 가 도왔고 그 대가로 메카Mecca[79]·메디나Medina[80] 두 지역을 차지하게 되었다. 그 기세를 타고 오스만 제국을 공격했고 러시아의 중재로 오스만 제국에 크레타섬 Crete Nisi[81]과 시리아 두 지역을 이집트에 돌려주게 하니 전쟁이 비로소 끝났다. 이곳에 사는 사라센 사람들은 스스로 관리를 두고 다스렸다. 그러나 또한 이집트 파샤의 통제를 받았으며, 돈과 곡식을 납부하고 인두세를 내는 일은 모두 담당 관리의 손을 거쳤다.

나라에는 토지세·인두세·관세가 있었다. 해마다 토지세는 은 240만 원, 인두세는 은 32만 원, 관세[82]는 은 59만 원으로 모두 331만 원을 징수했다. 매년 콘스탄티노플Constantinople[83]에 은 8만 원을 보내는 것을 제외하고 나머지 은은 이집트에 남겨 두어 지불 비용으로 대비했다. 크리스트교와 유대교 사람들은 16세 남자 성인의 경우 세금 항목에 따라 납부할 때 13매에서 50매까지 일정하지 않았다. 각 항목의 실제 세입은 매년 증가되어 가장 최근의 액수로 추산하면[84] 1760만 원이다. 나라에서 모든 비용을 다 쓰고 나서도 여전히 은 1백만 원이 남았다.

　군대는 옛날부터 강성해서 기강이 해이해진 적이 없다. 근래에는 유럽의 훈련법을 얻어서 군대가 동방에서 가장 뛰어나다. 1834년 도광道光 14년이다.에는 군사가 7만 4천 명이었다. 근래에는 무비관武備館을 설치해 유럽의 교관을 초빙해서 젊은이 1400명[85]을 훈련시키는데, 매달 지출 경비가 은 6천 원이다. 아울러 주포국鑄炮局·기계국器械局·화약국火藥局도 설치했다. 큰 전함은 9척, 중간 전함은 7척, 작은 전함은 30척이 있다. 땅의 넓이는 사방 13만 리이고 인구는 260만 명 남짓이다.

　원래 거주하던 원주민을 쿠시Kusi[86]라고 하는데 쿠시가 16만 명이고 나머지는 사라센 제국·오스만 제국의 유대인·아프리카의 그리스인·유럽 대륙의 크리스트교인 등이 차례로 이주해 왔다. 원주민은 크리스트교를 신봉하며, 용모는 풍만하고 얼굴색은 흑갈색이며, 눈은 둥글고 밝으며, 코는 높고 곧으며, 입술은 두툼하고 머리카락은 검다. 교역에 능하며, 겉으로는 순박해 보이나 속으로는 교활하여 보자마자 친한 척하며 아첨하고 잘 속인다. 사라센인들은 대부분 농사를 짓고 오스만 제국인들은 대부분 관직에 나아가며 그리스인들과 유대인들은 대부분 무역에 종사한다. 또한 유럽과 아프리카인들은 각각의 종교를 믿으면서 한곳에 섞여 살지만 확실하게 구분해서 산다.[87] 파샤가 문화와 교육을 일으키고 인서관印書館을 설치하면서 재주와 예술이 나날이 좋아졌다. 다만 의복과 음식은 소박하여 부자들도 작은 모자를 쓰고 안에는 면 옷을 입었으며 여름에는 작은 적삼을 입고 밖에 외투를 걸쳤다. 여자들은 머리에 비단 수건을 쓰고 머리카락처럼 가는 실로 옷을 해 입었다. 먹는 것은 채소와 양고기뿐이었다. 가난한 사람들은 몸에 천을 둘렀으며 면을 먹고 술을 마시며 직접 만든 아편을 피웠다.

나라에는 물길이 많았는데, 가장 긴 것은 나일강『곤여도설』에서 말하는 니록하泥禄河로, 길이는 8800리이고 7개의 강줄기로 나뉘어 바다로 유입된다. 으로, 발원지는 아프리카대륙 내지이고 하부 이집트Lower Egypt[88]에 이르러 바다로 나가는데, 거리는 알 수 없다. 이 땅에서는 쌀·보리·면화·인디고 Indigo[89]·소·나귀·낙타가 난다. 아프리카에서 수입하는 화물로는 금과 상아가 가장 많다. 큰 부락 3개와 작은 부락 141개가 있다.

하부 이집트는 중국어로 하이웁下伊揖이라고 하며, 동쪽은 바다, 동북쪽은 아시아대륙의 터키Turkey in Asia, 남쪽은 중부 이집트Central Egypt,[90] 서쪽은 서아프리카의 사막과 경계를 맞대고 있으며, 서북쪽은 트리폴리, 북쪽은 바다와 접하고 있다. 작은 부락 48개가 있다.

중부 이집트는 중국어로 중이웁中伊揖이라고 하며, 동쪽은 바다, 남쪽은 상부 이집트Upper Egypt,[91] 서쪽은 아프리카의 사막, 북쪽은 하부 이집트와 경계를 맞대고 있다. 작은 부락 30개가 있다.

상부 이집트는 중국어로 상이웁上伊揖이라고 하며, 동쪽은 바다, 남쪽은 동부 아프리카, 서쪽은 아프리카의 사막, 북쪽은 중부 이집트와 경계를 맞대고 있다. 작은 부락 63개가 있다.

나라에는 4개의 호수가 있는데, 마류트호[92]·부룰루스호[93]·만잘라호[94]·카룬호Birket Qarun[95]가 그것이다. 물길은 나일강 이외에 또한 화물을 실어 나를 수 있는 5개의 강이 있는데, 알렉산드리아운하Alexandria Canal[96]·아사라운하Asarah Canal[97]·메리크운하Melik Canal[98]·아스톤운하Astoun Canal[99]·모이즈운하Moez Canal[100]가 그것이다.

厄日度國

一

郎伊揖國.

『地理備考』曰: 厄日度國, 一作厄日多. 在亞非里加州東北, 北極出地二十三度二十三分起至三十一度三十七分止, 經線自東二十二度十分起至三十三度二十二分止. 東枕紅海暨蘇挨斯徑, 西連的黎布里國暨里比亞沙漠, 南接盧比亞國, 北界地中海. 長寬皆約一千七百五十里, 地面積方二十四萬里. 煙戶四兆餘口. 通國分爲上中下三處. 其上中之東西二方, 岡陵綿亙, 地勢如谷. 其下者平原廣闊, 溪渠間隔. 河之長者, 一曰尼羅, 南北通流. 湖之大者曰門薩拉, 曰美利, 曰布爾羅, 曰馬略的. 河濱膏膴, 餘地砂磧, 而隴畝之肥磽, 視河水之消長. 每歲夏至水長, 秋後水消. 若長不過甚, 則年必豐稔, 否則歲必荒歉. 土產穀·果·麻·靛·綿花·紋石等物. 禽獸蕃衍, 駝馬尤良. 地氣熇烈, 陰雨甚罕. 四季之內, 非春卽夏, 沙漠薰蒸, 瘟疫傳染. 不設君位, 歸屬於土耳基亞國, 派有總管. 奉回敎, 其餘各敎, 有奉之者, 亦不禁. 貿易輻輳. 國本古時巨邦, 周威烈王時, 白爾西亞國奪之. 越二百載, 復爲亞勒山德黎君率師攻克. 身後諸將分據. 及羅馬國王兼竝其地, 歸爲一統. 羅馬衰弱, 又爲天方回國所奪. 宋理宗淳祐中, 天方國駐防軍士叛亂, 自推一首領爲王, 屢次交兵, 終爲土耳基亞國所克. 嘉慶三年, 佛蘭西國軍攻克之. 越三載, 仍歸其地於土耳基. 自後歲派總管一員統轄. 其地分國二十五部. 曰加義羅, 建於砂磧中, 曰吉里烏波, 曰北爾卑義, 曰師卑, 曰米加馬爾, 曰忙蘇辣, 曰達迷耶大, 曰給比爾, 曰當達, 曰美黎, 曰美路, 曰內日勒, 曰福阿, 曰達馬路, 曰亞勒山德黎, 曰德基塞, 曰亞德非, 曰白尼隋佛, 曰發雍, 曰迷尼亞, 曰蒙發祿, 曰西於德, 曰齊爾白, 曰給內, 曰挨斯內. 其通商衝繁之地七. 此外尙有兼攝之地數處, 大者曰西烏阿, 曰科日拉, 皆在西方, 曰哥塞義爾, 曰蘇挨斯, 皆在東方.

『外國史略』曰: 亞非利加東北方土爾基人所據之麥西國, 亦名埃及多. 南及黑面人地, 北及地中海, 東北爲蘇益微地, 與亞拉回國相連. 東及紅海, 西及曠野. 廣袤方圓七千五百里. 有尼羅河, 兩邊窄谷. 居民三百萬, 居住邑鄉約二千五百, 尼羅河通流焉. 河在北方分兩支流入地中海, 河邊地每年水漲時可耕, 餘地多沙. 產綿花·五穀·棗·南果·麻苧. 水溢則田盛, 不則多旱. 有蝻蚱·田鼠及各蟲壞稻, 故豐年不免於饑. 民工藝術, 奉僧如神, 嚴禁出外. 國各自爲主. 於周顯王時, 白西國王來攻, 毀佛菩薩像. 希臘王隨之, 遂降全國. 其後將軍攝政稱王, 召納賢士, 遂爲人材所聚. 漢成帝建始二年, 羅馬將軍麥西爲立部頭目治之, 與希臘通商. 今耶穌門徒於此傳教. 迄唐貞觀十三年, 回回族強據其地, 遂自立國, 侵辱耶穌門徒. 明武宗正德年間, 土耳其又奪其地. 嘉慶二年, 佛蘭西將軍那波倫者, 領兵圖取此地, 欲由此渡海攻印度. 英軍扼尼羅河口, 焚擄佛船, 以拒其進. 是時土爾基兵帥甚聰明, 尤滅弄權之驍騎, 招士通商, 訓練陣法, 與列國無異, 又得英兵之助, 故佛蘭西戰不能敗. 但其君重賦病農, 官祿有餘, 生民塗炭. 每年征餉約銀六百七十五萬兩, 軍士四萬八千, 其上中下戰艦甚多, 故使費大.

居民大分別, 惟土人及希臘人尙耶穌敎. 此二族與猶太人率皆口訥. 其亞拉回人則甚巧儈, 然操權者多土耳基人.

麥西國與亞未利加內地多相連, 商販結群而來, 販黑奴至此, 賣與地中海各邊界. 產綿花·五穀.

國分三分, 爲下·中·上, 其都曰加以羅, 居民二十萬. 其街狹窄, 屋宇汙穢, 亦通商. 上尼羅河有大塔, 高六十丈, 周六十九丈, 用十萬人建造, 經二十年乃成, 四方瞻仰贊美. 上麥西國曠野有大城. 海邊亦有古城, 曰亞勒撒爹, 昔係地中海之廣港, 商船雲集. 今已衰, 只六千居民而已. 羅悉他係美邑, 希臘人居之, 居民萬六千有奇, 日益生聚焉.

案: 此洲至今未與廣東通市, 不獨此一國也. 西圖又謂伊揖國, 又謂麥西國.『元史』作馬八爾國. 其奈爾河卽泥祿河也.

伊揖國在阿未利加洲之東北, 東界阿細亞州內之都魯機, 北界地中海, 西界特黎波里, 南界東阿未利加各國, 卽利瑪竇所謂黑人多是也.『職方外紀』作厄入多,『坤輿圖說』作厄日多. 格羅都城爲著名之國, 聞者起敬. 然其史書久湮, 故人物之本源, 朝代之沿革, 均無稽考. 雖書籍所述, 極其榮華富貴, 亦無遺蹟可徵. 按:『坤輿圖說』載, 天下七奇, 而厄日多國居其二. 一曰尖形高臺, 乃多祿茂王所建. 基方一里, 周四里, 高二百五十級, 每級寬一丈八尺五寸, 高二尺五寸, 皆細白石爲之, 共高六十二丈五尺. 頂上寬容五十人, 造工者每日三十六萬人. 二曰法羅海島高臺, 亦多祿茂王所建. 依山爲基, 細白石築成. 頂上安火炬, 夜照百里外, 海舶俾識港路. 此皆所謂榮華富貴之事也. 然此云無蹟可徵, 豈今皆湮沒耶? 惟聞上古西梭特力士, 實爲著名之王, 曾征服阿細亞洲各國, 攻至中阿未里加洲之地, 今底彌士部落尙有石像遺跡. 旋又攻服由士·西利阿·阿西里阿·巴社·達達里等處, 名聞諸國. 至三彌尼達士王, 往攻阿未里加之北隅敗績, 竝本國爲巴社襲奪, 賴國人不服巴社, 遂有阿力山達起兵恢復. 同時才傑竝出, 有比多里彌士等, 興工作, 敎技能, 遂一變伊揖爲聲名文物之國. 以額力西之技藝, 先原得自伊揖也. 在耶穌未紀年以前, 曾爲隔海之意大里所據, 一時雖不幸, 而機巧技藝亦得意大里國之傳授. 至耶穌紀年七百, 唐嗣聖十七年. 爲回敎阿丹所攻服. 阿丹仇視別敎, 遂將比多里彌士等之書盡毁於火. 伊揖之人, 日漸荒陋. 及破走巴社, 恢復本國, 始復學習舊藝, 然終不及額力西. 後又爲都魯機所奪, 設巴札理政事. 其伊揖之麻米錄種類, 本皆奴僕後裔, 恃其蕃庶, 反僕爲主, 自立頭目, 稱藩於都魯機. 至千五百十六年, 明正德十一年. 遂欲自王東方, 攻擊都魯機邊境. 都魯機雖興師誅討, 然蠻種善騎射, 好背叛, 不屬巴札統轄者居半.

千七百九十八年, 嘉慶三年. 佛蘭西兵侵伊揖, 被英吉利襲其後, 敗績而退. 於是伊揖巴札乘間驅麻米錄種人出境, 遂亦叛都魯機自立. 盡復昔時藝業·法律, 竝鼓勵國人習歐羅巴之技能, 國勢復振. 當阿丹被阿都哇哈攻擊時, 伊揖統兵往助, 代奪回墨加·默德那二部落. 乘勝遂攻都魯機, 得俄羅斯和解, 令都魯機割出干底阿·西利阿兩部落歸於伊揖, 兵始寢息. 阿丹人居斯者, 自設官分理. 然亦必由伊揖巴札定奪, 納錢糧, 調丁壯, 均由司官經手.

國賦有三, 一田地, 一丁口, 一稅餉. 歲征地土錢糧銀二百四十萬員, 丁口銀三十二萬員, 貨物入口稅銀五十九萬員, 共三百三十一萬員. 除曆年起解觀士頓丁羅布爾銀八萬員, 餘銀存留伊揖以備支發. 凡克力士頓敎·由敎之人, 男丁十六歲者, 按名納時令十三枚至五十枚不等. 各項實際歲入相加, 最新估算爲千七百六十萬員. 除國中支給, 尙餘銀百萬員.

軍伍昔強, 未嫻紀律. 近得歐羅巴訓練之法, 隊伍雄甲東方. 千八百三十四年, 道光十四年. 計兵七萬四千. 近復設武備館, 延歐羅巴敎師以訓年少餘丁千有四百, 月支經費銀六千員. 竝設鑄炮局·器械局·火藥局. 有大兵船九, 中兵船七, 小兵船三十. 幅員十三萬方里, 戶口二百六十萬有奇.

原居土著曰果斯, 十六萬口, 餘俱阿丹·都魯機之由敎·阿未利加之額力敎·歐羅巴洲之克力士頓敎等人先後流寓. 土番奉克力士頓敎, 面貌豐滿, 顏色黃黑, 目圓而明, 鼻高而直, 唇粗髮黑. 好貿易, 外似淳和, 內實貪猾, 一見如故, 以詔爲欺. 國中阿丹人多業農, 都魯機人多營士宦, 額力西人與由敎人多事貿易. 尙有歐羅巴·阿未利加之人, 各習一敎, 雜處一方, 判如胡越. 自巴札力興文敎, 設印書館, 才藝日出. 惟衣食儉樸, 富者戴小帽, 內服棉, 夏小衫, 外服呢袍. 女則頭罩紗帕, 衣以絲髮. 所食無非蔬菜·羊肉. 貧者周身裹布, 啖麵嗜酒, 竝吸食自造之鴉片.

國中多河道, 最長者奈爾河, 卽『坤輿圖』之泥祿河, 長八千八百里, 分七道入海者也. 源自阿未利加洲內, 至羅阿伊揖出海, 未詳里數. 土產稻穀·麥·棉花·洋靛·牛·驢·駱駝. 由阿未利加買回貨物, 金及象牙最多. 領大部落三, 小部落百四十有一.

羅阿伊揖猶華言下伊揖也, 東界海, 東北界阿西阿洲土魯機, 南界先特臘爾伊揖, 西界西阿未利加曠野之地, 西北界特黎波里, 北界海. 領小部落四十有八.

先特臘爾伊揖猶華言中伊揖也, 東界海, 南界阿巴伊揖, 西界阿未利加曠野之地, 北界羅阿伊揖. 領小部落三十.

阿巴伊揖猶華言上伊揖也, 東界海, 南界東阿未利加, 西界阿未利加曠野, 北界先特臘爾伊揖. 領小部落六十有三.

國中有湖四, 麻里阿底市湖·摩羅士湖·緬沙力湖·麥吉機倫湖. 河道除奈爾河之外, 尙有運載河五, 阿力山特厘阿河·阿沙臘河·彌利河·阿時多安河·摩伊市河.

주석

1 이집트: 원문은 '액일도국厄日度國'이다.

2 수에즈지협: 원문은 '소애사경蘇挨斯徑'이다.

3 트리폴리타니아Tripolitania: 원문은 '적려포리국的黎布里國'이다. 지금의 리비아 서북부에 위치한다.

4 리비아사막Libyan Desert: 원문은 '리비아사막里比亞沙漠'이다.

5 누비아국: 원문은 '노비아국盧比亞國'이다.

6 만잘라호Baḥīrat Manzala: 원문은 '문살랍門薩拉'이다.

7 마류트호Boḥêret Maryûṭ: 원문은 '미리美利'이다.

8 부룰루스호Buḥayrat al-Burullus: 원문은 '포이라布爾羅'이다.

9 그레이트비터호al-Buḥayrah al-Murra al-Kubrā: 원문은 '마략적馬略的'이다.

10 주周나라 위열왕威烈王: 위열왕(재위 기원전 425~기원전 402)은 주나라 제32대 왕으로 역사적 사실에 따르면 주나라 제24대 왕인 경왕景王(재위 기원전 544~기원전 520)이 되어야 한다.

11 페르시아Persia: 원문은 '백이서아국白爾西亞國'이다.

12 알렉산드로스대왕Alexandros o Megas: 원문은 '아륵산덕려군亞勒山德黎君'이다. 알렉산드로스대왕(재위 기원전 336~기원전 323)은 페르시아 전쟁을 일으켰으며, 지중해에서 인도에 이르는 광대한 제국을 건설했다.

13 아라비아 왕국: 원문은 '천방회국天方回國'으로, 천방국天方國이라고도 한다.

14 순우淳祐: 송나라 이종 조윤趙昀의 5번째 연호(1241~1252)이다.

15 카이로Cairo: 원문은 '가의라加義羅'이다.

16 칼리우브Qalyub: 원문은 '길리오파吉里烏波'이다.

17 빌베이스Bilbeis: 원문은 '북이비의北爾卑義'이다.

18 시베Shibeh: 원문은 '사비師卑'이다.

19 미트가므르Mit Ghamr: 원문은 '미가마이米加馬爾'이다.

20 만수라Mansoura: 원문은 '망소랄忙蘇辣'이다.

21 다미에타Damietta: 원문은 '달미야대達迷耶大'이다.

22 메르스엘케비르Mers-el-Kébir: 원문은 '급비이給比爾'이다.

23 탄타Tanta: 원문은 '당달當達'이다.

24 메리그Melyg: 원문은 '미려美黎'이다.

25 미누프Menouf: 원문은 '미로美路'이다.

26 네기레Negyleh: 원문은 '내일륵內日勒'이다.

27 푸아Fuwwah: 원문은 '복아福阿'이다.

28 다만후르Damanhur: 원문은 '달마로達馬路'이다.

29 알렉산드리아Alexandria: 원문은 '아륵산덕려亞勒山德黎'이다.

30 기자Giza: 원문은 '덕기새德基塞'이다.

31 아트피Atfih: 원문은 '아덕비亞德非'이다.

32 베니수에프Beni Suef: 원문은 '백니수불白尼隋佛'이다.

33 파이윰Faiyum: 원문은 '발옹發雍'이다.

34 미니아Minya: 원문은 '미니아迷尼亞'이다.

35 만팔루트Manfalut: 원문은 '몽발록蒙發祿'이다.

36 아시우트Asyut: 원문은 '서어덕西於德'이다.

37 기르가Girga: 원문은 '제이백齊爾白'이다.

38 케나Qena: 원문은 '급내給內'이다.

39 에스나Esna: 원문은 '애사내挨斯內'이다.

40 시우아Syuah: 원문은 '서오아西烏阿'이다.

41 알하르가Al-Kharga: 원문은 '과일랍科日拉'이다.

42 수에즈: 원문은 '소애사蘇挨斯'이다.

43 아라비아: 원문은 '아랍회국亞拉回國'이다.

44 주나라 현왕顯王: 현왕(재위 기원전 368~기원전 321)은 주나라 제35대 왕 희편
姬扁이다. 시기상 주나라 경왕景王이라고 해야 한다.

45 페르시아의 왕: 원문은 '백서국왕白西國王'으로, 이집트를 정복한 캄비세

스 2세Cambyses II(재위 기원전 530~기원전 522)를 가리킨다.

46 신상: 원문은 '불보살상佛菩薩像'이다.

47 마르쿠스 안토니우스Marcus Antonius: 원문은 '맥서麥西'이다. 마르쿠스 안
토니우스(기원전 83~기원전 30)는 로마의 삼두정치 구성원 중 한 명으로, 클
레오파트라 7세와 밀접한 관계를 유지하며 이집트를 포함한 동방 지역
을 통치한 인물이다.

48 나폴레옹Napoléon: 원문은 '나파륜那波倫'이다.

49 카이로: 원문은 '가이라加以羅'이다.

50 알렉산드리아: 원문은 '아륵살다亞勒撒多'로, 아륵산특아亞勒散特亞라고도
한다.

51 로제타Rosetta: 원문은 '라실타羅悉他'이다. 지금의 이집트 라시드Rashid이다.

52 『원사元史』에서는 … 한다:『원사』에서 말한 마팔이국은 인도의 말라바
르해안Malabar Coast이지 아프리카의 이집트가 아니다. 위원은 여러 번 잘
못 여기고 있다.

53 내이하奈爾河: 광서 2년본에는 '여이하餘爾河'로 되어 있으나, 악록서사본
에 따라서 고쳐 번역한다.

54 오스만 제국: 원문은 '도로기都魯機'이다.

55 트리폴리Tripoli: 원문은 '특려파리特黎波里'이다.

56 마테오 리치Matteo Ricci: 원문은 '리마두利瑪寶'이다.

57 카이로: 원문은 '격라格羅'이다.

58 『곤여도설』: 원문은 '『곤여도설坤輿圖說』'이다. 광서 2년본에는 '『곤여설
坤輿說』'로 되어 있는데, 오기이다.

59 쿠푸왕의 대피라미드: 원문은 '첨형고대尖形高臺'이다.

60 프톨레마이오스Ptolemaeos왕: 원문은 '다록무록왕多祿茂王'이다. 알렉산드로
스대왕의 부하 장군으로, 알렉산드로스 사후 이집트를 지배하며 프톨
레마이오스 왕조를 개창했다. 대피라미드는 쿠푸왕 재위기에 건설된
것으로 프톨레마이오스 시기에 세워진 것은 아니다.

61 1길: 원문은 '일장一丈'이다. 광서 2년본에는 '이장二丈'으로 되어 있으나,

악록서사본에 따라서 고쳐 번역한다.

62 파로스Paros섬: 원문은 '법라해도法羅海島'이다.

63 세소스트리스Sesostris: 원문은 '서사특력사西梭特力士'이다. 고대 이집트의
전설적인 파라오로, 그리스와 로마의 문헌에서는 매우 강력하고 영웅
적인 파라오로 묘사되고 있다.

64 테베Thebes: 원문은 '저미사底彌士'이다.

65 유다: 원문은 '유사由士'이다.

66 시리아Syria: 원문은 '서리아西利阿'이다.

67 아시리아Assyria: 원문은 '아서리아阿西里阿'이다.

68 박트리아Bactria: 원문은 '달달리達達里'로, 중앙아시아의 고대 국가이다.

69 프삼티크 3세Psamtik III: 원문은 '삼미니달사왕三彌尼達士王'이다.

70 알렉산드로스대왕: 원문은 '아력산달阿力山達'이다.

71 프톨레마이오스Ptolemaeos: 원문은 '비다리미사比多里彌士'로, 이집트 알렉
산드리아에서 활동한 고대 그리스의 천문학자이자 수학자이다.

72 그리스Greece: 원문은 '액력서額力西'이다.

73 로마: 원문은 '의대리意大里'이다.

74 사라센Saracen: 원문은 '아단阿丹'이다.

75 파샤Pacha: 원문은 '파찰巴札'로, 파하帕夏라고도 한다. 오스만 제국과 북아
프리카에서 신분이 높거나 고위직에 있는 사람을 가리키던 칭호이다.

76 맘루크족Mamluk: 원문은 '마미록종류麻米錄種類'이다.

77 투르크 번국: 원문은 '번어도로기藩於都魯機'이다. 맘루크 술탄국을 가리
킨다.

78 압둘 와하브Adul Wehhab: 원문은 '아도왜합阿都哇哈'이다.

79 메카Mecca: 원문은 '묵가墨加'이다.

80 메디나Medina: 원문은 '묵덕나默德那'이다.

81 크레타섬Crete Nisi: 원문은 '간저아干底阿'이다.

82 관세: 원문은 '화물입구세貨物入口稅'이다. 광서 2년본에는 '세향지歲餉地'
라고 되어 있으나, 악록서사본에 따라서 고쳐 번역한다.

83 콘스탄티노플Constantinople: 원문은 '관사돈정라포이觀士頓丁羅布爾'이다.

84 각 항목의 … 추산하면: 원문은 '각항실제세입상가, 최신고산위各項實際歲入相加, 最新估算爲'이다. 광서 2년본에는 '화물지세팔구세정은貨物止稅八口歲征銀'으로 되어 있으나, 악록서사본에 따라서 고쳐 번역한다.

85 1400명: 광서 2년본에는 '일만사천명一萬四千名'으로 되어 있으나, 악록서사본에 따라서 고쳐 번역한다.

86 쿠시Kusi: 원문은 '과사果斯'이다. 나일강 상류 지역(지금의 수단 북부)에 거주한 아프리카 원주민 집단이다.

87 확실하게 구분해서 산다: 원문은 '판여호월判如胡越'이다. 호월은 중국 북쪽의 오랑캐 민족과 남쪽의 월나라라는 뜻으로, 떨어져 지내면서 관계를 맺지 않음을 비유한다.

88 하부 이집트Lower Egypt: 원문은 '라아이읍羅阿伊揖'이다.

89 인디고Indigo: 원문은 '양전洋靛'으로, 쪽빛 염료를 말한다.

90 중부 이집트Central Egypt: 원문은 '선특랍이이읍先特臘爾伊揖'이다.

91 상부 이집트Upper Egypt: 원문은 '아파이읍阿巴伊揖'이다.

92 마류트호: 원문은 '마리아저시호麻里阿底市湖'이다.

93 부룰루스호: 원문은 '마라사호摩羅士湖'이다.

94 만잘라호: 원문은 '면사력호緬沙力湖'이다.

95 카룬호Birket Qarun: 원문은 '맥길기륜호麥吉機倫湖'이다.

96 알렉산드리아운하Alexandria Canal: 원문은 '아력산특리아하阿力山特厘阿河'이다.

97 아사라운하Asarah Canal: 원문은 '아사랍하阿沙臘河'이다.

98 메리크운하Melik Canal: 원문은 '미리하彌利河'이다.

99 아스톤운하Astoun Canal: 원문은 '아시다안하阿時多安河'이다.

100 모이즈운하Moez Canal: 원문은 '마이시하摩伊市河'이다.

중집

—

원본에는 없으나, 지금 보충한다.

『직방외기』에 다음 기록이 있다.

이집트 대국은 아프리카 동북쪽에 위치하며 예로부터 풍요롭다고 극찬을 받았다. 먼 옛날에 7년 동안 풍년이 들다가 이어서 7년 동안 흉년이 든 적이 있었다. 당시 천주교인 중에 선지자 성인 요셉이 있어 나라 사람들에게 널리 식량을 비축하게 하고 나라의 재물을 모두 사용해서 곡식을 비축하게 했다. 흉년이 들자 곡식을 풀어서 나라의 기아를 구제했을 뿐만 아니라 사방에서 곡식을 사러 와서 재물이 모두 이 나라로 들어왔기 때문에 비할 데 없이 풍요로워졌다. 지금에 이르러서도 오곡이 풍부하고 가축과 산물이 매우 번성하며, 다른 지역의 온갖 과일과 초목을 이곳으로 옮겨 와서 이전보다 두 배로 풍요로워졌다. 이 지역은 1천만 년 동안 비가 내리지 않았고 구름조차도 없다. 나라에는 나일강이라고 하는 큰 강이 있다. 강물은 매년 한 차례 5월부터 점차 불어나는데, 원주민들은 강물이 얼마나 불어났는가를 보고 풍년과 흉년의 조짐을 살핀다. 가장 불어날 때도 2길 1자를 넘지 않고 가장 적을 경우에도 1길 5자를 넘지 않는다. 1길 5자가 되면 흉년이 들고 2길 1자가 되면 크게 풍년이 든다. 물이 불어나는 기간은 40일을 넘지 않으며, 그 물속에는 기름진 성분이 있어 물이 다다른 곳에서 기름진 성분이 흙 속에 흡수되어 또한 진창이 되지 않게 해 주기 때문에 땅이 매우 비옥해서, 살펴보건대, 이는 태국[1]·첸라[2]와 같다. 온갖 곡식과 초목이 모두 무성하다. 물이 불어났을 때는 성곽이 대부분 잠기기 때문에 나라 사람들은 물이 불어나기 전에 미리 문을 닫고 배로 가재도구를 옮기고 피한다. 강에서 멀리 떨어진 곳은 물도 이르지 못한다. 옛날에 한 국왕이 가뭄과 홍수를 구할 방법만을 찾다가 에우클레이데스Eucleides[3]라는 한 지략가를 얻었는데, 그가 만든 수차水車[4]는 때에 따라 물을 대기도 하고 흘려보내기도 했으니, 이것이 지금의 용미거龍尾車이다. 나라 사람들은 매우 지혜로워서 모든 사물의 이치를 끝까지 캐서 만물을 관통하는 하나의 이치를 확인하는 것을 좋아했다. 또한 이 지역에는 비가 내리지 않고 구름과 안개가 없어서 일월성신이 밤낮으로 밝으며 밤에 잘 때도 집 안으로 들어갈 필요가 없기 때문에 눈만 들면 하늘의 모습을 보게 된다. 그래서 천문학에 대해 더욱 자세히 살피고 조사한 결과 정통해서 다른 나라들은 따라올 수가 없다. 이 나라 사람들이 참된 종교를 신봉하지 않았을 때는 즐겨 음사淫祀를 지냈다. 이에 금수 초목 중 인간에게 이로움을 주는 것, 예를 들어 소는 밭을 갈고 말은 짐을 지며 닭은 아침을 알리는 일에서부터 채소 중에 파나 부추 같은 것들까지를 모두 귀신처럼 공경하면서 제사를 지내거나 감히 먹지 않았으니, 황당무계함이 이와 같았다. 천주 예수가 강림하여 젊었을 때 일찍이 이곳에 온 적이 있다. 막 경내로 들어와서 여러 마귀상을 모두 무너뜨렸다. 이어서 2~3명의 성도가 그곳에 와서 교화시켜 결국 유명한 성현들이 아주 많이 나오게 되었다. 이 나라 여자들은 항상 한 번에 3~4명의 자식을 낳는다. 세상의 노새는 새끼를 낳지 못하지만, 오직 이곳의 노새는 번식할 수 있다. 옛날에 국왕이 몇 개의 돌을 깎아 탑 모양의 누대를 만들었는데, 돌을 쌓아서 만든 것이 아니라 모두 언덕처럼 큰 암석을 선택해 깎아서 만들었다. 큰 것은 아래 기단의 넓이가 324보步, 높이가 275계단으로, 한 계단의 높이가 4자나 되었다. 누대 꼭대기에 올라가서 온 힘을 다해 멀리 화살을 쏘아도 화살이 누대 기단을 넘지 못했다. 성이 있는데, 옛 이름은 멤피스Memphis[5]이고 현재는 카이로[6]로 불리며, 고대에는 큰 나라의 옛 도성으로 그 명성이 서양에 알려졌다. 그 성에는 1백 개의 문이 있고 문의 높이는 1백 자이며 거리는 3일 동안 다녀야 다 가볼 수 있다. 성은 그곳에서 나는 반질반질한 섬돌을 쌓아 만들었는데, 견고하기가 비할 데 없다. 5백 년 전에 이 나라가 강성했을 때는 코끼리를 이용한 전투에 뛰어나 이웃 나라 중에 큰 나라는 두려워했고 작은 나라는 복종했다. 코끼리로 전쟁할 때는 자흑색을 코끼리에게 보여 주면 화가 나서 적에게 달려드는데, 이르는 곳마다 전멸시켰다. 도성은 매우 부유하고 속국이 아주 많았다. 지금 이 나라는 이미 황폐해져 성은 큰 강물이 부딪쳐 침식되어 무너져 가고 있지만, 여전히 30리 길거리에는 여행객들로 시끌벅적하고 온갖 물건이 모두 모여들며 성안에는 항상 낙타가 2만~3만 마리나 있다.

『매월통기전每月統紀傳』에 다음 기록이 있다.

이집트는 옛 역사서에는 맥서국麥西國이라고 하며 아프리카 동북 지역에 위치한다. 나라의 동북쪽에 있는 작은 땅은 아시아 서쪽과 서로 이어진다. 예로부터 미신에 집착하여 풍속이 어지러워질까 봐 두려워해서 다른 나라 사람들과 교류하지 않았다. 왕 한 사람이 국정을 관장해 아침에 일어나면 각 부의 문서를 살펴본 다음 사당에 가서 수도회 우두머리의 가르침을 들었다. 연회 음식은 매우 담박해서 사치스러운 것을 엄격히 금했다. 형제자매와 서로 혼인했다. 성직자는 나라의 대사大師로, 각 관리가 공경했다. 성직자는 윤회의 불도를 전수해서 인도국까지 전파했고, 멀리 중국·일본국까지 전파했다. 이집트는 살생하지 않고 음양을 숭상했다. 또한 다른 종교도 있었는데, 태양을 숭배하기도 하고 불을 숭배하기도 했으며 심지어는 소를 신처럼 공경하기도 했으니, 이것은 또한 그 나라의 외도外道였다. 상을 당하면 귀인의 경우 향유를 바르고 고약으로 염을 해서 1천 년을 보존할 수 있었다. 효자는 시신 안치실을 만드는 데 가산을 모두 다 썼다. 고대의 왕들은 탑을 세웠는데, 사방의 높이가 77길이고 각 변의 길이는 110길이었으며, 비록 3천여 년이 지났으나 그 탑은 여전히 존재한다. 이집트 사람들은 시신을 장사 지낼 때 먼저 관리에게 살아생전 고인의 음덕을 살피고 널리 알아보게 했다. 고인이 나쁜 짓을 했으면 장사 지내는 것을 허락하지 않고 조상의 무덤에 합장하는 것도 허락하지 않으면서 시신을 내버리게 했다. 장사 지낸 시신은 수천 년이 지나도 망가지거나 썩지 않으며 지금까지도 여전히 보존되어 있다. 나라의 고적은 셀 수 없을 정도로 많다. 간혹 옛 궁전과 성읍이 무너진 곳도 있지만, 도처에 여전히 남아 있다. 1백 개의 문이 있는 성도 있는데, 경사京師보다 더 넓다. 고대 이집트 사람들은 현인을 장려하고 인재를 길러서 문장을 지어 책을 만들 수 있었는데, 중국의 예서체와 그다지 다르지 않았다. 성직자·학자 등은 여름이 되면 별의 거리와 일식·월식·합삭合朔[7]·현월弦月과 망월望月·절기節氣·교궁交宮[8]을 관측하고, 때에 맞춰 바람·구름·천둥·기류·유성의 여러 현상·절기를 기록해서 실제로 측량해서 밝혀냈다. 이 지역은 비와 서리가 없고 예로부터 청명했기 때문에 별자리를 관

찰해서 천문 현상을 고찰해 제정할 수 있었다. 살펴보건대, 서술된 부분은
『직방외기』의 설명과 부합되고, 『사주지四洲志』와도 부합된다. 성현이 많이 나왔고
뛰어난 인재도 다수 배출되었다. 내과內科를 치료하는 데도 정해진 법제
가 있어서 법에 의거해 병을 치료했고 법에 의거하지 않고 사람을 잘못
되게 하면 사형에 처했다. 이 지역은 사방이 평탄했기 때문에 언덕을 만
들어 거주지로 삼았다. 나일강은 매해 여름에 강물이 불어나면 모가 강
물을 따라 자랐는데, 홍수와 가뭄이 없을 뿐만 아니라 오히려 기름진 토
지를 얻을 수 있었다. 만약 강물이 기준에 미치지 못하면 흉년의 재해를
입었다. 『직방외기』와 부합된다. 그 나라는 순舜임금 시기에 노아Noah[9]의 손
자를 군주로 삼고 처음 나라를 세웠는데, 그 이름이 미스라임Mizraim[10]이
다. 그 후에 아세만탑라阿細曼塔喇가 왕위를 이어 오랑캐를 침략해서 성을
건설하니, 나라가 처음으로 흥성해졌다. 하夏 왕조 시기에는 유목민들이
이 나라를 침략해 정복해서 남방으로 도읍을 옮겼다. 상商 왕조 시기에는
요셉[11]을 재상으로 삼아서 7년 흉년 시기의 곤궁함을 극복했으며, 근세에
는 더욱 흥성했다. 살펴보건대, 이 나라가 흉년을 극복한 방법은 『직방외기』에도
보인다.

　『만국지리전도집萬國地理全圖集』에 다음 기록이 있다.
　아프리카 각국은 모두 해변에 위치하며 그 내지는 사막과 유목지이
다. 동북쪽은 맥서麥西 또는 애급다埃及多의 땅이다. 홍해 해변에 위치하며
중간에 흐르는 강은 나일강이라고 한다. 나일강은 남쪽에서 북쪽으로 흐
르며 매년 한 차례 강물이 불어나 토지를 비옥하게 하는데, 마치 거름을
주어 식물을 잘 자라게 하는 것과 같다. 강물이 이르지 않는 곳은 사막뿐
이다. 이 때문에 강 근처에 사람들이 모여서 살지만, 이곳에서 조금만 벗

어나도 사람이 살지 않는다. 맥서국은 예로부터 명성이 있어 상나라 시기에는 나라가 흥성했다. 건축된 탑은 높고 크며 여전히 존재하고 있는데, 궁전과 같은 무덤이다. 오늘날에는 사람들이 이 고적을 보기 위해 만리를 멀다 하지 않고 찾아온다. 그러나 옛날 사람들은 비록 예술은 출중했지만, 오히려 이단에 집착해서 숭배하는 신은 날짐승·들짐승·벌레·뱀 등과 같은 것들이었다. 다른 나라에서 이 나라가 재물이 풍부함을 알고 또 그들이 유약하고 지략이 없음을 알고는 이 나라를 공격해 차지하고서 원주민을 복종시켜 노예로 삼았다. 처음에는 로마국에서 공격해 차지하고는 오랫동안 권력을 장악했다. 이어서 이슬람 민족이 국경을 침범해서 차지했다. 근래에는 오스만 제국의 왕이 또 파샤를 파견해 정사를 다스렸다. 파샤는 전함을 제조하고 군사를 훈련시켜 서양과 차이가 없어졌기 때문에 군사력이 크게 흥성해져 이집트를 차지했다. 각국이 압박해서 빼앗은 땅을 돌려주게 하자 지금은 또한 오스만 제국 왕[12]에게 공물을 바친다. 그러나 백성들은 핍박 속에서 온갖 고초를 겪고 있고, 농부들도 매우 괴로우며 노약자의 시신은 구덩이에서 뒹굴고 있다. 이 나라에서는 오곡·면화·밀랍·약재 등이 나고 세금으로 얻는 은은 매년 933만 냥이다. 군사는 12만 명이고 주민은 250만 명이며 큰 전함은 14척이 있다. 그왕은 비록 총명하나 군사를 양성하는 데 비용을 많이 사용해서 나라에서 사용할 돈과 양식이 충분하지 않다.

큰 부두는 알렉산드리아로, 예전에도 유명했고 지금도 통상하는 항구이다. 그 도성은 카이로로, 인구는 30만 명이다. 고대의 궁전과 가옥은 담장과 벽이 모두 무너졌다. 무덤 안의 시신은 비록 3천 년이 지났지만, 향유를 바른 까닭에 여전히 보존되어 남아 있다. 맥서국의 남쪽을 상부 이집트[13]라고 하는데, 날씨가 가장 더우며 다만 나일강 강변에서만 경작할 수 있고 이외의 지역은 모두 사막이 바다처럼 광활하다. 야만적이고 무뢰해서 여행객을 약탈하고 사람을 사고파는데, 그 나라 왕도 금지할 수가 없다. 맥서국의 북쪽을 하부 이집트[14]라고 하는데 에티오피아[15]로, 산속에 위치하며 땅은 척박하고 물산이 적다. 주민들은 싸우길 좋아하고 이단을 숭배한다. 오곡이 많지 않기 때문에 소고기를 먹는데, 날고기를 먹고 피를 마신다. 일찍이 야만족이 이 나라를 침범했는데, 그들은 호랑이처럼 사나웠고 동굴에서 살았으며 메뚜기를 먹었다. 이에 여러 번 이집트인을 공격했지만, 이집트인들은 치열하게 싸워서 그들을 물리칠 수 있었다.

重輯

一

原本無, 今補.

『職方外紀』: 阨入多大國在利未亞之東北, 自古極稱富厚. 中古時曾大豊七年, 繼卽大歉七載. 當時天主敎中有前知聖人, 名當瑟者, 預敎國人廣儲蓄, 罄國中之財悉用積穀. 至荒時出之, 不惟救本國之饑, 而四方來糴財貨, 盡入其國, 故富厚無比. 至今五穀極饒, 畜產最蕃, 他方百果草木移至此地, 卽茂盛倍常. 地千萬年無雨, 亦無雲氣. 國中有一大河, 名曰泥祿河. 河水每年一發, 自五月始, 以漸而長, 土人視水漲多少以爲豐歉之候. 最大不過二丈一尺, 最小不過一丈五尺. 至一丈五尺, 則歉收, 二丈一尺則大有年矣. 凡水漲無過四十日, 其水中有膏腴, 水所極處, 膏腴卽着土中, 又不泥濘, 故地極肥饒, 案: 此與暹羅·眞臘同. 百穀草木俱暢茂. 當水盛時, 城郭多被淹沒, 國人於水未發前預杜門戶, 移家於舟以避之. 去河遠處, 水亦不至. 昔有國王專求救旱潦之法, 得一智巧士, 曰亞爾幾默得者, 爲作一水器, 以時注泄, 卽今龍尾車也. 國人性極機智, 好格物窮理之學. 又其地不雨, 竝無雲霧, 日月星晨, 晝夜明朗, 夜臥又不須入室內, 擧目卽見天象. 故其天文之學考驗益精, 爲他國所不及. 其國未奉眞教時, 好爲淫祀. 卽禽獸草木之利賴於人者, 如牛司耕, 馬司負, 雞司晨, 以至蔬品中爲蔥爲薤之類, 皆欽若鬼神, 祀之或不敢食, 其誕妄若此. 至天主耶穌降生, 少時嘗至其地. 方入境, 諸魔像皆傾頹. 繼有二三聖徒到彼化誨, 遂出有名聖賢甚多. 其國女人恒一乳生三四子. 天下騾不孳生, 惟此地騾能傳種. 昔國王嘗鑿數石臺, 如浮屠狀, 非以石砌, 皆擇大石如陵阜者, 鑱削成之. 大者下趾闊三百二十四步, 高二百七十五級, 級高四尺. 登臺頂, 極力遠射, 箭不能越其臺趾也. 有城, 古名曰孟斐斯, 今曰該祿, 是古昔大國舊都, 名聞西土. 其城有百門, 門高百尺, 街衢行三日始遍. 城用本處一種脂膏砌石成之, 堅致無比. 五百年前, 此國強盛, 善用象戰, 鄰國大畏小服. 象戰時, 以桑椹色視象, 則怒而奔敵, 所向披靡. 都城極富厚, 屬國極多. 今其國已廢, 城受大水沖齧傾圮, 尚有街市長三千里, 行旅喧闐, 百貨具集, 城中常有駱駝二三萬.

『每月統紀傳』曰: 伊揖國, 古史云麥西國, 在阿非里加東北地方. 國之東北有小地, 與阿細阿之西相連. 自古執迷不與外國人交接, 恐亂風俗. 王一人掌國政, 早起, 覽各部文書畢, 卽進廟聽修道會長之訓諫. 宴食甚淡, 嚴禁奢華. 兄弟姨姊自相娶嫁. 僧爲國大師, 各官恭敬之. 其僧傳輪回之佛道, 流布印度國, 遠至中國·日本國也. 麥西國不殺生, 崇陰陽. 又有旁敎, 或拜日, 或拜火, 甚或敬牛如神, 此又其國中之旁門外道. 喪事, 貴人敷以香油, 殮以膏藥, 可存千年. 孝子修屍室, 竭盡家資. 古王者建塔, 四方高七十七丈, 各方一百十丈, 雖三千餘年, 其塔還存. 麥西人將葬屍, 先令官察究博訪其先世陰騭. 人若作惡, 卽不許出喪, 不許祔先人之窆岌而辱棄之. 所葬之屍, 數千年不壞不腐, 現有尚存者. 國中古蹟, 不可勝數. 間有古殿城邑傾頹, 各處尚存. 城有百門, 寬大勝京都. 古時麥西國之人, 勵賢養才, 能文作書, 與漢人隸字不甚相遠. 其僧儒等, 當夏月, 則測星相距, 日月交食, 合朔弦望, 節氣交宮, 按時記風·雲·雷·氣·流星諸象·節氣, 以實測驗. 其地無雨無霜, 終古晴明, 故可以觀察星宿, 考制曆象.

案: 所述與『職方外紀』說合, 與『四洲志』亦合. 多出聖賢, 毓靈孕秀. 醫內科有

定制, 據法醫病, 不據法誤人者, 罪死. 其地四方平坦, 是以築岑丘爲所居. 泥

祿大河, 每夏水至, 苗隨水長, 不惟無潦患, 反藉以肥田疇. 倘河漲不及度, 則

受荒旱之災. 與『職方外紀』合. 其國當帝舜年間, 君爲那阿之孫, 初創立國, 是

名麥西喇音. 其後阿細曼塔喇接位, 侵夷建城, 國始興隆. 當夏朝間, 遊牧侵國,

竝征服之, 移都南方. 當商朝間, 約色弗爲相國, 且補七荒年之缺, 近世益盛.

案: 此國救荒之法亦見『職方外紀』.

『萬國地理全圖集』曰: 亞非利加各國皆在海濱, 其內地係沙漠遊牧之地. 東

北曰麥西或埃及多地也. 在紅海之邊, 中間所流之河, 稱曰尼羅. 自南之北, 每

年一次漲溢, 以沃田土, 若灌糞培植. 但河水不至之處, 則沙磧而已. 是以近河

人戶雜居, 但離此不遠, 卽無人之地. 麥西國自古有名, 於商朝年間, 國家興盛.

所築之塔, 高大尚存, 其墳塚如殿. 及於今日, 有人不遠萬里以觀此古蹟. 然古

民雖藝術超眾, 尚固執異端, 所拜之神, 係禽獸蟲蛇等物. 外國知其富財帛, 又

知其懦弱無謀, 不得不攻擊取國, 而服土民爲奴. 始則羅馬國攻取之, 久操其

權. 繼則回回族犯境而據之. 近日土耳基王又派總師代爲辦政. 造戰艦, 演士

卒, 與西國不異, 故兵勢大盛, 亦占據其主之土. 但各國強之使還侵地, 現又

貢進土王也. 然其居民見迫脅, 千磨萬難, 農夫苦劇, 老弱轉乎溝壑. 其國出五

穀·棉花·蠟·藥材等貨, 所得餉銀每年九百三十三萬兩. 其軍十二萬丁, 其居民

二百五十萬丁, 其大戰艦十四隻. 其王雖聰明, 但因養兵之多, 錢糧不敷國用.

其大埠頭稱曰亞勒散特亞, 古時著名, 今亦通商之港口也. 其都城曰加以羅,

居民三十萬. 古時殿屋, 頹牆壞壁. 其塚陵內之屍, 雖歷三千年, 因傳以香油, 尚

得存留. 麥南曰怒北, 天氣最熱, 惟尼羅河濱猶可耕田, 此外一片沙漠, 浩渺如

海. 野蠻無賴, 劫奪行旅, 販賣人口, 其王力不能禁. 麥北曰怒南, 係哈北國, 在
山嶺中, 地瘠少物產, 居民好鬭, 崇異端. 因五穀不多, 故食牛肉, 啖腥茹血. 嘗
有生蠻侵其國, 人猛如虎, 以穴爲屋, 以蝗爲食. 累攻居民, 非烈戰不能掩殺也.

주석

1 태국: 원문은 '섬라暹羅'이다.

2 첸라: 원문은 '진랍眞臘'이다.

3 에우클레이데스Eucleides: 원문은 '아이기묵득亞爾幾默得'이다. 에우클레이데스는 고대 그리스의 수학자로 유클리드Euclid라는 이름으로 널리 알려져 있다.

4 수차水車: 원문은 '수기水器'이다.

5 멤피스Memphis: 원문은 '맹비사孟斐斯'이다. 옛 땅은 지금의 기자 지구 이남에 위치한다.

6 카이로: 원문은 '해록該祿'이다. 멤피스 동북쪽에 위치하며 두 곳의 거리는 비교적 멀다.

7 합삭合朔: 달이 해와 지구 사이에 들어가 일직선을 이루어 달이 안 보이는 때를 말한다.

8 교궁交宮: 태양의 운행과 황도黃道 12궁宮이 서로 마주치는 위치를 말한다.

9 노아Noah: 원문은 '나아那阿'이다.

10 미스라임Mizraim: 원문은 '맥서라음麥西喇音'으로, 이집트를 세운 인물로 알려져 있다.

11 요셉: 원문은 '약색불約色弗'이다.

12 오스만 제국 왕: 원문은 '토왕土王'이다. 광서 2년본에는 '사왕士王'으로 되어 있으나, 악록서사본에 따라서 고쳐 번역한다.

13 상부 이집트: 원문은 '노북怒北'이다.

14 하부 이집트: 원문은 '노남怒南'이다.

15 에티오피아: 원문은 '합북국哈北國'이다.

에티오피아

—

『직방외기』에 나오는 아비심역국亞毗心域國이다.
『원사元史』에서는 구람국俱藍國이라 하며 지금까지 광동과 무역한 적이 없다.

    에티오피아[1]는 동쪽으로는 바다, 서쪽으로는 사막, 남쪽으로는 아덴,[2]
북쪽으로는 누비아사막과 접해 있다. 경내에는 가파른 산이 겹겹이 있으
나 골짜기에는 평지가 있어서 농사를 지을 만한데, 땅의 토질은 중간 정
도 된다. 지역이 이집트 변경과 접해 있어 예로부터 이집트 사람들을 공
격해 승리했지만, 모두 이집트 깊숙이 들어간 적은 없었다. 듣기에 나라
의 왕과 군郡 군은 왕후이다. 은 모두 솔로몬Solomon[3]의 후예라고 한다. 이
후 이집트의 프톨레마이오스[4]가 유람을 좋아해 연해의 항구를 두루 알고
자 해서 이 나라의 악수미테Axumitae 부락[5]에 갔는데, 바로 아둘리Aduli[6] 부
두이다. 그곳에 상아가 넉넉히 쌓여 있는 것을 보고 구매해 나라로 돌아
왔고 아울러 그곳의 명승고적에 대해 글을 남겼다. 그 후로 상선들이 끊
임없이 와서 교역했다. 이 나라의 역사서에 기원전에는 민간에서 유대교
를 신봉했다고 한다. 유대교는 이슬람교의 가장 오랜 형태로 불경에서 말하는 바
라문이며, 무함마드[7] 이전에 존재했다. 이는 중국에 공자가 아직 태어나지 않았을 적

에 이미 유교儒敎가 있었던 것과 같다. 1400년 명나라 건문建文 3년이다. 에 이집트의 프루멘티우스Frumentius[8]가 이 나라에서 벼슬할 때 총애를 받아서 권력을 장악해 결국 나라에 크리스트교를 신봉하도록 두루 권고했다. 무함마드 이슬람교의 알라신은 이곳에 전래된 적이 없다. 원서에서는 이슬람교를 마과몰교馬夥沒敎, 마하묵돈교馬賀墨頓敎, 마합밀교麻哈密敎라고도 하는데, 모두 음역이다. 이 때문에 경내에서 숭배된 종교는 조금도 뒤섞이지 않았다. 이집트와 사라센 두 나라의 사람들은 세상이 어지러웠을 때 대부분 이곳으로 피신해 왔다. 이 지역은 서양과 인도 상인의 중요한 길목으로, 1600년[9] 명나라 만력 28년이다. 에 서양의 코빌량Covilhã[10] 등이 이집트에서 이곳으로 와서 나라 사람들을 전도해 가톨릭교로 개종하게 했다. 1620년 명나라 태창泰昌 원년이다. 에 계속해서 박학한 선교사 페드로 파에스Pedro Páez[11]도 이곳에 와서 그 도를 크게 행해 결국 수세니오스Susenyos왕[12]을 선동해 로마[13]의 도성을 유람하게 하고 아울러 가톨릭을 나라에 널리 퍼뜨리게 했다. 이후로 서양 사람들은 다시 오지 않았고 오랜 세월이 흘러 거의 그곳에 이 나라가 있다는 것도 잊혀 갔다. 후에 제임스 브루스James Bruce[14]가 이 나라를 유람하고 돌아와 서술했는데, 비록 그럴듯하게 꾸미고 과장된 면은 있지만 근래[15] 샤를 그자비에Charles Xavier[16]가 논한 바와 대략 비슷하다. 그 나라의 도성은 곤다르Gondar[17]에 세워져 대대로 한 성姓이 번갈아 대를 잇고 정사政事는 모두 왕이 처리한다. 근래에 서남쪽 아덴국 원주민인 오로모족Oromo[18]이 각 부족을 침범하여 각각 병권을 주어 스스로 정벌하게 하자 왕권은 몰락하고 신하들은 서로 학살하며 내부의 반란까지 일어나 혼란이 끊이지 않았다. 골육이 왕위 쟁탈전을 벌이지 않으면 권문세가들이 권력을 찬탈했다. 다행히도 나라 사람들은 다만 왕실에만 복종할 뿐 다른 성은 알지 못했기에 비록 강한 신하가 나라의 운명을 농단해도 감히 왕위를 찬탈하지는 못했다. 반드시 한 왕실의 후예만 받들면서 전례를 따라서 자리만 지키고 있을 뿐이었다. 근래에는 영토 대부분이 오로모족의 차지가 되었는데, 부족의 군주들도 모두 오로모족이었다. 풍속은 이집트·아덴과 대략 같다. 예전에는 이 나라 사람들의 행동거지가 짐승처럼 난폭하여 야만인과 다를 바 없다고 들었는데, 근래에 비로소 소문이 실제와 다르다는 것을 알았다. 다만 연회에서 생고기를 먹길 좋아하며 또한 목동이 배가 고프면 즉시 희생 고기를 잘라 배를 채우고 상처를 치료한 뒤 이전처럼 몰고 다닌다고 했다. 나라 사람들이 죽을죄를 지으면 관리가 직접 참수하며 다른 사람의 손을 빌리지 않았는데, 매우 참혹하지만 난색을 표하지는 않았다. 모두 자주 내란이 일어나고 해마다 전쟁을 치른 까닭에 살생을 좋아하는 성품이 되었다.

원주민은 모두 유대인으로, 거칠고 수염이 많으며 술을 매우 좋아하고 큰 소매 옷에 허리띠를 맨다. 서민은 흰 둥근 모자를 쓰며 귀족은 모자 앞에 뾰족하게 튀어나온 부분이 있어 다른 계급과 차이를 두었다. 집은 모두 거적을 덮고 소나무 기둥에 굽은 들보를 쓰며 깎거나 다듬지 않는데, 신전도 그러했다. 다만 대부분 산꼭대기에 신전을 지어 나라의 경관을 이룬다. 천성적으로 그림 그리는 것을 좋아해 궁전·신전·관청·초막에 그림이 걸리지 않은 곳이 없어 색깔이 휘황찬란하다. 혼인의 경우 남녀가 서로 좋아하면 여자의 아버지께 허락을 구하고 허락하면 팔짱을 끼고 돌아간다. 몇 개월이 지나면 함께 신전에 들어가 예배드린다. 부귀한 자들은 성대하게 혼례를 치른다. 부인이 일을 처리해 남편을 구속할 수 있지만 결혼도 어렵지 않고 이혼도 쉬워서 부부가 끝까지 함께 사는 경우는 드물다. 크리스트교를 신봉해서 이집트 도성의 대주교를 종주※主로 한다. 그러나 언어의 간극이 있어서 깊이 배울 수는 없었다. 또한 그 종교 속에 유대교의 규율이 혼재해서 자는 것과 먹는 것을 경계하고 아이들은 할례[19]를 한다. 이에 근거해 여기서 말하는 유대교는 이슬람교임을 알겠다. 얼마 지나지 않아 또한 로마 가톨릭교의 규율도 섞이게 되어 이전 현인이 나온 시기에 대한 기록도 매우 많아졌고 신전에 들어가 예배하고 경축하는 날도 거의 쉬는 날이 없었다. 신전마다 이전 현인의 초상을 걸었지만, 흙과 나무를 조각해서 신상을 만들지는 않았다. 살펴보건대, 이 부분은 가톨릭과 기독교 두 종교의 다른 점이다. 나라에는 또한 수도원이 있는데, 유럽처럼 규율이 엄격하다. 수도사는 일단 수도원에 들어가면 세상일에 참여할 수 없다. 문자와 언어는 대략 아덴과 가깝다. 문자는 암하라어 Amharic[20]를 기본으로 삼지만 각 부락의 언어가 다르고 어지럽게 섞여 있어 매우 배우기 어렵다. 서적은 단지 『전현행실前賢行實』 하나로, 바로 이집트의 편년사이며, 에티오피아에서도 본국의 언어를 사용하여 유다의 역사 기록법에 따라서 나라 안의 일을 기록했다. 종교인 가운데 독송할 수 있는 자는 모두 승사僧師이다. 문학도 이와 같다.

오로모족은 키가 작고 얼굴이 자색인데, 만약 평지에 오래 산다면 도리어 피부색이 검게 변한다. 오로모족은 또한 여러 종족으로 나뉘는데, 가장 강한 종족은 보렌오로모족Boren Oromo[21]이고, 그다음이 아주르오로모족Adjour Oromo[22]이다. 다만 본국 원주민은 아주 순박하고 선량한 데 반해 오로모족은 불결하기 짝이 없어 씻지도 않은 소의 내장으로 머리를 묶고 허리에 차며 온몸에 기름칠을 해서 장식한다. 만약 전쟁이 일어나면 남녀노소를 불문하고 모두 사로잡아 죽인 후에야 끝낸다. 수영을 잘해서 물속에서 오래 버틸 수 있다. 쇠로 만든 기구나 연장은 없고, 순전히 나무를 뾰족하게 깎은 뒤 불에 달구고 기름칠한 것을 사용하는데, 그 끝이 매우 날카롭다. 매번 돌진할 때는 땅을 뒤흔들 정도의 함성 소리를 냈으며, 강한 적이 아니어도 또한 함성을 내질렀다. 이에 적들의 예봉을 대적할 수 있다면 적들의 빈틈을 타서 패배시킬 수 있었다. 종교와 사당은 없지만 큰 나무를 숭배하기도 하고 별과 달을 숭배하기도 한다. 근래에 에티오피아의 땅을 차지한 뒤에 점차 난폭함을 고치고 이슬람교로 교화되었다. 이곳에서도 유대교를 이슬람교로 여긴 것이다. 이 사람들은 대부분 장수해서 본국의 원주민보다 오래 산다. 또한 샨켈라[23]라는 종족도 있는데, 검푸른 얼굴에 곱슬머리로 백나일강White Nile[24] 강변에 산다. 산골짜기는 찌는 듯이 무덥고 덤불이 우거져 무성한데, 원주민들은 그 속에 섞여 산다. 맑은 날에는 나무 그늘에서 쉬고 비가 오면 석굴에 숨으며 짐승 고기를 말려 육포를 만든다. 그 지역은 본국의 각 우두머리가 사냥하는 장소인데 가을과 겨울에 사냥할 때는 짐승을 잡는 데 목적이 있는 것이 아니라 샨켈라족을 잡아 노예로 삼는 데 목적이 있다. 그러나 샨켈라족은 비록 말과 무기는 없지만 죽기 살기로 싸워 적을 물리친다.

나라 남쪽에 있는 시미엔산맥Simien Mountains[25]은 가장 높은데, 첩첩산중에 기복이 심하고 험한 절벽이 연이어 있어 다른 나라 산보다 매우 험하다. 산꼭대기마다 돌로 사방이 둘러싸인 움푹 파인 천연의 요새가 있는데, 그 절벽이 깎아지른 듯해 줄사다리가 아니면 오를 수 없다. 나라에 전란이 있을 때면 왕족들은 대부분 이곳에서 난리를 피한다. 산의 남쪽 부락에 대해서는 아직 알 수 없지만, 납마이온산臘馬爾蘊山만은 유럽 상선들이 홍해로 들어오는 길목에 있어서 여기만큼은 잘 안다.

강은 나일강이 가장 크고 시미엔산맥에서 발원한다. 그 상류인 템비야호Dembiya Lake[26]는 사방이 모두 큰 산이고 호수는 사방에 있는 산의 계곡물을 받아 동쪽으로 흘러내려 청나일강Blue Nile[27]이 된다. 구불구불 북쪽으로 흘러 누비아사막까지 쭉 가면 비로소 나일강이 시작된다. 또 서남쪽의 여러 산과 계곡을 지나 북쪽으로 이집트의 도성에 이르면 물줄기가 7개의 지류로 나뉘어 바다로 유입된다. 토산품으로는 보리·꿀·말·면화·순금·수정·통포桶布·창·칼·상아·각종 향료가 있다. 작은 부락 131개가 있으며, 수도는 곤다르로, 근달根達이라고도 한다. 원본.

阿邁司尼國

———

卽『職方外紀』之亞毗心域國也.『元史』作俱藍國, 今未與廣東通市.

阿邁司尼國東距海, 西距曠野, 南界阿匿, 北界盧比阿曠野. 境內重山峭壁,
而谷中平壤, 多堪播植, 厥土惟中中. 地居伊揖邊界, 自古凡攻勝伊揖之人, 皆
未深入其地. 聞其國之王與郡, 郡, 妻也. 皆出梭羅汶之後裔. 嗣有伊揖之比多
里彌王, 好遊覽, 欲徧知沿海港口, 遂至其國之阿松誄部落, 卽阿都里之市埠
也. 見象牙充積, 收購回國, 且擇其名勝, 留題墨蹟. 自後商舶踵至, 市易雲集.
其國史書在耶穌未紀年以前, 俗奉由斯教. 由教卽回教之最舊者, 佛經謂之婆羅
門, 在麻哈麥以前. 猶中國孔子未生, 先有儒教也. 至千四百年, 明建文三年. 有伊
揖之佛魯曼底士仕於其國, 尊寵用事, 遂徧勸國中改奉克力斯頓教. 其馬哈墨
回教之主從未至此. 原書中稱回教曰馬夥沒教, 或曰馬賀墨頓教, 又曰麻哈密教,
皆音之轉. 是以境內所崇之教, 毫無歧雜. 伊揖與阿丹兩國之人, 值世亂時, 多
於此避隱. 其地爲西洋與印度商旅之要津, 於千有六百年, 明萬曆二十八年. 有
西洋戈未含等, 由伊揖至此, 勸導國人改奉加特力教. 千有六百二十年, 明泰昌
元年. 續有博學之教師巴依士亦至, 大行其道, 遂煽惑蘇士尼阿士王, 往遊羅汶

國都, 竝勸將加特力教頒行部落. 迨後, 西洋之人不復至, 日久年湮, 幾忘其有
此國. 後有墨魯士遊是邦歸, 紀載稱述, 雖有點綴鋪張, 而與近日沙爾所論, 大
略相同. 其國都建於萬那, 歷代一姓傳嬗, 政事皆專制於王. 近因西南阿匿國之
土蠻牙爾臘, 憑陵各部, 乃各畀兵權, 俾自專征討, 由是大權旁落, 臣下斬殺自
由, 且釁起蕭牆, 內亂不已. 非骨肉爭位卽權貴弑奪. 所幸遍國中人, 只服王家,
不知他姓, 故雖強臣擅國命, 不敢篡王位. 必奉一王家舊裔, 守府屍位. 近則疆
域大半爲牙爾臘侵據, 部酋皆牙爾臘種也. 風俗與伊揖·阿丹略同. 向聞此邦舉
動狂獷, 無異野人, 近始知傳言過實. 惟於宴筵好啖生肉, 竝聞牧人餒餓, 卽割
牲肉以充饑, 立塗創口, 驅行如故. 國人犯死罪者, 官自斬割, 不假手於人, 卽
極酷慘, 亦無難色. 皆由屢遭內亂, 頻年戰鬪, 故嗜殺成性矣.

土著皆由斯種類, 粗野多髯, 性耽麴糵, 大袖束帶. 庶人戴白圓帽, 貴者帽前
尖角, 以別等差. 室皆苫覆, 松柱曲梁, 不加斫削, 廟宇亦然. 惟多建山巓, 爲國
中之一景. 性喜繪事, 宮殿·廟宇·署廨·廬舍, 莫不懸圖畫, 金碧燦然. 婚姻, 男
女相說, 則請命女父, 一諾, 卽可交臂而返. 俟過數月, 始同入廟禮拜. 其富貴
者頗知昏禮. 婦人用事, 能約束其夫, 然結縭不難, 分衿亦易, 故伉儷鮮克有終.
所奉克力士頓教, 以伊揖國都之大僧師爲宗主. 音語間隔, 故所學終不深徹. 且
其教中又雜以由斯之規矩, 戒宿戒食, 童割勢皮. 據此知由斯是回敎. 旋又參
以羅汶國加特力教中之規矩, 紀載前賢生期甚多, 入廟禮拜慶祝幾無虛日. 廟
宇各懸前賢遺像, 惟不雕塑泥木. 案: 此處可證加特力與波羅士特二教不同處. 國
中亦有道觀, 規矩嚴肅, 如歐羅巴. 凡道士一入觀後, 卽不得預世務. 文字音語,
略近阿丹. 文字以唵哈部落爲宗, 惟各部音語不同, 侏㒧龐雜, 最難習學. 其書
籍僅有『前賢行實』一書, 乃伊揖編年之史, 而阿邁司尼又用本國音語, 按由斯
史法譯國中. 其教人誦讀者, 皆僧師也. 文學不過如是.

其牙爾臘蠻夷, 身短面紫, 若久居平地, 反變爲黑. 其蠻又分數種, 最強者曰

波蘭牙爾臘, 次則阿卓牙爾臘. 惟本國土著差淳良, 生蠻則汙穢罕倫, 用不洗之牛腸, 束髮係腰, 周身塗膏爲飾. 如遇爭鬪, 不問男女老幼, 虜殺必盡而後已. 能臬水, 耐苦勞. 其器械無鐵, 純用銳木火煆而油煉之, 其鋒甚利. 每突陣, 呼聲殷地, 設非勁敵, 不無震撼. 若能敵其始銳, 乘其衰竭, 亦卽敗北. 無敎門廟宇, 或拜穹樹, 或拜星月. 近得阿邁司尼之地, 亦漸改暴獷, 化入回敎. 此亦以由斯敎爲回敎. 其人多壽命, 勝於本國土著之人. 尙有一種曰山牙臘, 黝面鬈髮, 居北依爾阿彌河濱. 山澗炎潯, 榛莽茀茂, 土蠻雜處其中. 晴庇樹陰, 雨藏石洞, 暴獸肉爲乾脯. 其地爲本國各頭目之獵場, 秋冬蒐狩, 意不在得獸而在擒山牙臘爲奴僕. 然山牙臘雖無戰馬火器, 恒死鏖拒敵.

國南之沙滿山最高, 重疊起伏, 綿亙嶇險, 甲於他國. 每有山巔凹坦, 石磧四周, 天然若寨者, 其崖斗絕, 非繩梯莫上. 當國中被兵之日, 王家宗族多於此避亂. 山南部落未悉, 惟臘馬爾蘊山爲歐羅巴商舶由紅海進口之路, 故得知其詳.

河以奈爾河爲最大, 源出沙滿山. 其上遊曰蘭比阿湖, 四圍皆大山, 湖受四山之壑, 由東宣泄出, 謂之北依爾阿厘河. 逶迤北流, 直至盧比阿曠野, 始爲奈爾河. 又西南諸山, 溪澗涯焉, 北至伊揖國都, 分七道而注之海. 土產大麥·蜜糖·馬·棉花·足金·水晶·桶布·槍·刀·象牙·各種香料. 領小部落百三十有一, 以萬邦爲首部, 亦曰根達. 原本.

주석

1 에티오피아: 원문은 '아매사니국阿邁司尼國'이다.

2 아덴: 원문은 '아언阿匽'이다.

3 솔로몬Solomon: 원문은 '사라문梭羅汶'으로, 이스라엘 왕국의 제3대 왕이다.

4 프톨레마이오스: 원문은 '비다리미왕比多里彌王'이다.

5 악수미테Axumitae 부락: 원문은 '아송미부락阿松謎部落'이다. 광서 2년본에
  는 '아송어부락阿松語部落'으로 되어 있으나, 악록서사본에 따라서 고쳐
  번역한다.

6 아둘리Aduli: 원문은 '아도리阿都里'이다.

7 무함마드: 원문은 '마합맥麻哈麥'이다.

8 프루멘티우스Frumentius: 원문은 '불로만저사佛魯曼底士'이다. 프루멘티우
  스(?~383?)는 에티오피아의 대주교이자 기독교 성인으로, 에티오피아 현
  지 언어로 신약성경을 번역한 최초의 인물이다.

9 1600년: 코빌량이 에티오피아에 도착한 것은 15세기 말경이다.

10 코빌량Covilhã: 원문은 '과미함戈未咎'이다. 코빌량(1460?~1526?)은 포르투갈
  의 초기 아프리카 탐험가이다. 포르투갈과 에티오피아 간의 관계를 수
  립하는 데 많은 공헌을 했다.

11 페드로 파에스Pedro Páez: 원문은 '파의사巴依士'이다. 파에스(1564~1622)는
  스페인 출신의 예수회 선교사이다.

12 수세니오스Susenyos왕: 원문은 '소사니아사왕蘇士尼阿士王'이다. 수세니오
  스왕(재위 1606~1632)은 솔로몬 왕조 중 처음으로 가톨릭으로 개종한 왕으
  로, 가톨릭을 널리 도입하려고 했으나 반발에 부딪혀 실패했다.

13 로마: 원문은 '라문국羅汶國'이다.

14 제임스 브루스James Bruce: 원문은 '묵로사墨魯士'이다. 브루스(1730~1794)는
  에티오피아에서 12년을 지내며, 나일강의 근원을 밝히는 저명한 저술

을 남겼다.

15 근래: 원문은 '근일近日'이다. 광서 2년본에는 '서일逝日'로 되어 있으나, 악록서사본에 따라서 고쳐 번역한다.

16 샤를 그자비에Charles Xavier: 원문은 '사이沙爾'이다. 그자비에(1801~1854)는 프랑스의 탐험가로 에티오피아 지역을 탐험하며 여러 기록을 남겼다.

17 곤다르Gondar: 원문은 '만나萬那'로, 만방萬邦, 공덕이貢德爾라고도 한다.

18 오로모족Oromo: 원문은 '아이랍만이牙爾臘蠻夷'이다.

19 할례: 원문은 '할세피割勢皮'이다.

20 암하라어Amharic: 원문은 '암합唵哈'이다.

21 보렌오로모족Boren Oromo: 원문은 '파란아이랍波蘭牙爾臘'이다.

22 아주르오로모족Adjour Oromo: 원문은 '아탁아이랍阿卓牙爾臘'이다.

23 샹켈라: 원문은 '산아랍山牙臘'이다.

24 백나일강White Nile: 원문은 '북의이아미하北依爾阿彌河'이다.

25 시미엔산맥Simien Mountains: 원문은 '사만산沙滿山'이다.

26 뎀비야호Dembiya Lake: 원문은 '난비아호蘭比阿湖'이다.

27 청나일강Blue Nile: 원문은 '북의이아리하北依爾阿厘河'이다.

중집

—

원본에는 없으나, 지금 보충한다.

『직방외기』에 다음 기록이 있다.

아프리카 동북쪽 홍해와 가까운 곳에는 매우 많은 나라가 있는데, 사람들이 모두 검다. 북쪽에는 약간 하얗고 남쪽으로 갈수록 점차 검어지며, 심지어는 피부색이 옻칠한 것 같고, 단지 이와 눈만 새하얗다. 그곳 사람들은 두 종족이 있는데, 한 종족은 아프리카 동쪽의 에티오피아에 거주한다. 에티오피아와 중부 아프리카 여러 나라는 피부색이 조금 흰 편이다. 지역이 매우 넓어서 아프리카대륙의 3분의 1을 차지하고 서홍해에서 물란예산에 이르기까지 모두 그 나라 영토이다. 오곡과 다섯 가지 광물이 생산된다. 금을 잘 제련하지 못해서 항상 생금 상태로 물건과 바꾼다. 밀랍이 아주 많은데 초를 만드는 데만 밀랍을 사용하고 기름으로 사용할 줄은 모른다. 이 나라는 길에 떨어진 물건도 주워 가지 않고 밤에도 문을 잠그지 않으며 이제까지 도둑이 있다는 말을 들어보지 못했다. 그곳 사람들은 매우 지혜롭고 또한 하느님을 신봉한다. 수도자는 손에 십자가를 쥐기도 하고 가슴에 매달기도 하며 지극히 공경하고 사랑한다. 토마스 Thomas[1] 성인은 이곳에서부터 전도를 시작했다. 왕이 나라를 유람할 때는 항상 6천 개의 가죽 장막이 그를 따르고 하인과 수레가 항상 50~60리에 가득하다.

『지리비고』에 다음 기록이 있다.

누비아국 에티오피아의 동쪽 경계에 있다. 은 아프리카대륙의 동북쪽에 있으며 그 나라는 북위 9도에서 24도, 동경 26도에서 37도에 위치한다. 동쪽으로는 홍해와, 서쪽으로는 니그리티아Nigritia[2]와, 남쪽으로는 아비시니아Abyssinia[3]와 코르도판Kordofan[4] 두 나라와, 북쪽으로는 이집트와 접해 있다. 길이는 3천 리이고 너비는 2천 리이며 면적은 사방 30만 리이고 인구는 2백여만 명이다. 동남쪽은 험준한 산이 겹겹이 있고 그 사이에 계곡이 있으며, 서북쪽은 사막이 끝없이 펼쳐져 농지가 아주 적다. 나일강의 각 지류가 남쪽에서 북쪽으로 이곳을 관통한다. 강변은 비옥해서 삼베·보리·쌀·담배·술·사탕수수·면화·침향·단향·오목·상아·사금 등이 난다. 새와 짐승이 가득하며 낙타와 말이 아주 좋다. 기후가 너무 더워 사람이 살기 어렵다. 군주는 두지 않고 사람들이 스스로 일을 처리한다. 도광道光 2년(1822)에서야 이집트로 합병되었다. 이슬람교를 신봉한다. 기술은 조잡하고 평범하지만 무역이 성행해 대부분 이집트 사람들과 교역한다. 나라는 네 지역으로 나뉘는데, 누비아·동골라Dongola[5]·센나르 Sennar[6]·베자Béja[7]이다. 무역이 번성한 지역은 일곱 군데이다.

아비시니아국 에티오피아의 수도이다.[8] 은 아매사니阿邁司尼라고도 하는데, 음역이 비슷하다. 아프리카대륙의 동북쪽에 위치하며 북위 7도에서 16도 30분, 동경 33도 40분에서 41도이다. 동쪽으로는 홍해와 아덴만

Gulf of Aden[9]에 접하고 서북쪽은 누비아국에, 남쪽은 아달국Adal[10]과 차카산Chaka Hills[11]에, 북쪽은 누비아국에 접하고 있다. 길이는 2370리이고 너비는 2천여 리이며, 면적은 사방 45만 리이고 인구는 3백만 명 남짓이다. 지세는 험준하고 구릉과 언덕이 첩첩이 겹쳐 있다. 긴 강으로는 청나일강[12]이 있고, 아즈락강Azrek River[13]·마레브강Mareb River[14]·딘다르강Dinder River[15]·아와시강Awash River[16] 등이 그다음이다. 토지는 비옥하고 밀·조·삼베·꿀·보리·면화·목재 등이 생산된다. 새와 짐승이 번성하고 사자·표범·너구리가 특히 가득하다. 기후는 온화하지만 홍해 일대만은 매우 덥다. 벼락이 갑자기 치고 비바람이 동시에 일어나며 5월에서 10월까지는 쏟아부을 듯이 비가 내려서 사람들이 다니기 어렵다. 정사는 여러 부족장이 나누어 다스리고 신봉하는 종교는 천주교와 대진교가 서로 섞여 있다. 기술은 조잡하고 평범해서 만들 수 있는 것이 거의 없으며 일상에 필요한 그릇이나 옷감을 제외하고 나머지는 볼만한 것이 없다. 무역은 거의 없고 원주민들은 나태하다. 나라 전체가 7개의 소국으로 나뉘었는데, 티그라이Tigray[17]·곤다르[18]·앙코베르Ankober[19]·암하라Amhara[20]·앙고트Angot[21]·나레가Narega[22]·세메라Semera[23]이다.

또 다음 기록이 있다.

코르도판[24]은 아프리카대륙 동북쪽에 위치하며 북위 9도에서 15도, 동경 23도에서 30도이다. 동북쪽은 누비아국에, 서쪽은 다르푸르Darfur[25]에, 남쪽은 악산嶽山에 접해 있다. 길이는 약 1500리이고 너비는 약 1200리이며, 면적은 사방 약 22만 리이고 인구는 1백만 명 남짓이다. 사막이 둘러싸고 있고 남쪽은 산과 언덕이 들쑥날쑥하다. 큰 강으로는 알아랍강Bahr al-Arab[26]이 있으며 동남쪽을 통과해서 토지가 비옥하다. 토산물로는 철

기·면화 등이 있다. 짐승들이 번성하고 기후는 매우 덥다. 원주민의 피
부색은 검고 대부분 농업에 종사한다. 나라 안에 있는 화산은 쉬지 않고
불꽃을 내뿜는다. 군주를 세우지 않았고 이집트에 합병되었다. 이슬람
교를 신봉한다. 기술은 거의 없지만 무역은 번성했다. 누비아와 다르푸
르²⁷ 두 나라로 갈 때는 모두 반드시 무리를 이루고 가서 약탈에 대비했
다. 주도는 엘오베이드El Obeid²⁸로, 예전 수도이다. 번성한 지역은 바라
Bara²⁹뿐이고 나머지는 모두 황폐하며 가옥도 무너져 백성들이 이리저리
흩어졌다.

또 다음 기록이 있다.

다르푸르는 아프리카대륙 동북쪽에 있고 북위 11도에서 16도, 동경
23도 30분에서 27도 30분에 위치한다. 동쪽으로는 코르도판에 이르고,³⁰
서남쪽으로는 수단Sudan³¹에, 북쪽으로는 리비아사막³²에 접한다. 남북의
거리는 1250리이고 동서의 거리는 8백 리이며, 면적은 사방 9만 5천 리
이고 인구는 20만 명 남짓이다. 땅 대부분이 사막이고 호수와 강은 매우
작으며 기후는 아주 덥고 토지는 메말랐으나 오직 남방만은 비옥하다.
오곡 중에 기장이 많이 난다.³³ 산림이 울창하다.³⁴ 토산품으로는 황마·후
추·담배·상아·옥·초석·노사磠砂³⁵·목재·향료 등이 있다. 왕위는 세습되고
사람들은 이슬람교를 신봉한다. 기술은 조잡하며 사람들은 농사만 짓는
다. 매년 국왕이 신하들을 데리고 직접 밭을 일구어 농업을 권장하는 의
식을 한다. 상인들이 잇달아 오지만 변경 지역에는 도적들이 많아 반드
시 무리를 이루어 가는데, 사람의 수는 매번 1천여 명, 낙타에 실은 짐의
수는 2천일 때도 있고 2만일 때도 있어 일정하지 않으며 약탈에 대비한
다. 주도는 코비Cobbe³⁶로, 수도이다. 국왕은 항상 알파시르Al-Fashir³⁷에 머

물며 수도와의 거리가 멀지 않다. 나머지 지역은 모두 황폐하다.

또 다음 기록이 있다.

아달국은 아프리카대륙의 동쪽에 있고 에티오피아의 동남쪽에 위치한다. 그 나라 영토는 바브엘만데브해협Bab-el-Mandeb[38]에서 시작해 과르다푸이곶Cape Guardafui[39]에 이른다. 외지 사람들이 거의 오지 않아서 지금까지 국토의 길이와 너비를 알지 못하고 인구도 자세하지 않다. 지세의 경우 서남쪽은 언덕이 첩첩이 겹쳐 있고 동북쪽은 평원이 광활하며 많은 강물이 관통한다. 농지는 비옥하지만 비가 적게 내려서 항상 가물다. 토산품으로는 사금·기장·유향·후추·상아 등이 있다. 나라 전체는 여러 지역으로 나뉘어 있고 항상 에티오피아와 전쟁을 한다. 무역은 거의 이루어지지 않으며 사람들은 이슬람교를 신봉한다.

또 다음 기록이 있다.

아주란국Ajuuraan[40]은 아프리카대륙의 동쪽에 위치한다. 북위 2도에서 11도, 동경 48도에서 시작해서 끝나는 곳은 어딘지 모른다. 동쪽으로는 인도양, 남쪽으로는 잔지바르Zanzibar,[41] 북쪽으로는 아달국과 접해 있다. 길이는 약 1900리이고 면적은 약 사방 5만 6천 리이며, 인구는 약 6만 명 남짓이다. 북쪽은 산이 첩첩이 겹쳐 있고 동쪽은 황야와 사막이 많으며[42] 서남쪽은[43] 인적이 드물다. 토산품으로는 향료가 있다. 종교는 하나가 아니다. 목축업과 사냥으로 생활한다. 연해에는 이슬람 상인들이 살며 피부색이 약간 희다. 내지의 원주민들은 피부가 모두 검다. 나라 전체는 10여 개의 지역으로 나뉘며 각자 한 지역을 차지해서 서로 간섭하지 않는다. 큰 지역은 브라바Brava[44]로, 해변에 세워졌다. 이곳은 정박하기에 편리해 선박들이 구름처럼 모여든다.

또 다음 기록이 있다.

잔지바르국은 아프리카대륙 동쪽에 있고 북위 2도에서 남위 10도, 동경 34도에서 45도[45]에 위치한다. 동쪽은 인도양, 서쪽은 백나일강주Nil-al-Abyad,[46] 남쪽은 모잠비크Mozambique,[47] 북쪽은 아주란국과 접해 있다. 길이는 약 4천 리이고 너비는 약 7백 리이며 면적은 사방 28만 리이고 인구는 약 2백만 명 남짓이다. 해변은 습지여서 수풀이 빽빽하고 야생 코끼리가 무리를 이룬다. 내지는 산과 언덕이 첩첩이 이어지며, 서남쪽은 특히 절벽이 가파르고 강물이 그 사이를 관통한다. 큰 강으로 루피지강 Rufiji River[48]·세벨강Shebelle River[49]·켈리마네강Quelimane River[50]이 있는데, 서북쪽으로 흘러내려 인도양으로 유입된다. 토지는 비옥한 편이지만, 모두 그렇지는 않다. 토산품으로는 금·은·구리·철·곡식·과일·설탕·밀랍·면화·상아·새털·목재·약재 등이 있으며 기후는 매우 덥다. 각 부족장이 다스리며 모두 이슬람교를 신봉한다. 무역은 번성하고 농사가 잘된다. 나라 전체는 수십 개의 지역으로 나뉘는데, 그중에 큰 지역은 킬와Kilwa[51]·몸바사Mombasa[52]·말린디Malindi[53]·모가디슈Mogadishu[54]이다. 각자 한 지역을 차지해서 서로 간섭하지 않는다.

『매월통기전』에 다음 기록이 있다.

이집트[55]의 해변은 나일강 하구로, 영국과 프랑스 전함이 수전을 벌였던 지역이다. 가경 연간에 프랑스와 영국은 몇 년 동안 대치한 채 승부를 내지 못했다. 그때 프랑스 사령관 나폴레옹[56]이 숙련된 군사를 보내 이집트를 공격해 차지하기로 결정하고 이곳에서부터 영국인들이 차지한 인도의 속국을 공격하고자 했다. 영국은 제독 넬슨Nelson[57]에게 전함 14척을 거느리고 쫓아가게 했다. 그 전함에는 110~120문의 대포나 50~70문의 대포를 싣고 있었다. 선원과 군사는 전함의 크기에 따라 1천 명에서 몇 백 명까지 타고 있었다. 영국 제독은 지중해를 거슬러 올라갔으나 적군을 만나지 못해 곧장 이집트 해구로 들어갔다. 프랑스 전함은 항구에 정박해 있었는데, 영국 전함이 그 주위를 둘러싼 뒤 양쪽에서 대포를 일제히 발사하며 전함 한 대씩 대치한 채 돌아가며 전투를 벌였다. 프랑스[58]의 전함 한 대에서 대포로 영국 제독 넬슨의 머리를 명중시켰다. 넬슨은 자신이 죽을 것을 알고 급히 부하 장군에게 뒷일을 부탁했으나, 좋은 의사를 불러 약을 바르니 피가 멎고 상처가 아물었다. 전함의 사기가 충천되었지만, 한밤중이 되도록 승패를 가리지 못했다. 갑자기 프랑스 선두 전함의 화약고에서 저절로 불이 나 전함이 모두 불에 타 버렸다. 날이 밝을 때까지 다시 전투를 벌여 프랑스가 크게 패했으니, 5200여 명의 사상자가 나고 4척의 전함이 달아났다. 영국 군대의 사상자는 약 9백 명으로, 넬슨은 전투에서 이기고 본국으로 돌아갔다. 이후로 프랑스는 영국의 해군을 감히 얕보지 못했다.

『외국사략』에 다음 기록이 있다.

동부 아프리카 이집트의 남쪽에 누비아국이 있다. 동경 44도에서 56도, 북위 13도에서 24도 30분에 위치하고 면적은 사방 1만 5천 리이다. 남쪽은 에티오피아,[59] 북쪽은 이집트, 동쪽은 홍해, 서쪽은 사막에 접해 있다. 또한 흑인들이 이곳에 센나르[60]라는 나라를 세웠는데 백성들은 모두 야만적이었다. 금과 코끼리·말·사향고양이·낙타·사슴·사자·호랑이·타조·하마·약재·오목·단향·담배·쌀·설탕·밤 등이 난다. 백성은 다른 나라 사람들과 왕래하지 않으며 여행객이 있으면 약탈하는 바람에 내지의 상황을 알지 못한다. 사람들은 대부분 이슬람교이고 성격이 난폭하여 순종적이지 않다. 간혹 예수교를 숭배하는 사람도 있다.

에티오피아는 또한 아비서니阿比西尼라고도 하며, 고대의 아비심역국亞毗心域國이다. 누비아 남쪽[61]에 위치하며 동쪽[62]으로는 홍해와 접해 있고 산이 많다. 면적은 사방 1만 5300리이다. 인구는 약 5백만 명으로, 용모가 단정하고 천주교를 신봉한다. 석염石鹽을 아프리카 내지에서 통상하여 사금·노예·상아와 바꾼다. 영토는 3개의 나라로 나뉘는데, 하베쉬Habesh[63]·갈리아Galia[64]·셰와Shewa[65]이다. 또한 안가리Angaree[66]·첼리컷Chelicut[67]·아두와Adwa[68]가 있다. 남쪽으로 가면 오로모[69] 지역이 있는데, 주민들은 야만적인 것을 숭상하고 전쟁을 좋아하며 농업과 목축업을 겸한다. 이슬람교를 신봉하는 사람도 있고 예수교를 신봉하는 사람도 있다. 산이 깊고 밀림이 울창하여 다른 나라 사람들과는 교류하지 않으며, 주로 사람을 잡아서 매매하여 이익을 남긴다.

『원사』에 다음 기록이 있다.

해외의 여러 나라 중에 오직 마팔이馬八爾와 구람俱藍만이 여러 나라를 통솔할 수 있고 구람은 또한 마팔이 뒤에서 병풍처럼 두르고 있는데, 천주泉州에서 그 나라까지는 대략 10만 리이다. 이 나라는 아무다리야강Amu Darya[70]에 위치한 대왕성大王城[71]에서 물길로 순풍을 타고 대략 15일이면 도착할 수 있으며, 다른 나라들에 비해 매우 크다.

세조 지원至元[72] 연간에 행중서성行中書省의 좌승左丞 사도唆都 등이 옥쇄가 찍힌 문서 10통을 받들고 여러 번국藩國을 위무했다. 얼마 지나지 않아 참파Champa[73]와 마팔이국은 모두 표를 받들고 번국이 되었으나 나머지 구람 등의 여러 나라는 아직 표를 받들지 않았다. 행중서성에서 의논하여 관리 15명을 파견해서 위무하려고 했다. 황제가 "사도 등이 단독으로 결정할 수 있는 것이 아니다. 만약 짐의 명령이 없으면 함부로 사신을 파견할 수 없다"라고 했다.

지원 16년(1279) 12월에 광동초토사廣東招討司의 다루가치Darughachi[74] 양정벽楊庭璧을 구람에 보내 위무하게 했다. 17년(1280) 3월에 그 나라에 갔다. 군주는 이슬람 문자로 복종하는 표를 작성해 양정벽 편에 올렸는데, 이듬해에 사신을 파견해 입공하겠다고 했다. 10월에 카사르 카야Qasar Qaya[75]를 구람국선위사俱藍國宣慰使에 제수하고 양정벽과 함께 다시 가서 위무하게 했다.

18년(1281) 정월에 천주에서 바다로 들어가 3개월을 항해하여 스리랑카Sri Lanka[76]에 도착했다. 뱃사람 정진鄭震 등이 역풍을 만나 양식이 부족하니 마팔이국으로 가길 권하면서 어쩌면 육로를 통해서 구람국에 갈수 있을지도 모른다고 해서 이에 따랐다. 4월에 마팔이국의 푸니카얄Punnei Kayal[77]에 도착해 해안에 올랐는데, 그 나라 재상 마인적馬因的이 말했다. "관리들께서 이곳에 오셔서 매우 기쁩니다. 본국의 선박이 천주에 갔을 때 관부에서도 항상 위로해 주셨으나 보답할 길이 없었습니다. 지금은 무슨 일로 이곳에 오셨는지요?" 양정벽 등이 그 이유를 말하면서 길을 빌리는 일을 언급하자 마인적은 길이 통하지 않는다는 이유로 사양했다. 그 나라 재상 불아리不阿里와 만났을 때도 길을 빌리는 일을 말했다. 불아리 또한 다른 이유를 대며 거절했다. 5월에 두 사람은 아침에 객관客館에 와서 주위 사람들을 물리치고 사신들에게 숨김없이 상황을 전해 달라면서 말했다. "우리는 진심으로 황제의 노복이 되길 바랍니다. 우리가 자말 앗딘Jamāl ad-Dīn[78]을 파견해 입조하자 비체치biteshi[79]가 술탄 중국어로 군주라는 말이다. 에게 가서 반역이 일어났다고 고해서 술탄은 우리의 금과 은·가산·처자식을 몰수하고 우리를 죽이려고 했습니다. 우리는 거짓말로 죽음을 면할 수 있었습니다. 지금 술탄의 5형제가 모두 카일Cail[80]에 모여서 구람과의 전쟁을 논의하고 있습니다. 원나라 사신이 왔다는 소문을 듣고 사람들에게 본국은 가난하다고 말하고 있지만, 이는 거짓말입니다. 이슬람국의 금은보화는 모두 본국에서 나오고 그 나머지 무슬림도 모두 여기에 와서 장사를 합니다. 그 사이에 있는 나라들은 모두 복종할 마음이 있으니 만약 마팔이 복종하고 우리가 사람을 보내 문서를 가지고 위무한다면 모두 복종하게 할 수 있을 것입니다." 당시에 카사르 카야와 양정벽은 역풍 때문에 구람국에 도착하지 못하고 결국 돌아갔다. 카사르 카야는 입조하여 일을 계획하고 11월에 북풍을 기다려서 다시 가기로 했다. 그날이 되자 조정에서는 사신을 보내면서 양정벽 혼자 가게 했다.

19년(1282) 2월에 구람국에 도착했다. 군주와 재상 무함마드[81] 등이 조서를 받았다. 3월에 그 신하를 보내 조공했다. 당시에 아르카운Aricaun[82] 올찰아살리마兀咱兒撒里馬와 무슬림[83] 무함마드 등도 역시 그 나라에 있었는데, 조서를 가진 사신이 왔다는 소식을 듣고 모두 잇달아 와서 알리며 세폐歲幣를 바치고 사신을 파견해 입조하길 바란다고 했다. 마침 아체Aceh[84]에서도 사람을 파견해 구람국 군주를 통해 복종하길 바라자 양정벽은 모두 그 청을 들어주었다. 4월에 다시 나구르Nagur[85]에 도착했다. 양정벽은 다시 그 군주를 설득해 복종하게 했다. 수마트라Sumatra[86]에 도착해 황제의 뜻을 전하자 그날로 공물을 바치며 번국임을 칭하고 신하를 보내 입조했다.

20년(1283)에 마팔이국에서 성직자 촬급반撮及班을 보내 입조했다. 5월에 도성에 도착할 즈음 황제가 사신을 보내 길에서 마중하게 했다.

　23년(1286)에 해외의 여러 번국이 양정벽이 조서를 받들고 위무한 까닭에 이때 되어 모두 와서 복종했다. 여러 나라는 모두 10개국으로, 마팔이·솜나트Somnath[87]·싱기리Singili[88]·라무리Lamuri[89]·마란단馬蘭丹[90]·나구르·정가이丁呵爾[91]·라라Lala[92]·클란탄Kelantan[93]·수마트라이며, 모두 사신[94]을 파견해 특산품을 바쳤다.

　위원이 살펴보건대, 『신당서新唐書』에서 불림拂林의 서남쪽으로 사막을 지나 2천 리를 가면 흑인국黑人國이 있다고 처음 말했는데, 아마도 지금의 아프리카 오귀국烏鬼國[95]들인 것 같다. 그러나 여러 소문만 들었을 뿐 사신을 보내 조공한 것은 아니다. 다만 『원사』의 마팔이국과 구람국은 그곳과 가깝다. 원나라 헌종憲宗[96]이 동생 훌라구Hulagu[97]에게 서역을 평정하라고 명해 여러 이슬람 국가를 모두 차지했는데,[98] 메카[99]·메디나·불림·고대 안식安息과 조지條支 지역이 모두 이때 원나라 판도로 들어왔다. 설마하니 원나라 세조 때도 서역을 위무하면서 이처럼 힘을 다 쏟았겠는가? 그러한즉 마팔이와 구람은 이슬람 서쪽의 아프리카 지역에 위치함이 틀림없고, 또한 메카의 바깥에 위치함은 의심할 여지가 없다. 『원사』에서는 아무다리야강에 위치한 대왕성에서 순풍을 타고 약 15일이면 도착할 수 있다고 한다. 아무다리야강은 암포하暗布河라고도 하며 파미르고원 서쪽에 위치하는데, 바로 두와 테무르Duwa Temür[100]의 봉지封地이다. 이곳에서 순류를 타고 내려가면 인도양 해구에 도착하고,[101] 서홍해를 거슬러 올라가면 마팔이국에 도착한다. 『사주지지四洲地志』를 통해 고찰한 결과, 마팔이는 이집트이고 구람은 에티오피아인 것 같다. 그래서 구람은 마팔이 뒤에 병풍처럼 둘러싸여 있다고 했고, 또 반드시 마팔이의 길을 빌려야 구람국에 갈 수 있다고 했는데, 바로 아프리카의 이집트와 에티오피아 두 나라의 형세와 서로 부합된다. 아프리카는 오직 이 두 대국의 부강함과 문명에 의지했으니, 다른 오귀국과 비교할 바가 아니다. 서양의 지도에서도 이집트와 에티오피아를 말하면서 메카와 이웃하고 있으며 또한 이슬람교를 신봉한다고 했다. 이전의 역사인 한漢·당唐 시기에도 서역과 교류했지만 조지와 불림까지만 이르렀는데, 이들 국가는 모두 아시아대륙의 끝으로, 아프리카대륙에는 이르지 못했다. 아프리카대륙과 교류한 것은 원대가 시작이므로 [원대부터] 소서양小西洋의 연혁에 넣었다. 그들과 함께 조공하러 온 10개국은 모두 남양南洋의 섬나라이지 소서양이 아니다. 솜나트[102]는 『명사明史』의 수문달나須文達那[103]이고 수마트라는 소문답나蘇門答那이며, 싱기리는 승가랄僧伽剌[104]이고 클란탄은 길란단吉蘭丹[105]이며 나머지도 유추할 수 있다. 자와의 경우 『원사』에서 별도로 전傳을 둔 까닭에 여기 10개국에는 넣지 않았다.

重輯

―

原無, 今補.

『職方外紀』曰: 利未亞東北近紅海處, 其國甚多, 人皆黑色. 迤北稍有白色, 向南漸黑, 甚者色如漆矣, 惟齒目極白. 其人有兩種, 一在利未亞之東者, 名亞毗心域. 卽阿邁司尼國及中阿利未加, 諸國所謂顏色稍白者. 地方極大, 據本州三分之一, 從西紅海至月山, 皆其封域. 產五穀·五金. 金不善煉, 恒以生金塊易物. 糖蠟極多, 造燭純以蠟, 不知用油. 國中道不拾遺, 夜不閉戶, 從來不知有寇盜. 其人極智慧, 又能崇奉天主. 修道者手持十字, 或懸掛胸前, 極知敬愛. 西士篤默聖人, 爲其傳道, 自彼始也. 王行遊國中, 常有六千皮帳隨之, 僕從車徒, 恒滿五六十里.

『地理備考』曰: 盧比亞國 卽亞比心域國之東境也. 在亞非里加州之東北, 界其國地, 北極出地九度起至二十四度止, 經線自東二十六度起至三十七度止. 東枕紅海, 西連尼吉里西國, 南接亞比西尼暨哥爾多分二國, 北界厄日度國. 長三千里, 寬二千里, 地面積方三十萬里, 煙戶二兆餘口. 東南峻嶺重疊, 川谷間隔, 西北沙漠遼絕, 隴畝寥寥. 其尼羅河各支派, 由南而北貫於其地. 河濱膏腴, 土產麻·麥·米·煙·酒·甘蔗·緜花·沈檀香·烏木·象牙·金砂等物. 鳥獸充斥, 駝馬最良. 地氣酷熱, 人物難堪. 不設君位, 民人自主. 道光二年始歸厄日度國兼攝. 奉回教. 技藝疏庸, 貿易豊盛, 多與厄日度國人交易. 國分四部, 一盧比亞, 一當哥辣, 一塞那爾, 一北日斯. 其通商衝繁之地七.

亞比西尼國, 乃亞毗心域國都也. 一作阿邁司尼, 音轉相近. 在亞非里加州東北, 北極出地七度起至十六度三十分止, 經線自東三十三度四十分起至四十一度止. 東枕紅海曁亞丁海灣, 西北連盧比亞國, 南接亞德爾地曁札加山, 北界奴比亞國, 長二千三百七十里, 寬二千餘里, 地面積方四十五萬里, 煙戶三兆餘口. 地勢嶄岩, 岡陵重疊. 河之長者曰藍河, 其亞勒加·馬勒波·丹德爾·合瓦士等河則次之. 田土肥饒, 土產麥·粟·麻·蜜·大麥·緜花·木料等物. 禽獸蕃衍, 獅·豹·山狗尤爲充斥. 地氣溫和, 惟紅海一帶, 頗爲燺烈. 霹靂不時, 風雨交作, 自五月至十月, 滂沱傾注, 有礙行人. 國政諸酋分攝, 所奉之教, 乃天主·大秦二教相參. 技藝疏慵, 制造寥寥, 除日用所需器皿·布匹外, 餘無所見. 貿易淡薄, 土人怠隋. 通國分爲七小國, 曰的給勒, 曰公達爾, 曰昂哥卑爾, 曰昂合拉, 曰昂哥, 曰那勒亞, 曰薩馬拉.

又曰: 葛爾多番國在亞非里加州之東北, 北極出地九度起至十五度止, 經線自東二十三度起至三十度止. 東北界盧比亞國, 西連達爾夫耳國, 南接嶽山. 長約一千五百里, 寬約一千二百里, 地面積方約二十二萬里, 煙戶一兆餘口. 沙漠環繞, 南方山陵參嵯. 河之大者名曰巴勒拉比, 東南貫徹, 田土肥磽. 土產鐵器·緜花等物. 禽獸蕃衍, 地氣炎熱. 土人色黑, 多以耕種爲業. 國中火山吐焰不息. 不設君位, 歸於厄日度國兼攝. 奉者回教. 技藝寥寥, 貿易興隆. 往赴盧比亞·達爾夫二國, 皆必結隊而行, 以防虜掠. 首郡名科卑德, 乃昔日國都也. 地之衝繁,惟巴拉城, 餘皆荒僻, 屋宇傾頹, 氓庶流散.

又曰: 達爾夫耳國, 在亞非里加州之東北, 北極出地十一度起至十六度止, 經線自東二十三度三十分起至二十七度三十分止. 東至葛爾多番國, 西南接蘇丹國, 北連里比亞沙漠. 南北相距千二百五十里, 東西相去八百里, 地面積方九萬五千里, 煙戶二億餘口. 地多沙漠, 湖河甚小, 天氣焗熱, 田土乾旱, 惟南方膏腴. 五穀多黍稷. 樹林叢簇. 土產黃蔴·胡椒·煙葉·象牙·玉·硝·磠砂·材木·香料等物. 王位相傳, 人奉回敎. 技藝粗疏, 民惟業農. 每歲國君率臣宰親耕, 爲勸農之擧. 商旅接踵, 惟邊境多賊盜, 須結隊而行, 人數每至千餘, 其駝負之數, 或二千, 或二萬不等, 以防劫掠. 首郡名曰哥卑, 乃國都也. 國王常御於爾發舍爾, 距都不遠. 餘皆荒僻.

又曰: 亞德爾國在亞非里加州之東, 亞比西尼亞國東南. 其國土自巴卑爾蒙德耳海峽起, 至瓜爾達弗宜海角. 外人罕至, 是以迄今長廣不知, 戶口未悉. 至此地勢, 西南重岡疊起, 東北平原廣闊, 衆河貫徹. 隴畝肥饒, 少雨恒旱. 土產金砂·黍稷·乳香·胡椒·象牙等物. 通國分各部落, 常與亞比西尼亞國交兵. 貿易蕭條, 人奉回敎.

又曰: 亞然國在亞非里加州之東. 北極出地二度起至十一度止, 經線自東四十八度起, 未定所至. 東枕印度海, 南接桑給巴爾國, 北連亞德爾國. 長約一千九百里, 地面積方約五萬六千里, 煙戶約六萬餘口. 北方峰巒疊起, 東方荒野沙漠居多, 西南人迹罕到. 土產香料. 敎門不一. 以牧獵爲業. 沿海乃天方商旅, 面目差白. 內地土人皮肉皆黑. 通國分十數部, 各霸一方, 不相統屬. 其大者名曰巴拉瓦, 建於海濱. 其地棲泊穩便, 舳艫雲集.

又曰: 桑給巴爾國在亞非里加州之東, 北極出地二度起至南十度止, 經線自東三十四度起至四十五度止. 東枕印度海, 西連尼內阿乃地, 南接莫山比吉國, 北界亞然國. 長約四千里, 寬約七百里, 地面積方二十八萬里, 煙戶約二兆餘口. 海濱澤濕, 叢林稠密, 野象成群. 內地則重岡疊嶺, 西南尤爲嶄巖, 江河貫徹其間. 曰里維耶爾, 曰塞勒, 曰幾里馬內, 乃河之大者也, 由西北而下注於印度海. 田土膴腴, 不能畫一. 土產金·銀·銅·鐵·穀·菓·鱐·蠟·緜花·象牙·鳥羽·木料·藥材等物, 地氣熇烈. 各酋分攝, 皆奉回教. 貿易興隆, 稼穡豐茂. 通國分爲數十部, 其至大者曰幾羅河, 曰蒙巴薩, 曰美林德, 曰美加多朔. 各霸一方, 不相統屬.

『每月統紀傳』曰: 迤志比多國海邊泥祿河口, 英國與佛蘭西船水戰之地也. 嘉慶年間, 佛蘭西·英國連年對壘, 勝負不分. 彼時佛蘭西都統將軍那波里雲者, 熟練行陣, 決計攻取麥西國, 欲自此攻取英人所據印度屬國. 英國令兵帥尼理遜率師船十四艘追之. 其師船或載百一二十大砲, 或五七十大砲. 水手兼兵丁, 視船之大小, 自一千至幾百人. 英兵帥溯地中海不見敵, 直到麥西海口. 佛蘭西師船泊港, 英國兵船繞之, 兩面大炮齊轟, 一船對一船, 輪番鏖戰. 佛蘭西有一大船, 炮中英國兵師尼里遜之腦. 尼里遜自料必死, 急諭將佐, 處分後事節度, 得良醫敷藥, 血止傷平. 闔船氣益奮, 半夜勝敗未分. 忽佛蘭西首船火藥艙自焚, 闔船灰燼. 復合戰至天明, 佛蘭西大敗, 軍士傷死五千二百餘人, 逃竄者四船而已. 英國戰士死傷約九百人, 於是尼里遜凱旋本國. 自後佛蘭西不敢輕視英國水師矣.

『外國史略』曰: 東亞非利加地, 麥西國之南, 曰盧比國. 偏東自四十四度及五十六度, 北極出地自十三度至二十四度三十分, 廣袤方圓萬五千里. 南及亞必治地, 北連麥西國, 東及紅海, 西接曠野. 亦有黑面人在此立國, 曰先納, 居民盡蠻. 產金及象·馬·香貓·駝·鹿·獅·虎·駝鳥·河馬·藥材·烏木·檀香·煙·米·鯉·栗等. 民不與外國往來, 有旅客卽擄掠, 故不知內地情形. 民多回教, 性猛不馴. 間有崇耶穌敎者.

亞必治國, 亦曰阿比西尼, 卽古所謂亞毗心域國也. 在盧比國南, 東接紅海, 多山嶺. 廣袤方圓萬五千三百里. 居民約五百萬, 形體端正, 崇天主敎. 以石鹽在亞非利加內地通商, 易金沙·奴婢·象牙. 地分三國, 一曰哈必, 一曰額利, 一曰刷地. 又有安居陋邑, 識里谷邑, 亞多瓦邑. 南向之牙拉地, 居民尙蠻好戰, 耕牧相間. 或崇回回敎, 或耶穌敎. 山深林密, 與外國不交通, 專以擄販人口爲利.

『元史』: 海外諸番國, 惟馬八爾與俱藍足以綱領諸國, 而俱藍又爲馬八爾後障, 自泉州至其國約十萬里. 其國自阿木河大王城, 水路得便風, 約十五日可到. 比餘國最大.

世祖至元間, 行中書省左丞唆都等奉璽書十通, 招諭諸番. 未幾, 占城·馬八爾國俱奉表稱藩, 餘俱藍諸國未下. 行省議遣使十五人往諭之. 帝曰: "非唆都等所可專也. 若無朕命, 不得擅遣使."

十六年十二月, 遣廣東招討司達魯花赤楊庭璧招俱藍. 十七年三月, 至其國. 國主書回回字降表附庭璧以進, 言來歲遣使入貢. 十月, 授哈撒兒海牙俱藍國宣慰使, 偕庭璧再往招諭.

十八年正月自泉州入海, 行三月, 抵僧伽耶山. 舟人鄭震等以阻風乏糧, 勸往馬八爾國, 或可假陸路以達俱藍國, 從之. 四月, 至馬八爾國新村馬頭登岸, 其國宰相馬因的謂: "官人此來甚善. 本國船到泉州時官司亦嘗慰勞, 無以爲報. 今以何事至此?" 庭璧等告其故, 因及假道之事, 馬因的乃托以不通爲辭. 與其宰相不阿里相見, 又言假道. 不阿里亦以它事辭. 五月, 二人竊至館, 屏人,令通使輸情言: "我一心願爲皇帝奴. 我使札馬里丁入朝, 爲我大必闍赤赴算彈 華言國主也. 告變, 算彈籍我金銀·田產·妻孥, 又欲殺我. 我詭辭得免. 今算彈兄弟五人皆聚加一之地, 議與俱藍交兵. 及聞天使來, 對眾稱本國貧陋, 此是妄言. 凡回回國金珠寶貝盡出本國, 其餘回回盡來商買. 此間諸國皆有降心, 若馬八爾旣下, 我使人持書招之, 可使盡降." 時哈撒兒海牙與庭璧以阻風不至俱藍, 遂還. 哈撒兒海牙入朝計事, 期以十一月俟北風再擧. 至期, 朝廷遣使令庭璧獨往.

十九年二月, 抵俱藍國. 國王及其相馬合麻等迎拜璽書. 三月, 遣其臣入貢. 時也里可溫兀咱兒撒里馬及木速蠻主馬合麻等亦在其國, 聞詔使至, 皆相率來告, 願納歲幣, 遣使入覲. 會蘇木達國亦遣人因俱藍主乞降, 庭璧皆從其請. 四月, 還至那望國. 庭璧復說下其主. 至蘇木都剌國, 諭以大意, 卽日納款稱藩, 遣其臣入朝.

二十年, 馬八爾國遣僧撮及班入朝. 五月, 將至上京, 帝卽遣使迓諸塗.

二十三年, 海外諸蕃國以楊庭璧奉詔招諭, 至是皆來降. 諸國凡十, 曰馬八爾, 曰須門那, 曰僧急里, 曰南無力, 曰馬蘭丹, 曰那旺, 曰丁呵爾, 曰來來, 曰急蘭亦䚟, 曰蘇木都剌, 皆遣使貢方物.

源案: 『唐書』始言拂林之西南, 度磧二千里, 有黑人國, 蓋卽今利未亞烏鬼各國. 然僅得諸傳聞, 非通使貢也. 惟『元史』馬八爾·俱藍國近之. 考元憲宗命皇弟旭烈蕩平西域, 盡取諸回國, 凡天方·默德·拂林·古安息條支之地, 盡入版圖. 安有元世祖時又創招西域, 殫力若此? 則馬八爾·俱藍, 必在回部以西利未亞洲之域, 更在天方之外無疑. 其曰自阿布河大王城, 水路得便風約十五日可到者. 阿母河, 一作暗布河, 在蔥嶺西, 爲篤來帖木兒大王封地. 從其地順流而下, 至印度河海口, 卽可溯西紅海至馬八爾國.

以『四洲地志』考之, 馬八爾蓋卽伊揖國, 俱藍卽阿邁司尼國. 故言俱藍爲
馬八爾後障, 必假道馬八爾始至俱藍, 與利未亞之伊揖及阿邁司尼二國
形勢相符. 利未亞州惟此二大國富而文, 非餘烏鬼國比也. 西圖又謂之陀
入多國及亞毗心域國, 地鄰天方, 亦奉回敎. 前史漢·唐通西域, 極於條支·
拂林, 皆阿細亞洲之盡境, 未及利未亞洲. 通利未亞洲者, 自元代始, 故以
備小西洋之沿革. 其同時來貢之十國, 則皆南洋島夷, 非小西洋也. 曰須
門那, 卽『明史』之須文達那, 曰蘇木都剌, 卽蘇門答那, 曰僧急里, 卽僧伽
剌, 曰急蘭亦㝵, 卽吉蘭丹, 餘可類推. 至瓜哇大島, 則『元史』別有專傳,
故不列於十國.

주석

1   토마스Thomas: 원문은 '독묵篤黙'이다.

2   니그리티아Nigritia: 원문은 '니길리서尼吉里西'로, 지금의 수단 중부에 위치한다.

3   아비시니아Abyssinia: 원문은 '아비서니亞比西尼'로, 에티오피아의 옛 명칭이다.

4   코르도판Kordofan: 원문은 '가이다분哥爾多分'으로, 지금의 수단 중부에 위치한다.

5   동골라Dongola: 원문은 '당가랄當哥辣'로, 광서 2년본에는 '가랄哥辣'로 되어 있으나, 악록서사본에 따라서 고쳐 번역한다.

6   센나르Sennar: 원문은 '새나이塞那爾'이다.

7   베자Béja: 원문은 '북일사北日斯'이다.

8   에티오피아의 수도이다: 원문은 '내아비심역국도야乃亞毗心域國都也'이다. 아비시니아는 에티오피아의 수도가 아니라 옛 명칭이다.

9   아덴만Gulf of Aden: 원문은 '아정해만亞丁海灣'이다.

10   아달국Adal: 원문은 '아덕이지亞德爾地'이다. 옛 땅은 지금의 소말리아와 에티오피아 지역에 걸쳐 있었다.

11   차카산Chaka Hills: 원문은 '찰가산札加山'이다.

12   청나일강: 원문은 '남하藍河'이다.

13   아즈락강Azrek River: 원문은 '아륵가亞勒加'로, 청나일강이다.

14   마레브강Mareb River: 원문은 '마륵파馬勒波'로, 가시강Gash River이라고도 한다.

15   딘다르강Dender River: 원문은 '단덕이丹德爾'이다.

16   아와시강Awash River: 원문은 '합와사合瓦士'이다.

17   티그라이Tigray: 원문은 '적급륵的給勒'이다.

18   곤다르: 원문은 '공달이公達爾'이다.

19 앙코베르Ankober: 원문은 '앙가비이昻哥卑爾'이다. 에티오피아의 중부에
위치한다.

20 암하라Amhara: 원문은 '앙합랍昻合拉'이다. 에티오피아의 북부에 위치한다.

21 앙고트Angot: 원문은 '앙가昻哥'이다. 에티오피아의 북부에 위치한다.

22 나레가Narega: 원문은 '나륵아那勒亞'이다. 에티오피아의 북서부에 위치한다.

23 세메라Semera: 원문은 '살마랍薩馬拉'이다. 에티오피아의 북동부에 위치한다.

24 코르도판: 원문은 '갈이다번국葛爾多番國'이다. 옛 땅은 지금의 수단 중부
지역에 위치한다.

25 다르푸르Darfur: 원문은 '달이부이국達爾夫耳國'이다. 광서 2년본에는 '달이
대국達爾大國'으로 되어 있으나, 악록서사본에 따라서 고쳐 번역한다. 이
하 동일하다. 지금의 수단 서부에 위치한다.

26 알아랍강Bahr al-Arab: 원문은 '파륵랍비巴勒拉比'이다.

27 다르푸르: 원문은 '달이부達爾夫'이다.

28 엘오베이드El Obeid: 원문은 '과비덕科卑德'이다.

29 바라Bara: 원문은 '파랍성巴拉城'이다.

30 이르고: 원문은 '지弖'이다. 광서 2년본에는 '자自'로 되어 있으나, 악록서
사본에 따라서 고쳐 번역한다.

31 수단Sudan: 원문은 '소단국蘇丹國'이다.

32 리비아사막: 원문은 '리비아사막里比亞沙漠'이다. 광서 2년본에는 '리비아
里比亞' 3글자가 없으나, 악록서사본에 따라서 고쳐 번역한다.

33 오곡 중에 기장이 많이 난다: 원문은 '오곡다서직五穀多黍稷'이다. 광서
2년본에는 '최요오곡最饒五穀'으로 되어 있으나, 악록서사본에 따라서 고
쳐 번역한다.

34 산림이 울창하다: 원문은 '수림총족樹林叢族'이다. 광서 2년본에는 '우다
수림尤多樹林'으로 되어 있으나, 악록서사본에 따라서 고쳐 번역한다.

35 노사硇砂: 염화암모늄이다.

36 코비Cobbe: 원문은 '가비哥卑'이다.

37 알파시르Al-Fashir: 원문은 '이발사이爾發舍爾'이다. 광서 2년본에는 '발습이

發拾爾'로 되어 있으나, 악록서사본에 따라서 고쳐 번역한다.

38 바브엘만데브해협Bab-el-Mandeb: 원문은 '파비이몽덕이해협巴卑爾蒙德耳海峽'이다. 광서 2년본에는 '파비이해협巴卑爾海峽'으로 되어 있으나, 악록서사본에 따라서 고쳐 번역한다.

39 과르다푸이곶Cape Guardafui: 원문은 '과이달불의해각瓜爾達弗宜海角'이다. 광서 2년본에는 '과이달해각瓜爾達海角'으로 되어 있으나, 악록서사본에 따라서 고쳐 번역한다.

40 아주란국Ajuuraan: 원문은 '아연국亞然國'이다. 옛 땅은 지금의 소말리아 남부에 위치한다.

41 잔지바르Zanzibar: 원문은 '상급파이국桑給巴爾國'이다.

42 많으며: 원문은 '거다居多'이다. 광서 2년본에는 '거평居平'으로 되어 있으나, 악록서사본에 따라서 고쳐 번역한다.

43 서남쪽: 원문은 '서남西南'이다. 광서 2년본에는 이 두 글자가 없으나, 악록서사본에 따라서 고쳐 번역한다.

44 브라바Brava: 원문은 '파랍와巴拉瓦'이다.

45 45도: 원문은 '사십오도四十五度'이다. 광서 2년본에는 '사四' 자가 없으나, 악록서사본에 따라서 고쳐 번역한다.

46 백나일강주Nil-al-Abyad: 원문은 '니내아내지尼內阿乃地'로, 백나일강주이다.

47 모잠비크Mozambique: 원문은 '막산비길국莫山比吉國'이다.

48 루피지강Rufiji River: 원문은 '리유야이里維耶爾'이다.

49 셰벨강Shebelle River: 원문은 '새륵塞勒'이다.

50 켈리마네강Quelimane River: 원문은 '기리마내幾里馬內'이다.

51 킬와Kilwa: 원문은 '기라하幾羅河'이다.

52 몸바사Mombasa: 원문은 '몽파살蒙巴薩'이다.

53 말린디Malindi: 원문은 '미림덕美林德'으로, 매림덕梅林德이라고도 한다.

54 모가디슈Mogadishu: 원문은 '미가다삭美加多朔'이다.

55 이집트: 원문은 '이지비다국迤志比多國'이다.

56 나폴레옹: 원문은 '나파리운那波里雲'이다.

57 넬슨Nelson: 원문은 '니리손尼理遜'이다.

58 프랑스: 원문은 '불란서佛蘭西'이다. 광서 2년본에는 '서西' 자가 없으나, 원문에 따라서 고쳐 번역한다.

59 에티오피아: 원문은 '아필치지亞必治地'이다.

60 센나르: 원문은 '선납先納'으로, 당시 누비아의 남쪽에 위치했다.

61 남쪽: 원문은 '남南'이다. 광서 2년본에는 '동東'으로 되어 있으나, 악록서 사본에 따라서 고쳐 번역한다.

62 동쪽: 원문은 '동東'이다. 광서 2년본에는 '남南'으로 되어 있으나, 악록서 사본에 따라서 고쳐 번역한다.

63 하베쉬Habesh: 원문은 '합필哈必'로, 타나호Lake Tana 서쪽 기슭에 위치한다.

64 갈리아Galia: 원문은 '액리額利'이다.

65 셰와Shewa: 원문은 '쇄지刷地'이다.

66 안가리Angaree: 원문은 '안거루읍安居陋邑'이다.

67 첼리컷Chelicut: 원문은 '식리곡읍識里谷邑'이다.

68 아두와Adwa: 원문은 '아다와읍亞多瓦邑'이다.

69 오로모: 원문은 '아랍지牙拉地'이다.

70 아무다리야강Amu Darya: 원문은 '아목하阿木河'이다.

71 대왕성大王城: 차가타이한국의 칸인 두아 테무르가 세운 성이다.

72 지원至元: 원나라 제1대 황제 세조 쿠빌라이의 두 번째 연호(1264~1294)이다.

73 참파Champa: 원문은 '점성占城'이다.

74 다루가치Darughachi: 원문은 '달로화적達魯花赤'으로, 원나라에서 지방의 총독이나 지사를 지칭하는 관직명이다.

75 카사르 카야Qasar Qaya: 원문은 '합살아해아哈撒兒海牙'이다.

76 스리랑카Sri Lanka: 원문은 '승가야산僧伽耶山'이다.

77 푸니카얄Punnei Kayal: 원문은 '신촌마두新村馬頭'로, 인도 만나르만Gulf of Mannar에 위치한다.

78 자말 앗딘Jamāl ad-Dīn: 원문은 '찰마리정札馬里丁'으로, 찰마노정札馬魯丁이라고도 한다. 마라게Maragheh 천문대에서 원나라에 왔다고 한다.

79 비체치biteshi: 원문은 '대필도치大必闍赤'로, 필도치必闍赤라고도 한다. 통역 관에 해당하는 관직명이다.

80 카일Cail: 원문은 '가일加一'로, 지금의 인도 남동부에 위치한다.

81 무함마드: 원문은 '마합마馬合麻'이다.

82 아르카운Aricaun: 원문은 '야리가온也里可溫'이다. 원나라 시기 기독교 성 직자, 특히 네스토리우스파 경교 성직자를 일컫는 말이다.

83 무슬림: 원문은 '목속만木速蠻'으로, 모속노만謀速魯蠻, 몰속노만沒速魯蠻, 포속만鋪速滿이라고도 한다. 원나라 때 이슬람교도를 부르던 명칭이다.

84 아체Aceh: 원문은 '소목달국蘇木達國'이다. 『동서양항해도東西洋航海圖』에 따르면 소목달국은 지금의 인도네시아 수마트라섬 아체라고 한다.

85 나구르Nagur: 원문은 '나망국那望國'으로, 나고아那姑兒, 나고那古, 나고那姑 라고도 한다. 옛 땅은 지금의 인도네시아 수마트라섬에 위치한다.

86 수마트라Sumatra: 원문은 '소목도랄국蘇木都剌國'이다. '큰 바다'를 의미하 는 산스크리트어 사무드라Samudra에서 연원한다. 15세기 중반 이전까지 는 주로 수마트라섬 북부에 위치했던 국가만을 지칭하다가 15세기 중 반 이후에는 수마트라섬 전체를 가리키는 용어로 사용되었다.

87 솜나트Somnath: 원문은 '수문나須門那'로, 지금의 인도 카티아와르반도 Kathiawar Peninsula 서남쪽에 위치한다.

88 싱기리Singili: 원문은 '승급리僧急里'로, 지금의 인도 코친Cochin 북쪽에 위 치한다.

89 라무리Lamuri: 원문은 '남무력南無力'으로, 옛 땅은 지금의 인도네시아 반 다아체Banda Aceh에 위치한다.

90 마란단馬蘭丹: 광서 2년본에는 '마란주馬蘭舟'로 되어 있으나, 악록서사본 에 따라서 고쳐 번역한다.

91 정가이丁呵爾: 지금의 말레이시아 트렝가누주Trengganu 일대이다.

92 라라Lala: 원문은 '래래來來'이다. 지금의 인도 구라자트주에 위치한다.

93 클란탄Kelantan: 원문은 '급란역대急蘭亦'이다. 지금의 말레이시아 클란탄 주에 있었던 고대 국명이다.

94 사신: 원문은 '사使'이다. 광서 2년본에는 이 글자가 없으나 악록서사본에 따라서 고쳐 번역한다.

95 오귀국烏鬼國: 검고 추한 나라라는 의미이다.

96 헌종憲宗: 광서 2년본에는 '태종'으로 되어 있으나, 역사적 문맥에 따라서 고쳐 번역한다.

97 훌라구Hulagu: 원문은 '욱렬旭烈'이다.

98 원나라 헌종憲宗이 … 차지했는데: 훌라구가 서남아시아의 여러 이슬람 국가를 모두 차지했다는 말은 역사적인 사실과 부합되지 않는다. 그는 또한 아라비아반도의 메카, 메디나 등지는 군대를 이끌고 공격하지 않았다.

99 메카: 원문은 '천방天方'이다.

100 두와 테무르Duwa Temür: 원문은 '독래첩목아대왕篤來帖木兒大王'으로, 도래첩목아都來帖木兒라고도 한다. 차가타이한국의 칸이다.

101 이곳에서 … 도착하고: 아무다리야강과 인도양은 통하지 않는다.

102 솜나트: 원문은 '수문나須門那'이다. 광서 2년본에는 '수수문나須須門那'로 되어 있으나, 악록서사본에 따라서 고쳐 번역한다.

103 수문달나須文達那: 지금의 인도네시아 수마트라섬이다. 인도의 솜나트와는 같은 지역이 아니다.

104 승가랄僧伽剌: 지금의 스리랑카이다. 인도의 싱기리와는 같은 지역이 아니다.

105 길란단吉蘭丹: 지금의 말레이시아 클란탄이다.

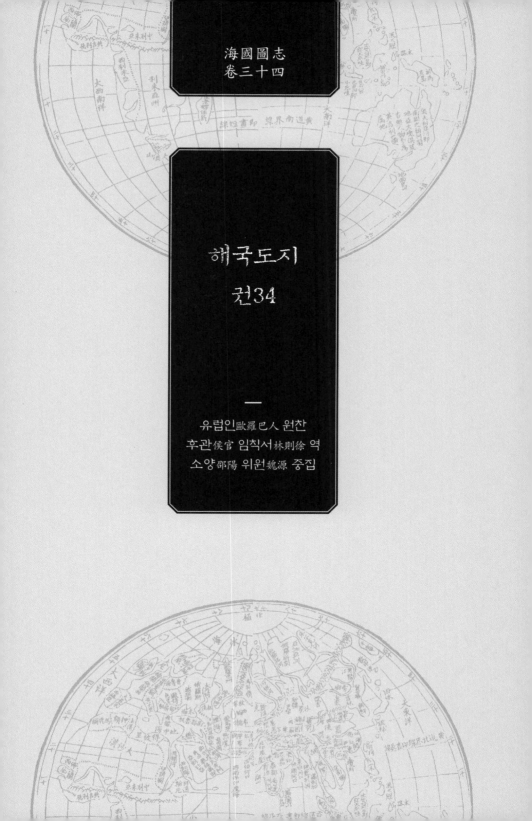

海國圖志
卷三十四

해국도지
권34

一

유럽인歐羅巴人 원찬
후관侯官 임칙서林則徐 역
소양邵陽 위원魏源 중집

본권에서는 동아프리카대륙의 각 나라(모잠비크, 이냠바느, 소팔라 등), 북아프리카대륙의 각 나라(이집트, 모로코, 튀니지, 트리폴리), 남아프리카대륙의 각 나라(앙골라, 벵겔라, 콩고 등)의 연혁과 지리, 풍속, 외모, 언어, 문화적 특색에 대해 중점적으로 기술하고 있다. 특히 로마와 카르타고와의 전쟁을 상세하게 서술하고 있으며, 케이프타운 희망봉의 중요성에 대해 언급하고 있다.

동·북·남 세 아프리카[1] 모두 이 권에 싣는다.

동아프리카

—

동아프리카대륙은 인도양Indian Ocean[2]에 임해 있으며 동쪽으로 해안을 따라서 서역에 이르는데, 너비는 약 5백~6백 리 등 일정하지 않다. 남쪽의 템보랜드Temboeland[3]에서 북쪽의 아잔Ajan[4]에 이르기까지 해안선을 따라서 길이는 3천 리 정도 된다. 북쪽은 광활하고 남쪽은 좁으며 내지에는 루파타산맥Lupata Range[5]이 있어 종횡으로 기복을 이루며 해안까지 이르고 있다. 두 개의 강이 있는데, 하나는 루피지강Rufiji River[6]으로 모잠비크Mozambique[7]를 지나 바다로 흐른다. 다른 하나는 잠베지강Zambezi River[8]으로 하류는 네 줄기로 나뉘어 바다로 흐르는데, 상선은 켈리마네Quelimane[9] 항구에 가장 많이 몰려든다.

원주민은 피부색이 검고 공예 기술이 뛰어나다. 1500년, 명나라 홍치弘治[10] 13년이다. 간간이 포르투갈 사람이 희망봉Cape of Good Hope[11]을 돌아 이곳에 이르러 남쪽 모퉁이 해안을 개척했으나 외부인을 받아들이지는 않았다. 그중 몇몇 부락의 부족장들이 갑은 어느 땅을 다스리고, 을은 어느 땅을 다스려서 면적과 인구, 정치와 종교에 관해서는 모두 자세히 알 수 없다. 남쪽에는 템보랜드·이냠바느Inhambane[12]·소팔라Sofala[13]·마니카Manica[14]·모카랑가Mokaranga[15]·모잠비크[16] 6개 지역이 있는데, 모두 포르투갈령이다. 북쪽에는 잔지바르Zanzibar[17]·아잔[18] 2개 지역이 있으며 아덴Aden[19]령이다.

템보랜드는 동쪽으로는 바다, 서쪽은 광야, 남쪽은 카프라리아 Kaffraria,[20] 북쪽은 이냠바느와 경계를 맞대고 있다. 동아프리카대륙의 남쪽 지경은 여기에서부터 시작한다.

이냠바느는 동쪽은 바다, 북쪽은 소팔라, 서쪽과 남쪽 모두 템보랜드와 경계를 맞대고 있다. 땅은 지세가 낮고 습하며 수질과 토양이 좋지 않다. 원주민은 3천 명으로 사납고 호전적이다. 포르투갈의 포대가 있으며 150명의 수비병이 있다. 안료·상아·밀랍을 산출하는데, 매년 가치가 10만 파운드[21]를 내려가지 않는다. 또한 배에 사람을 실어 모잠비크에 내다 파는데, 항상 대략 10여 척에 한 척당 4백~5백 명 정도였다.

소팔라는 동쪽은 바다, 서쪽은 마니카, 남쪽은 이냠바느, 북쪽으로는 모카랑가와 경계를 맞대고 있는데, 해안가에 임해 있어 해저 모래가 나날이 퇴적되어 조그만 배가 아니면 상륙하기 어렵다. 원주민은 카피르족 Kafir으로 항상 날카로운 칼을 차고 다니며 구속을 받지 않았다. 포르투갈이 처음 이르러 본격적으로 하나의 대도시가 되었다. 포대를 구축하고 원주민을 통제했다. 토산품인 금 및 상아는 모두 잠베지강[22]을 통해 운반해서 교역한다. 지금은 모잠비크의 켈리마네 항구로 항로를 변경해서 예전의 항구도시는 급격히 초라한 마을로 변해 버렸다. 상선도 간간이 이르지만, 단지 면화나 잡화의 교역에 그치고 있다.

마니카는 동쪽으로는 소팔라, 서쪽으로는 사막, 남쪽으로는 템보랜드, 북쪽으로는 모카랑가를 경계로 하고 있다. 포르투갈 사람이 1569년, 명나라 융경 3년이다. 군대를 이끌고 침략해서 포대를 구축하고 항구도시를 개척했으며 금광을 채굴했다. 금은 광산의 광석에 섞여 있어 힘들게 채취했으나 생산량은 많지 않았다. 다만, 구리·철·상아와 노예를 판매하는 무역은 매우 번성했다.

모카랑가는 동쪽으로는 바다, 서쪽으로는 사막, 남쪽으로는 소팔라, 북쪽으로는 모잠비크와 경계를 맞대고 있다. 원주민의 피부색은 윤기 있는 검은색이고 입술은 두껍고 머리는 곱슬머리이며 병사들은 단지 활과 화살뿐, 다른 무기는 없었다. 들건대, 이 지역은 이전 무타파 제국Mwene we Mutapa[23]으로, 짐바브웨Zimbabwe[24]가 가장 큰 부락이었다. 후에 분열됨에 따라 각자 일정한 지역을 차지했는데, 창가미레Changamire[25]라는 부족장은 말라위 호수Lake Malawi[26]의 도적으로, 짐바브웨를 근거지로 삼아 스스로 로즈비Rozvi[27]라고 칭했다.

모잠비크는 동쪽으로는 바다, 서쪽으로는 사막, 남쪽으로는 모카랑가, 북쪽으로는 잔지바르[28]와 경계를 맞대고 있다. 포르투갈령 중에서 이곳이 가장 크다. 해안 근처에 6개 섬이 있는데 모두 포르투갈령이다. 모잠비크 부락은 켈리마네 항구에 있다. 도로는 넓고 평탄하나 수질과 토양이 매우 좋지 않다. 그러나 갈甲 같은 관청이다. 의 화려함은 아프리카대륙에 설치된 세관 사무소 중에서 최고이다. 담장은 크고 높은데 근래에 무너져 훼손되었다. 귀족과 시종들은 모두 복식이 화려하고 금으로 된 많은 장식을 허리에 차고 있다. 이곳에 거주하는 포르투갈인은 5백 명이고 아덴인은 8백 명, 원주민은 약 6천 명이며, 흑인은 1500명이다. 포대는 그다지 견고하지 않아 해적은 막을 수 있으나 세력이 강한 적을 방어하기는 어렵다. 켈리마네는 이 나라에서 가장 큰 대도시이다. 적금赤金·상아·노예 매매는 모두 잠베지강[29]을 통해 이루어지며 부두가 줄지어 늘어서 있는데, 최근 영국이 케이프타운Cape Town[30]과 모리셔스Mauritius,[31] 두 곳을 점령해서 이곳을 통과하는 노예 매매를 저지했기 때문에 대부분의 도시는 쇠퇴했다. 그러나 매년 포르투갈로 운반해 가는 노예는 여전히 4천 명은 되었다. 키림바스제도Quirimbas Islands[32]는 맞은편 해안에 있는데 예전에는 사람이 살지 않았으나 포르투갈인이 그 땅을 개척해서 모잠비크인을 이주시켜 거주하게 했으며, 마다가스카르섬Madagascar Island[33]과 서로 인접해 있어 자주 약탈을 당했다. 킬와섬Kilwa Island[34] 역시 포르투갈의 항구이다. 몸바사섬Mombasa Island[35]은 토양이 비옥해서 설탕과 오곡을 생산한다. 펨바섬Pemba Island[36]·잔지바르섬Zanzibar Island[37]·마피아섬Mafia Island[38]은 육지의 물산이 풍요롭고 바다에는 특히 산호가 많다. 이상은 모두 포르투갈령이다. 무역은 잔지바르섬이 최고이다. 포대가 있어 병사 230명이 주둔해 있으며, 크리스천Christian[39]은 5백 명, 외지인 노예는 2만 1800여 명, 원주민은 약 1만 명이다. 벌꿀·밀랍·안료를 생산한다. 이상 6개 나라는 모두 포르투갈령이다.

잔지바르는 동쪽으로는 바다, 서쪽으로는 사막, 북쪽으로는 아잔, 남쪽으로는 모잠비크와 경계를 맞대고 있다. 포르투갈이 처음 이곳에 이르렀으며, 이전에는 스와힐리인Swahili[40]이 점거했는데, 지금은 나뉘어 세 지역이 되었다. 남쪽 구석 오지는 오로모족Oromo[41]에게 빼앗겼는데, 오로모족은 에티오피아Ethiopia[42]의 원주민이다. 남쪽 구석 연해 여러 해안은 아덴에 빼앗겼다. 북쪽 구석에는 모가디슈Mogadishu[43]라는 큰 부락이 있는데, 유럽인을 거부해서 왕래하지 않는다. 1707년, 강희 47년이다. 영국의 선원이 삼판선三板船[44]을 타고 해안에 올라 탐방하다 사로잡혀 돌아오지 못했다. 바다에서 멀리 모가디슈 부락이 보이는데 절반은 초가집이고 절반은 거대한 석실 고분으로 건축이 화려했기 때문에 유럽인은 이를 피라미드[45]라고 불렀다. 브라바Brava[46]는 모가디슈의 부락으로 무역선이 몰려드는 대도시 중의 하나이다.

아잔은 동·서쪽으로는 바다, 남쪽으로는 잔지바르, 서북쪽으로는 에티오피아, 서남쪽으로는 사막에 이르고 있는데, 동아프리카가 끝나는 지점으로 북쪽 해안의 맞은편 바다는 즉 아덴만이다. 아잔의 원주민 종족은 매우 복잡하다. 토지는 대부분 모래와 자갈이고 기후가 건조해서 농사짓기에 적합하지 않다. 북쪽에는 산등성이가 많으며 수출하는 토산품으로는 향료를 제외하고 다른 물건은 아는 바가 없다. 베르베라Berbera[47] 역시 일개 작은 부락으로 매년 한 차례 시장이 열린다. 토산품으로는 향교香膠·몰약·유향·적금·상아 등이 있으며, 여러 화물이 모두 모이니 상인들이 운집했다. 아덴에서 거래되는 향교·향료는 대부분 여기에서 구매해 간다. 아울러 듣기로 내지로 운반해 가는 것은 대부분 베르베라에서 20일 여정의 거리에 있는 오로모 지역에서 생산된다. 아우달Awdal[48]은 아잔의 서북쪽에 있으며 오로모 지역과 인접해 있다. 수도는 사일락Saylac[49]으로 본래 아잔의 옛 땅이었으며 이슬람교를 신봉하며 항상 아비시니아와 분쟁을 했는데 시간이 지나면서 양측 모두 피폐해져 각자 분리해서 다스렸다. 사일락은 무역이 번창해서 마침내 에티오피아에 약탈당했다. 이로 말미암아 모두 산야로 들어갔으며 내지에는 긴기로국Gingiro[50]이 있다. 새로운 부족장이 즉위하면 예전 부족장의 시첩·대관을 죽여서 그 피를 가지고 궁실에 바른다. 이상 두 나라는 모두 아덴령이다.

『만국지리전도집』에 다음 기록이 있다.

동아프리카는 오직 포르투갈이 새로 개척한 곳이다. 그 서북 지역은 이슬람에 점령되었는데 해변이 매우 낮으며 도처에 삼림이 우거지고 사람들은 모두 야성이 강렬해 금수에 가까웠다. 그 산속에는 약재 및 사금이 난다. 현재 포르투갈은 영향력이 쇠퇴하고 병사들이 점차 감소하면서 노예 매매를 중시한다. 또한 노예를 광동·마카오로 보내왔다. 내지의 종족들은 사납고 거칠게 날뛴다. 초목이 무성해서 각종 동물이 번식하나 오곡은 열리지 않는다. 포르투갈의 요충지는 소팔라[51]·모잠비크[52] 두 도시이며, 이슬람 도시인 말린디Malindi[53]가 있었다. 비록 해변은 길이가 9천 리나 되지만 문인이 순방해서 남긴 기록이 없기 때문에 그 정황을 자세히 알 수 없다.

동쪽의 큰 섬은 마다가스카르Madagascar[54]라고 하는데, 남위 12도에서 26도에 위치하며 길이는 840리, 너비는 220리이다. 그중의 고산 일대는 바위가 높고 험준하며 폭포가 쏟아져 내린다. 그 산의 계곡에는 소목·고죽·오렌지·바오밥나무[55] 등이 있다. 평지에는 늪지가 있어 풍경이 매우 아름답다. 인구는 2백만 명으로 대부분 교화되었다. 도광道光[56] 연간 섬의 군주가 영국 선교사를 초빙해 원주민들에게 학문을 권장해서 문예가 크게 진작되었으며 대부분 예수교를 신봉한다. 왕이 왕후에게 갑자기 독살당한 후 선량한 [신하들을] 몰아내고 비열한 무리를 끌어들이는 바람에 프랑스 관리가 힘써 신천지를 개척했으나 별 소득이 없이 물러났다.

그 동쪽에는 영국령 섬이 있는데 모리서스[57]라고 하며 둘레는 450리이다. 설탕 등의 산물이 나고, 매년 수입량은 은 270만 냥 정도이며 수출량은 1백만 냥 정도이다.

프랑스가 점거한 부르봉섬Île Bourbon[58]은 인구가 9만 7200명이다. 설탕·커피·정향 등의 물산이 나는데 매년 가격은 은 186만 냥 정도이다. 단, 정박할 항구가 없어 매번 태풍을 만나도 선박이 손상을 면하기 어렵다. 세 섬 이외에도 많은 섬이 있으며 야자가 많이 난다.

東阿利未加洲

一

　東阿利未加洲濱臨因里阿海, 東自海岸以至西域, 寬約五六百里不等. 南自含摩那司, 北至阿匿, 海岸環繞, 計長三千里. 北廣南狹, 內有路巴達大山, 其橫縱起伏, 長竟海岸. 河二, 路菲尼河, 由摩新彌葵出海. 匿彌西河, 下流分四口出海, 商舶以歸爾厘麻尼河口爲最.

　土番面黑, 頗工技藝. 千五百年, 明弘治十三年. 間葡萄亞人由兀賀峽至此地, 墾闢南隅海岸, 拒絕外人. 故其中部落若干, 酋長若干, 甲所轄何地, 乙所轄何地, 幅員戶口, 政事敎門, 均未能悉. 南有含摩那司·英漢門·疏華臘·麻尼加·摩加蘭牙·摩新彌葵六部, 俱葡萄亞所轄. 北有山危麻·阿匿二部, 阿丹所轄.

　含摩那司東界海, 西界曠野, 南界加富臘厘阿, 北界英漢門. 東阿未里加洲之南界, 卽由此而起.

　英漢門東界海, 北界蘇華臘, 西南俱界含摩那司. 地卑濕, 水土惡. 土番三千, 獷好鬪. 有葡萄亞砲臺, 守兵百五十. 產顏料·象牙·黃蠟, 歲值不下十萬棒. 又船載人口, 售於摩新彌葵, 輒十餘舟, 每舟四五百口.

蘇華臘東界海, 西界麻尼加, 南界英漢門, 北界摩嘉蘭野, 濱臨海岸, 灘沙日漲, 非小艇不能登岸. 土番是加付臘黎阿種類, 常懷利刃, 不受約束. 葡萄亞初至, 本一大市鎮也. 造築砲臺, 以禦土番. 土產金及象牙, 皆由染彌西河運至交易. 今則改運莫新彌葵所屬之歸爾厘馬尼河口, 昔日市埠, 倏變窮鄉. 海舶間至, 亦止棉花·粗貨.

麻尼加東界蘇華臘, 西界曠野, 南界含摩那司, 北界摩加蘭野. 葡萄亞人於千五百六十九年, 明隆慶三年. 率師奪據, 築砲臺, 開埠市, 採金礦. 金雜山石中, 取之竭力, 而產不旺. 惟銅·鐵·象牙與販賣人口交易甚大.

摩加蘭野東界海, 西界曠野, 南界蘇華臘, 北界摩新彌葵. 土番面光黑, 厚唇鬈髮, 兵惟弓矢, 無火器. 聞其地前卽摩諾摩達巴國, 新摩其首部落也. 後因割裂, 各霸一方, 其酋占牙麥臘者, 卽麻臘威湖之盜, 據新摩部落, 自稱曰歸底威.

莫新彌葵東界海, 西界曠野, 南界摩加蘭野, 北界山維臘. 葡萄亞所轄地, 此爲最大. 近海岸六島, 竝屬葡萄亞. 摩新彌葵部落在歸爾厘麻尼河口之上. 道路雖坦, 水土頗惡. 然葛 葛, 衙署也. 之華麗, 甲於阿未里加洲所設稅口公所. 墉垣宏敞, 近有坍損. 貴人儓從, 服飾都麗, 佩帶多飾以金. 居此者, 葡萄亞人五百, 阿丹人八百, 土番約六千, 黑番千有五百. 砲臺不甚堅, 可禦海賊, 難拒大敵. 歸爾厘麻尼爲國中大市鎮. 赤金·象牙·販賣人口, 均由匽彌西河運至, 市埠鱗次, 近因英吉利奪得達溫峽與毛厘底敖司二處, 阻販人口過境, 故市減大半. 然每年運回葡萄亞者, 尚不下四千口. 厥淩島在其對岸, 舊無人居, 葡萄亞人開闢其地, 遷莫新彌夔之人居之, 與馬那亞司加大島相近, 常被其劫奪. 歸臘阿島, 亦葡萄亞市埠. 孟麻沙島膏腴, 產糖與五穀. 般麻島·匽西脈島·孟菲阿島, 陸產固豐, 其海中尤多珊瑚. 以上皆葡萄亞所轄. 其貿易以匽西墨島爲最. 有砲臺, 設兵二百三十, 幾利斯底匽人五百, 番奴二萬一千八百有奇, 土番約萬人. 產蜜糖·黃蠟·顏料. 以上六國皆屬葡萄亞.

山維麻東抵海, 西抵曠野, 北界阿匡, 南界莫新彌夒. 葡萄亞始至其地, 向是蘇恢里西人所據, 今則分而爲三. 南隅腹地爲牙爾臘人所奪, 牙爾臘者, 阿邁司尼阿國中土蠻也. 南隅沿海諸岸, 則爲阿丹所奪. 北隅有麻雅諾沙大部落據之, 拒絕歐羅巴, 不通往來. 千七百七年, 康熙四十七年. 有英吉利之船戶, 駕三板船登岸探訪, 被羈不返. 由洋面遙望麻雅諾沙部落, 半屬茅舍, 半屬高大石墳, 工作華麗, 故歐羅巴人謂之'埋人城'. 墨臘瓦者, 麻雅諾沙之部落, 貿易鱗萃, 亦一大市鎮也.

阿匡東西抵海, 南界山維麻, 西北界阿邁司尼, 西南抵曠野, 爲東阿未里加盡處, 北岸對海, 卽阿丹地. 阿匡土番種類甚雜. 地盡沙石, 土燥不宜播種. 北多山阜, 所運出土產, 除香料外, 莫識何物. 麻馬臘亦一小部落, 每年一會. 所產香膠·沒藥·乳香·赤金·象牙, 諸貨畢至, 商賈雲集. 阿丹所貿易之香膠·香料, 大半由此購去. 竝聞內地運出者, 距麻馬臘二十日程, 殆產自牙爾臘地也. 阿匡爾在阿匡西北, 與牙爾臘毗連. 首都曰西臘, 本阿匡舊地, 俗奉馬哈墨敎, 常與阿邁司尼阿爭鬪, 日久兩憊, 各自分理. 西臘貿易蕃庶, 竟爲阿邁司尼所奪. 由此再進則皆山野, 內有任尼羅國. 遇新酋立時, 卽屠其舊酋膝妾·大官, 取血以飾宮室. 以上二國皆屬阿丹.

『萬國地理全圖集』曰: 東亞非利加, 惟葡萄牙國開新地. 其西北之方, 被回回所據, 其海邊最低, 到處稠林, 所有人類, 烈性野心, 近於禽獸. 其山內有藥材, 以及金沙. 其葡國之權現衰, 兵微將寡, 以買人口爲要. 又將其奴送到廣東·澳門. 內地 族類, 狡戾猖獗. 草木暢茂, 禽獸繁殖, 五穀不登. 其葡之要地曰所弗剌·摩散北兩邑, 其回回之城, 稱曰墨林他. 雖其海邊長九千里, 但無文學之士巡歷紀載, 故其情形難詳.

東大島稱曰馬大狎甲, 出南極自十二度至二十六度, 長八百四十里, 闊二百二十里. 其中一帶高山, 嶄岩險峯, 溪瀑飛流. 其山谷中多蘇木·高竹·橙·核等樹. 平地水澤, 風景甚好. 居民二百萬丁, 頗向化. 道光年間, 島君延英國教師, 勸民向學, 文藝大進, 多信服耶穌之教. 王忽被王后毒死, 驅逐善良, 而招其匪類, 其佛蘭西國官, 務開新地, 亦無效而退.

其東方有英國之島, 稱曰冒勒突, 周圍四百五十里. 出白糖等貨, 每年運進者, 價值二百七十萬銀兩, 凡所運出者百萬兩.

佛國據捕耳木嶼, 居民九萬七千二百丁. 出白糖·珈琲·丁香等物, 每年價銀百八十六萬. 但無停泊之港, 每遇狂風, 船難避壞. 其三島外還有群島, 多椰子.

주석

🐟

1 아프리카: 원문은 '리미아利未亞'이다.

2 인도양Indian Ocean: 원문은 '인리아해因里阿海'이다.

3 템보랜드Temboeland: 원문은 '함마나사含摩那司'이다. 옛 땅은 지금의 남아 프리카 공화국 나탈주Natal에 위치한다.

4 아잔Ajan: 원문은 '아언阿匽'이다.

5 루파타산맥Lupata Range: 원문은 '로파달대산路巴達大山'이다.

6 루피지강Rufiji River: 원문은 '로비니하路菲尼河'이다.

7 모잠비크Mozambique: 원문은 '마신미규摩新彌夔'로, 막신미기莫新彌夔, 막상 비극莫桑比克이라고도 한다.

8 잠베지강Zambezi River: 원문은 '언미서하匽彌西河'이다.

9 켈리마네Quelimane: 원문은 '귀이리마니歸爾厘麻尼'이다.

10 홍치弘治: 명나라 제9대 황제 효종孝宗 주우탱朱祐樘의 연호(1487~1505)이다.

11 희망봉Cape of Good Hope: 원문은 '올하협兀賀峽'으로, 호망각好望角이라고도 한다.

12 이남바느Inhambane: 원문은 '영한문英漢門'이다. 지금의 모잠비크 남동부 에 위치한다.

13 소팔라Sofala: 원문은 '소화랍疏華臘'으로, 소화랍蘇華臘이라고도 한다. 지 금의 모잠비크 중부에 위치한다.

14 마니카Manica: 원문은 '마니가麻尼加'이다. 지금의 모잠비크 중부에 위치 한다.

15 모카랑가Mokaranga: 원문은 '마가란아摩加蘭牙'로, 마가란야摩加蘭野라고도 한다. 지금의 모잠비크 서남부에 위치한다.

16 모잠비크: 원문은 '마신미규摩新彌夔'이다.

17 잔지바르Zanzibar: 원문은 '산위마山危麻'로, 산유마山維麻, 산유랍山維臘이라

고도 한다.

18 아잔: 원문은 '아언阿匽'이다. 광서 2년본에는 '마언摩匽'으로 되어 있으
나, 악록서사본에 따라서 고쳐 번역한다.

19 아덴Aden: 원문은 '아단阿丹'이다.

20 카프라리아Kaffraria: 원문은 '가부랍리아加富臘厘阿'이다. 지금의 남아프리
카 공화국 나탈주 남부에 위치한다.

21 파운드: 원문은 '봉棒'이다.

22 잠베지강: 원문은 '염미서하染彌西河'이다.

23 무타파 제국Mwene we Mutapa: 원문은 '마낙마달파摩諾摩達巴'이다. 지금의
짐바브웨 북부와 모잠비크 서부 일대에 위치한 옛 국명이다.

24 짐바브웨Zimbabwe: 원문은 '신마新摩'이다. 과거 무타파 제국의 중심지이다.

25 창가미레Changamire: 원문은 '점아맥랍占牙麥臘'이다. 로즈비 제국을 창시
한 창가미레 돔보Changamire Dombo를 가리킨다.

26 말라위 호수Lake Malawi: 원문은 '마랍위호麻臘威湖'이다.

27 로즈비Rozvi: 원문은 '귀저위歸底威'이다.

28 잔지바르: 원문은 '산유랍山維臘'이다. 광서 2년본에는 '산유갈山維朅'로 되
어 있으나, 악록서사본에 따라서 고쳐 번역한다.

29 잠베지강: 원문은 '언미서하匽彌西河'이다. 광서 2년본에는 '언미하匽彌河'
로 되어 있으나, 악록서사본에 따라서 고쳐 번역한다.

30 케이프타운Cape Town: 원문은 '달온협達溫峽'이다.

31 모리셔스Mauritius: 원문은 '모리저오사毛厘底敖司'이다. 지금의 인도양 남
서부에 위치한다.

32 키림바스제도Quirimbas Islands: 원문은 '궐릉도厥淩島'이다. 지금의 모잠비
크해협에 위치한다.

33 마다가스카르섬Madagascar Island: 원문은 '마나아사가대도馬那亞司加大島'이다.

34 킬와섬Kilwa Island: 원문은 '귀랍아도歸臘阿島'이다. 광서 2년본에는 '귀아
랍도歸阿臘島'로 되어 있으나, 악록서사본에 따라서 고쳐 번역한다.

35 몸바사섬Mombasa Island: 원문은 '맹마사도孟麻沙島'이다.

36 펨바섬Pemba Island: 원문은 '반마도般麻島'이다. 지금의 탄자니아에 위치한다.

37 잔지바르섬Zanzibar Island: 원문은 '언서맥도匽西脈島'로, 언서묵도匽西墨島라고도 한다. 지금의 탄자니아에 위치한다.

38 마피아섬Mafia Island: 원문은 '맹비아도孟菲阿島'로, 지금의 탄자니아에 위치한다.

39 크리스천Christian: 원문은 '기리사저언인幾利斯底匽人'이다.

40 스와힐리인Swahili: 원문은 '소회리서인蘇恢里西人'이다. 반투족과 아라비아인의 혼혈인 아프리카 종족으로, 소말리아에서 모잠비크까지 아프리카 동부 해안을 따라 살고 있다. 이슬람교를 신봉하며 스와힐리어를 쓴다.

41 오로모족Oromo: 원문은 '아이랍인牙爾臘人'이다. 지금의 에티오피아에서 가장 큰 종족 집단 중 하나이다.

42 에티오피아Ethiopia: 원문은 '아매사니아阿邁司尼阿'로, 아비서니아국阿邁西尼阿이라고도 한다.

43 모가디슈Mogadishu: 원문은 '마아낙사麻雅諾沙'로, 지금의 소말리아 수도이다.

44 삼판선三板船: 중국이나 동남아시아의 연안이나 하천에서 사람이나 물건을 가까운 거리로 실어 나르는 작고 갑판이 없는 배를 말한다.

45 피라미드: 원문은 '매인성埋人城'이다.

46 브라바Brava: 원문은 '묵랍와墨臘瓦'이다.

47 베르베라Berbera: 원문은 '마마랍麻馬臘'이다.

48 아우달Awdal: 원문은 '아닉이阿匿爾'이다.

49 사일락Saylac: 원문은 '서랍西臘'이다.

50 긴기로국Gingiro: 원문은 '임니라국任尼羅國'이다.

51 소팔라: 원문은 '소불랄所弗剌'이다.

52 모잠비크: 원문은 '마산북摩散北'이다.

53 말린디Malindi: 원문은 '묵림타墨林他'이다.

54 마다가스카르Madagascar: 원문은 '마대압갑馬大狎甲'이다.

55 바오밥나무: 원문은 '핵核'이다. 핵은 일반적으로 씨앗을 지닌 과실수를 의미하는데, 여기에서는 마다가스카르의 대표적 나무인 바오밥나무를

가리킨다.

56 도광道光: 청나라 제8대 황제 선종宣宗 애신각라민녕愛新覺羅旻寧(재위 1820~1850)의 연호이다.

57 모리셔스: 원문은 '모륵돌冒勒突'이다.

58 부르봉섬Île Bourbon: 원문은 '포이목서捕耳木嶼'이다.

북아프리카 4국

—

『직방외기』의 모로코Morocco[1]와 튀니지Tunisie[2]로,
예전에는 2개국이었으나 지금은 4개국으로 나뉘었고 프랑스령이다.

아프리카대륙의 북부 4개국은 모로코,[3] 알제리Algérie,[4] 튀니지,[5] 트리폴리Tripoli[6]이다. 이 4개국은 같은 지역으로, 이를 총괄해서 바버리Barbary[7]라고 한다. 남쪽은 커다란 산을 등지고 북쪽은 지중해에 접해 있으며 땅은 좁고 길다. 동쪽으로는 이집트와 경계를 맞대고 있고 서쪽으로는 대서양에 닿아 있으며 그 길이는 2천 리 정도이다. 남쪽으로는 아틀라스산맥Atlas Mountains[8]에 이르고 북쪽으로는 지중해에 이르며 너비는 50~60리에서 1백여 리에 이른다. 아틀라스산맥은 동쪽에서 서쪽으로[9] 이어지며, 길이는 바버리와 같다. 가장 높은 봉우리는 1300여 길이고 기타 작은 봉우리는 4백~5백 길로 모두 바버리의 경내에 있으며 산림이 매우 울창하고 1년 내내 눈이 쌓여 있다.

4개국의 원주민은 모두 베르베르인Berber[10]으로 용모와 풍속은 4개국 모두 같다. 나라가 강성했을 때 문화와 교육은 그리스와 대등했으며 군사력은 로마[11]와 자웅을 다투었다. 스페인 및[12] 시칠리아Sicilia[13]를 정복

한 후 상선들이 운집해 강하고 부유해지면서 그 명성이 해외에 알려졌다. 흥망성쇠는 일정치 않지만, 4개국 모두 로마[14]에 멸망되었다. 또한 이슬람국인 아덴이 침략해서 칼리파khaliifa[15]를 세워 다스리면서 카이르완 Qairwan[16]에 주둔했다. 그리고 모두에게 이슬람의 무함마드교로 개종을 명한 뒤 서적을 훼손하고 이목을 어둡게 하며 아울러 다른 나라와 단절시켜 왕래를 허용하지 않은 지 2백여 년이 흐르고 있다. 이슬람교가 그 땅을 휩쓸고 지나가 마침내 야만이 되었으니, 어리석고 미련함을 어찌 묻지 않을 수 있겠는가? 후에 아덴이 쇠퇴함에 따라 각국은 비로소 스스로 주인을 자처했다. 얼마 후, 알제리[17]·튀니지·트리폴리 3국은 오스만 제국[18]에 멸망되어 각각 총독관이 설치되었는데, 알제리에 있는 자를 데이Dey,[19] 튀니지에 있는 자를 베이Bey,[20] 트리폴리[21]에 있는 자를 파샤Pacha[22]라고 불렀으니, 결국에는 모두 오스만 제국의 속국이 되어 군대를 주둔해 지켰다.

당시 거주민은 세 종족이 있었는데 무어인Moors[23]은 터키인이고 아덴은 이슬람교도이다. 원주민은 산과 계곡에 거주하는 토착민이다. 무어인은 도시에 거주하며 아편을 즐긴다. 현지에서 생산하는 대마를 채취해 제조 방법에 따라 만든 것으로, 이 역시 아편이라고 한다. 아덴인은 유목하며 이동하는데, 펠트로 만든 천막으로 막사를 짓는다. 본토의 원주민은 대부분 아틀라스산맥의 바위 동굴에 거주하며 총으로 수렵을 해서 살아간다. 그러나 오스만 제국의 병사들은 모두 거칠고 난폭해서 걸핏하면 관리를 죽이고 도처에서 절도와 약탈을 자행해 거주민 모두 극심한 고통을 겪었다. 다만 모로코 지역은 침략받지 않고 강역을 잘 지켰으며 그 왕 또한 정사를 잘 돌봐 자강했다. 튀니지·트리폴리 두 나라는 근래에 다시 나라를 수복해 왕국을 세웠다. 그런데 알제리는 오스만 제국의 풍속에 물들어 오로지 유럽 각국의 상선을 약탈했지만, 미국·영국 두 나라의 선박에는 패배했다. 얼마 후 다시 프랑스의 상선을 약탈하자 프랑스는 마침내 군대를 보내 그 소굴을 소탕하고 병사를 배치해 지켰다. 그러나 그 사람들은 모두 해적으로 더불어 거주하는 것이 매우 어려웠기 때문에 프랑스 병사들 역시 근래에는 물러나서 항구에 거주하고 있다.

모로코국은 바버리의 극서 지역으로 아틀라스산맥의 뒤쪽에 위치하며 면적은 사방 29만 리이고 인구는 1200만 명이다. 토양이 비옥해서 산물이 풍요로운데 타필랄트Tafilalt[24]만은 척박한 편이다. 이 나라는 예전에는 성덕聖德으로 이름이 났지만, 후에 왕이 무도해져서 마침내 아덴의 침탈을 받았다. 왕이 곧 투항해서 부족장이 되면서 더욱 방자하고 문란해졌고, 그 밑의 병사들 역시 금수와 같아져 2백여 년을 내려오면서 마침내 야만인이 되었다. 근래에 나라를 수복해서 여전히 모로코를 수도로 삼고 있다. 새 왕이 힘써 예전의 나쁜 풍속을 혁파하니 정사와 문학은 날로 점차 본색을 찾게 되었다. 다만 여전히 이슬람교의 율법을 따랐다. 또한 의결기관을 설치하지 않고 사항에 임해서 즉석에서 판결 내렸으며 아울러 옛 전장 제도는 찾아볼 수 없었다. 골육 간에 때때로 찬탈을 도모했기 때문에 모반 사건이 자주 일어났다. 호위병 5천 명과 수비병 모두 규율이 없었다. 토지세는 10분의 1, 목축은 20분의 1을 징수해서 매년 세금으로는 5백만 원을 거두어들였으며, 큰 부락 2개, 작은 부락 50개를 거느리고 있다.

모로코는 동쪽은 알제리, 남쪽은 사막, 서쪽은 바다, 북쪽은 지중해에 접해 있고 작은 부락 26개를 거느린다. 아몬드·양피·상아·벌꿀·밀랍·수지를 생산한다.

페스Fes[25]는 동쪽으로는 알제리, 서쪽으로는 모로코, 남쪽으로는 아틀라스산맥을 경계로 하며, 작은 부락 24개를 거느린다. 나사羅紗[26]·양탄자·비단·수건·페즈Fez[27] 등을 생산한다. 알제리는 예전에는 누미디아Numidia[28]라고 했는데 길이는 7백 리, 너비는 50리에서 150리에 이른다. 인구는 2백만 명이다. 예전에는 모로코와 풍속이 같았는데, 예전에는 모로코에 속했다는 것이 그 증거이다. 후에 아덴이 나라를 빼앗아 모두 이슬람교로 개종했다. 2백여 년이 지나면서 완전히 본래의 습성을 상실해 야만인처럼 완고하고 무지해졌다. 토양은 비옥해서 농사짓기에 적합하다. 산림에는 측백나무와 상수리나무가 울창하다. 사람들은 대부분 게을러서 빈둥거리며 농사는 내팽개치고 약탈을 하면서 살아간다. 또한 오스만 제국이 점령하고서 데이[29]를 두어 정사를 감독했다. 주둔병 1만 5천 명이 있는데 모두 무뢰한이라 왕법을 알지 못하고 마침내 데이를 목 졸라 죽이고 직접 용맹하고 날쌘 인물을 선택해서 데이를 대신했다. 원주민 해적 역시 자립해서 왕을 칭하고 오로지 해선을 약탈해 재물을 빼앗아서 절반은 두목에게 바치고 절반은 자신들의 몫으로 나누었다. 1815년, 가경嘉慶[30] 20년이다. 처음으로 미국·영국의 선박을 공격해 격파했다. 얼마 후 프랑스 선박이 약탈당해 사람은 죽고 재물은 모두 빼앗겼다. 프랑스는 1830년, 도광 10년이다. 군대를 보내 소굴을 소탕해서 해적의 괴수를 섬멸하고 전국을 장악했다. 군사 3만 명을 배치해 그 지역을 방어했다. 그러나 내지는 모두 아덴 종족이어서 항상 원한을 품고 있었다. 따라서 프랑스의 관병은 근래에 후퇴해서 항구에 거주하며 내지에는 주둔하지 않는다.

알제리는 동쪽으로는 튀니지, 남쪽으로는 사막, 서쪽으로는 모로코, 북쪽으로는 바다에 접해 있고 튀니지의 서쪽[31]에 위치한다. 면적은 사방 24만 5천 리이고 인구는 2백만 명이다. 작은 부락 58개를 거느린다. 양피·향료·밀랍·양모·나사·과일·산호 등이 난다.

튀니지 『직방외기』에는 불사국弗沙國으로 되어 있다. 는 알제리의 동쪽[32]에 위치하며, 동쪽으로는 트리폴리, 남쪽으로는 사막, 서쪽으로는 알제리, 북쪽으로는 지중해에 닿아 있다. 지세가 평탄해서 농사짓기에 적합하며 또한 북쪽 구석의 연해에는 1백여 개의 작은 섬이 있다. 알제리와 비교하면 강역은 다소 작다. 예전에는 카르타고Carthago[33]에 도읍했으며, 근래에 유럽대륙의 남쪽 해안으로 무역이 매우 번창해 이탈리아에 뒤지지 않는다. 후에 아덴에 나라를 빼앗겼는데, [아덴이] 카이르완·튀니지 두 지역에 군대를 주둔하고 이슬람교로 개종할 것을 강제해서 옛 풍속은 모두 사라지고 야만적이며 미개해졌다. 1600년 명나라 만력 28년이다. 에 이르러 다시 오스만 제국에 점령되어 베이를 두어 나라를 다스렸다. 그런데 병사들이 횡행해서 관을 압박하고 백성들에게 해악을 끼쳤다. 근래에 부족장이 마침내 오스만 제국을 배반하고 자립해서 도읍지를 튀니스Tunis[34]로 변경했으며, 모든 학정을 폐지하고 나라 사람들과 더불어 새롭게 시작했다. 원주민은 완고하고 어리석었으나 널리 재주와 지혜를 받아들여 무릇 유럽인 중에 조금이라도 재주와 지식이 있는 자는 비록 신분이 미천하더라도 모두 등용했다. 규칙과 조항을 세워 잘잘못을 판단했으며 원주민들을 단속해서 법도가 점차로 갖춰지게 되었다. 면적은 사방 7만 5천 리, 인구는 2백만 명이다. 작은 부락 21개를 거느리며, 융단·서지Serge[35]·비누[36]를 생산한다.

트리폴리는 튀니지[37]의 동남쪽[38]에 위치하며 동쪽으로는 이집트, 남쪽으로는 사막, 서쪽으로는 튀니지, 또한 고대 불사국 경내이다. 북쪽으로는 지중해에 접해 있다. 영역 내에는 산이 많으며, 단지 북쪽 구석은 토양이 비옥하나 생산량이 소비하는 데 충분하지 않아 이웃 나라에 식량을 의지하고 있다. 이 나라 사람들은 처음에는 아덴의 무슬림에게 우롱당하다가, 이어서 오스만 제국 주둔병에게 학대를 받았다. 훗날 아흐메드 카라만리Ahmed Karamanli[39]라는 파샤가 모의해서 연회를 열어 오스만 제국 군관 3백 명을 초대해서 주연을 베풀고 군사를 매복시켜 이들을 사로잡아 주살했다. 아울러 그 병사들을 모조리 도륙하고는 스스로 왕으로 즉위해서 그대로 트리폴리를 도읍으로 삼았다. 오스만 제국이 쇠락하여 정벌할 수 없게 되자 이로부터 오스만 제국에 복속하지 않았다. 아흐메드 카라만리는 군대를 정비하고 학정을 없애며 가난에서 벗어나기 위해 유럽의 기술자를 초빙해서 원주민을 가르쳤다. 근래의 왕은 성품이 관대하고 근검절약해서 각국과 널리 통교하며 밖으로는 빈객을 모으고 안으로는 어리석은 백성들을 교화해서 모로코 등과 비교해 국정이 더욱 정비되었다. 큰 부락 2개, 작은 부락 33개를 다스리며 면적은 사방 21만 5천 리, 인구는 1백여만 명이다.

트리폴리는 동쪽으로는 이집트, 남쪽으로는 페잔Fezzan,[40] 서쪽으로는 튀니지, 북쪽으로는 바다에 접해 있다. 작은 부락 24개를 거느린다. 나사·양탄자·올리브·사금·상아 등이 난다.

페잔은 북쪽으로는 트리폴리 동남쪽, 서쪽으로는 사막과 경계를 맞대고 있다. 트리폴리의 남쪽에 위치하며, 작은 부락 9개를 거느린다.

北阿利未加洲四國

—

即『職方外紀』之馬羅可國·弗沙國也, 古分二國, 今分四國, 爲佛蘭西藩屬.

阿利未加洲之北四國, 曰摩羅果, 曰阿爾尼阿, 曰都尼司, 曰特厘波里. 四國同區, 統而名之曰麻馬里. 南依大山, 北濱地中海, 地狹而衰長. 東界伊揖, 西界阿蘭底海, 計長二千里. 南抵阿特臘斯山, 北抵地中海, 計寬自五六十里以至百餘里. 阿特臘斯山自東而西, 長與麻馬里等. 最高之峰千有三百丈, 其餘小峰四五百丈, 均在麻馬里之境, 山林深密, 終年積雪.

四國土番, 皆麻密種類, 容貌風俗, 四國皆同. 當國勢盛時, 文敎與額力西相等, 武功與意大里爭雄. 兼取得大呂宋及西棲島, 商埠雲集, 旣強且富, 名著海邦. 何期盛衰靡常, 四國均爲意大里亞所滅. 旣又爲回敎之阿丹侵奪, 設立加里甫統轄之, 駐兵加爾灣, 悉令改從回敎之馬哈墨敎, 毀其書籍, 愚其耳目, 竝隔絶他國, 不許往來, 垂二百餘年. 聲敎埽地, 竟成野蠻, 頑蠢幾不可問? 後值阿丹衰弱, 各國始自爲主. 旣而阿彌尼阿·都尼司·特黎波里三國, 旋爲都魯機所滅, 分設總理之官, 在阿爾尼阿者曰尼, 在都尼司者曰彌, 在特黎波里者曰巴札, 遂均爲都魯機屬國, 屯兵鎭守.

是時土人分三種, 曰摩羅, 卽都魯機之人, 曰阿丹, 卽回敎之人. 曰土番, 卽
山谷土著舊人. 摩羅踞城邑, 嗜鴉片. 採取本地所產蔴, 依法配制, 亦曰鴉片. 阿
丹之人, 則遊牧遷徙, 以氈帳爲廬舍. 其本地土番, 多在阿特臘斯山, 岩居穴處,
銃獵爲生. 然都魯機之兵皆無賴橫行, 動輒戕官, 盜劫四出, 居民咸罹荼毒. 惟
摩羅果一部未被侵奪, 謹守疆域, 其王亦勤政自強. 都尼司·特黎波里二國, 近
亦復國自王. 惟阿爾尼阿染都魯機之俗, 專掠歐羅巴各國商舶, 惟被彌利堅·英
吉利二國之船所敗. 旣又劫佛蘭西商船, 佛蘭西遂起兵搗其巢穴, 設兵分守. 然
其人皆賊, 很難與耦居, 故佛蘭西之兵近亦退居海口.

摩羅果國, 爲蔴馬里極西之地, 在阿特臘斯大山之後, 幅員二十九萬方里,
人戶千二百萬口. 土沃產豐, 惟達非里部落較瘠. 其國舊通聲敎, 後王無道, 遂
爲阿丹所奪. 王旣降爲部酋, 愈恣昏亂, 所屬兵亦如禽獸, 垂二百餘年, 遂成野
人. 近日復國, 仍以摩羅果爲國都. 新王力革汚俗, 政事文學, 日漸起色. 惟所
行律法, 仍用回敎. 且未設議事之官, 臨事倉猝裁決, 竝無舊章. 骨肉時思簒奪,
故叛謀迭見. 護衛兵五千與操防之兵, 俱無紀律. 田賦什而征一, 牧畜二十而征
一, 歲得稅餉銀五百萬員, 領大部落二, 小部落五十.

摩羅果東界阿爾尼阿, 南界沙漠, 西界海, 北界地中海, 領小部落二十有六.
產杏仁·羊皮·象牙·蜜糖·黃蠟·樹膠.

緋司部東界阿爾尼阿, 西界摩羅果, 南界阿特臘斯山, 領小部落二十有四.
產大呢·地氈·綢紗·手巾·氈帽. 阿爾尼阿國, 古時謂之盧彌尼阿, 縱七百里, 橫
自五十里至百五十里. 戶二百萬口. 舊與摩羅果同俗, 可證古亦屬於馬羅可國.
迨阿丹奪國, 悉改回敎. 二百餘年, 全失本性, 蠻頑無知. 土尙肥美, 宜播種. 山
林柏橡叢茂. 而習俗遊惰, 半多荒棄, 以劫奪爲生涯. 又爲都魯機所據, 設呢官
以董其事. 有鎭守兵萬五千, 隊伍皆無賴, 不知王法, 竟有絞死呢官自擇同伍驍
勇代之者. 土番之海寇, 亦自立一王, 專劫海舶, 所獲資財, 半歸頭目, 半自裹

分. 至千八百十五年, 嘉慶二十年. 始爲彌利堅·英吉利船擊敗. 旋有佛蘭西船被其虜劫, 人貨俱盡. 佛蘭西於千八百三十年, 道光十年. 起兵搗巢, 殲厥渠魁, 盡有全國. 設兵三萬, 防守其地. 然腹地皆阿丹種類, 常懷仇恨. 故佛蘭西之官兵, 近日退居港口, 不屯內地.

阿爾尼阿東界都尼司, 南界沙漠, 西界摩羅果, 北界海, 在都尼司之西. 幅員二十四萬五千方里, 戶口二百萬名. 領小部落五十有八. 産羊皮·香料·蜜蠟·羊毛·紗呢·果實·珊瑚.

都尼司國,『職方外紀』作弗沙國. 在阿爾尼阿之東, 東界特黎波里, 南界沙漠, 西界阿爾尼, 北界地中海. 地勢平坦, 宜播種, 且北隅沿海, 小島百餘. 較之阿爾尼阿, 疆域差小. 舊都於加尼達, 近歐羅巴洲之南岸, 互市甚盛, 不亞於意大里. 後爲阿丹奪國, 駐兵加爾灣·都尼司二部, 勒改回敎, 盡失舊俗, 榛狂無知. 迨至千六百年, 明萬曆二十八年. 又爲都魯機所據, 設彌官以理政事. 兵卒橫行, 官受挾制, 民罹荼毒. 近日酋長遂背都魯機而自立, 改都於都尼司, 悉除虐政, 與國人更始. 以土番頑蠢, 廣採才智, 凡歐羅巴人稍有才識者, 雖微賤, 皆加任用. 立規條, 判曲直, 約束番衆, 法度漸可觀. 幅員七萬五千方里, 戶二百萬口. 領小部落二十有一, 産絨綢·嗶嘰·番鱶.

特黎波里國在都尼司之東南, 東界伊揖, 南界沙漠, 西界都尼司, 亦古弗沙國境. 北界地中海. 域內多山, 惟北隅沃壤, 然所産不贍於食, 仰資鄰國. 其人先受愚於阿丹之回敎, 嗣受虐於都魯機駐防之兵. 後有巴札曰哈彌者, 設謀備宴, 邀其兵目三百會飲, 伏壯士禽縛誅之. 竝盡屠其兵黨, 卽自立爲王, 仍都於特黎波里. 都魯機衰弱, 不能征討, 從茲不屬都魯機. 哈彌約束部卒, 除虐蘇困, 招徠歐羅巴技藝之人, 敎導土番. 近日之王, 寬厚儉節, 通好各國, 外攬賓客, 內化愚頑, 較摩羅果等國政事尤整飭. 領大部落二, 小部落三十有三, 幅員二十一萬五千方里, 戶百萬口有奇.

特黎波里東界伊揖, 南界菲山, 西界都尼司, 北界海. 領小部落二十四. 產呢紗·地氈·橄欖·金沙·象牙.

菲山北界特黎波里東南, 西界沙漠. 在特黎波里之南, 領小部落九.

주석

1 모로코Morocco: 원문은 '마라가국馬羅可國'이다.

2 튀니지Tunisie: 원문은 '불사국弗沙國'이다.

3 모로코: 원문은 '마라과摩羅果'이다.

4 알제리Algérie: 원문은 '아이니아阿爾尼阿'이다.

5 튀니지: 원문은 '도니사都尼司'이다.

6 트리폴리Tripoli: 원문은 '특리파리特厘波里'이다. 지금의 리비아Libya 북서부에 위치한다.

7 바버리Barbary: 원문은 '마마리麻馬里'이다.

8 아틀라스산맥Atlas Mountains: 원문은 '아특랍사산阿特臘斯山'이다. 광서 2년본에는 '아랍특사산阿臘特斯山'으로 되어 있으나, 악록서사본에 따라서 고쳐 번역한다. 이하 동일하다.

9 서쪽으로: 원문은 '이서而西'이다. 광서 2년본에는 '자서自西'로 되어 있으나, 악록서사본에 따라서 고쳐 번역한다.

10 베르베르인Berber: 원문은 '마밀종류麻密種類'이다.

11 로마: 원문은 '의대리意大里'이다.

12 및: 원문은 '급及'이다. 광서 2년본에는 '지之'로 되어 있으나, 악록서사본에 따라서 고쳐 번역한다.

13 시칠리아Sicilia: 원문은 '서서도西樓島'로, 서서리도西西里島라고도 한다.

14 로마: 원문은 '의대리아意大里亞'이다.

15 칼리파khaliifa: 원문은 '가리보加里甫'이다.

16 카이르완Qairwan: 원문은 '가이만加爾灣'이다.

17 알제리: 원문은 '아미니아阿彌尼阿'이다.

18 오스만 제국: 원문은 '도로기都魯機'이다.

19 데이Dey: 원문은 '니尼'이다.

20 베이Bey: 원문은 '미彌'이다.

21 트리폴리: 원문은 '특려파리特黎波里'이다. 광서 2년본에는 '려파리黎波里'로 되어 있으나, 악록서사본에 따라서 고쳐 번역한다.

22 파샤Pacha: 원문은 '파찰巴扎'이다.

23 무어인Moors: 원문은 '마라摩羅'이다.

24 타필랄트Tafilalt: 원문은 '달비리부락達非里部落'으로, 탑비랍륵塔菲拉勒이라고도 한다. 지금의 모로코를 구성하는 12개 지방 가운데 하나인 드라타필랄레트Drâa-Tafilalet이다.

25 페스Fes: 원문은 '비사부緋司部'이다.

26 나사羅紗: 원문은 '대니大呢'로, 양털에 무명이나 인조견 등을 섞어서 짠 두꺼운 혼성 모직물이다.

27 페즈Fez: 원문은 '전모氈帽'이다. 원통형의 모자로, 오스만 제국 시대에 전파되었으며 모로코와 터키에서 주로 착용한다.

28 누미디아Numidia: 원문은 '노미니아盧彌尼阿'이다.

29 데이: 원문은 '니관呢官'이다.

30 가경嘉慶: 청나라 제7대 황제 인종仁宗 애신각라옹염愛新覺羅顒琰의 연호(1796~1820)이다.

31 서쪽: 원문은 '서西'이다. 광서 2년본에는 '동북東北'으로 되어 있으나, 지리적 위치에 따라서 고쳐 번역한다.

32 동쪽: 원문은 '동東'이다. 광서 2년본에는 '남南'으로 되어 있으나, 지리적 위치에 따라서 고쳐 번역한다.

33 카르타고Carthago: 원문은 '가니달加尼達'이다.

34 튀니스Tunis: 원문은 '도니사都尼司'로, 지금의 튀니지 수도이다.

35 서지Serge: 원문은 '필기嗶嘰'이다. 비단을 의미하는 라틴어 세리카Serica에서 유래했으며, 고급 직물을 가리킨다.

36 비누: 원문은 '번감番鹼'이다.

37 튀니지: 원문은 '도니사都尼司'이다. 광서 2년본에는 '마라과摩羅果'로 되어 있으나, 지리적 위치에 따라서 고쳐 번역한다.

38 동남쪽: 원문은 '동남東南'이다. 광서 2년본에는 '남南'으로 되어 있으나, 지리적 위치에 따라서 고쳐 번역한다.

39 아흐메드 카라만리Ahmed Karamanli: 원문은 '합미哈彌'이다.

40 페잔Fezzan: 원문은 '비산非山'이다.

중집

—

원본에는 없으나, 지금 보충한다.

.

『직방외기』에 다음 기록이 있다.

이집트Egypt[1]에서 가까운 지중해 일대는 마라가국馬羅可國 모로코이다. 과불사국弗沙國 튀니지이다. 이다. 모로코는 땅이 7도道로 나뉘어 있다. 이 나라는 짐승의 모피를 생산하는데, 양가죽은 매우 진귀하고 아름답다. 꿀이 매우 많아서 나라 사람들은 꿀을 양식으로 삼는다. 풍습으로 페즈를 가장 중시하지만, 귀족이나 노인이 아니면 머리에 페즈를 쓸 수가 없으며 단지 한 자의 천으로 정수리 부분을 가릴 뿐이다. 튀니지는 땅이 7도道로 나뉘어 있다. 도성의 크기는 아프리카에서 최고이다. 궁실과 전각은 매우 화려하며 높고 웅장하다. 한 전각은 주위가 3리로 30개의 문이 있으며, 밤이 되면 9백 개의 등을 밝힌다. 나라 사람들은 또한 대체로 의리를 안다. 이집트의 서쪽은 아프리카[2]로, 그 땅은 매우 비옥하여 만물이 잘 자란다. 보리 한 줄기에 341개의 이삭이 달려 서양에서는 천하의 곡창지대라고 일컬어진다. 모로코[3]의 남쪽에 있는 나라는 누미디아 남아프리카 원주민[4]이다. 로, 사람들의 성정은 사납고 모질어서 교화시킬 수 없을 정도이다. 대추와 같은 과실수가 있어 먹을 수 있다. 그곳에는 리비아사막 Libyan Desert[5]이 있는데 물과 샘이 부족하고 또한 천 리 안에는 강과 바다가 없어 이곳을 지나가는 사람들은 반드시 열흘 정도 마실 물을 준비해 가야 한다.

『만국지리전도집』에 다음 기록이 있다.

아프리카 지중해 주변 각 지역은 예전 로마국의 식민지였으며 이후 이민족이 침략했고 동방의 무슬림 또한 그 지역을 침략했다. 그러나 사람들은 용맹해서 오로지 지중해에서 상선을 약탈해 살아갔다. 3백 년 동안 각 나라는 놀랄 만큼 피해를 입었기 때문에 프랑스는 해군을 파견해 바다를 건너 그 죄상을 토벌해 그 나라를 점령했다. 그 땅의 이름은 알제리[6]라고 하는데 인구는 3백만 명이다. 프랑스 군대는 용맹하게 교전해서 무슬림을 크게 격파하고 이후 군대를 배치해 방어했으며 세금 징수는 모두 기준에 따라 부과했다. 무슬림은 잠시 사막으로 물러났으나 복수심을 품고 불시에 말을 달려 나타나 창을 들고 공격했기 때문에 프랑스는 1년 내내 병력을 배치해 성을 방비하고 강역을 지켜야 해서 국력을 많이 소모했다. 프랑스는 그 땅을 차지할 것을 맹세하며 끝내 떠나지 않았다.

튀니지[7]는 해변에 위치하며 길이는 3백 리이고 인구는 10만 명이다. 사람들은 이미 교화되어 직물을 짜서 안정된 생활을 하며 매년 보리·곡물·올리브유를 시장에 내놓는다.

트리폴리[8]는 모래벌판 중간에 있으며 사막으로 둘러싸여 있어 광풍이 사방에서 일어난다. 도로가 험난해서 이곳 사람들은 모두 낙타를 타고 다니며 유목과 약탈로 살아간다. 모로코[9]는 서북쪽으로 산지가 비교적 광활하고 인구는 6백만 명이다. 이곳에서는 밀랍·약재·남과南果를 산출한다. 예전에 이 나라의 병선은 사방의 바다에서 약탈하고 사람을 포획해 감금하고는 무슬림으로 개종시켰다. 지금은 이미 그 날카로운 기세가 꺾여 감히 바다로 나가지 않는다. 이곳 사람들은 규율과 풍속으로 이슬람교를 고수하여 이에 미혹되어서 깨닫지 못하고 있다. 이슬람교를 신봉하지 않는 경우에는 어느 나라를 막론하고 원수 대하듯 했다. 근면히 일하는 것을 꺼리고 방탕함을 좋아한다. 의복은 넓은 천으로 온몸을 감싸고 머리에는 붉은색 모자를 쓰거나 두건으로 머리를 감쌌다. 허리에는 도검이나 조총을 차고 엄숙한 기세와 단정한 용모로 정좌해서 움직이지 않았다. 비록 술을 마시거나 아편을 피우지는 않았지만, 역시 대마를 피워 아편에 취한듯 했다. 엄격하게 부녀자들의 공간을 제한해서 출입을 허락하지 않았으며, 외출할 때는 천으로 전신을 감싸고 눈만 노출했다. 여성들은 풍만함을 아름답게 여기고 고요하고 그윽한 곳에서 아무 일도 하지 않으며 세월을 보냈다. 『쿠란』[10]을 읽었다. 돼지고기와 술을 먹지 않았다. 통상무역이 활발하지 않아 은전을 얻기 힘들었다. 남자들은 말 타고 활 쏘는 것을 좋아했는데, 그 기술이 상당히 뛰어났다.

『지리비고』에 다음 기록이 있다.

아프리카 북부 지역에서 프랑스가 점령한 곳은 네 나라이다. 하나는 모로코로 아프리카대륙의 서북쪽에 있으며, 북위 27도에서 35도에 위치하고 서경 2도에서 14도에 위치한다. 동쪽으로는 알제리,[11] 서쪽으로는 대서양,[12] 남쪽으로는 사하라사막Sahara Desert,[13] 북쪽으로는 지중해와 경계를 맞대고 있다. 남북의 거리는 2500리, 면적은 사방 46만 7770리이며, 인구는 6백여만 명이다. 지세는 서남쪽에서 동북쪽으로 아틀라스산맥이 그 중앙을 횡단하고 있다. 사막이 대부분이며 농경지는 적지만 비옥해서 곡식과 과일이 풍요롭고 낙타와 말이 많다. 토산품으로는 구리·철·주석·밀랍·와택當宅[14]·면화·무두질한 가죽·목재 등의 물산이 있다. 긴 하천으로 물루야강Oued Moulouya[15]이 있으며, 여하餘河[16]가 그다음이다. 사계절이 온화하다. 여름철의 혹독한 더위를 바닷바람이 식혀 주며 사막의 뜨거운 열기는 험준한 봉우리가 가려 준다. 칸의 지위는 계승되며 사람들은 이슬람교를 신봉한다. 나라는 6개 지역으로 나뉘어 있는데, 모로코,[17] 페스,[18] 수세Suse,[19] 드라Draa,[20] 타필랄트,[21] 시길메사Sigilmessa[22]이다. 수도는 예전에는 모로코였으나 지금은 페스 지역으로 이전했다. 무역이 특히 번성한 곳은 모로코 지역의 모가도르Mogador[23]이다. 원주민은 아라비아 사람들과 무역을 하는데, 모두 대오를 결성해 다닌다.

알제리는 아프리카대륙의 북쪽에 있으며, 국토는 북위 32도에서 37도에 위치하고 동경 7도 50분에서 4도 30분에 위치한다. 동쪽으로는 튀니지, 서쪽으로는 모로코, 남쪽으로는 사하라사막, 북쪽으로는 지중해와 경계를 맞대고 있다. 길이는 2150리이고 너비는 1800리이며 면적은 사방 24만 9300리, 인구는 250여만 명이다. 산등성이와 구릉이 이어지는데 동남쪽이 더욱 심하며, 하늘 높이 치솟은 산봉우리에는 만년설이 쌓여 있다. 연해의 가파른 절벽은 험준해서 쉽게 오를 수가 없다. 긴 하천으로 셸리프강Oued Cheliff[24]과 아지디강Oued Adjidee[25]이 있다. 토양은 매우 비옥하나 사람들은 농사짓기를 좋아하지 않는다. 사막이 광활하다. 토산품으로 금·은·철·주석·명반·초석·산호 등이 있다. 기후는 온화하며 사회가 안정되고 물산이 풍부하나 지진의 재해가 많다. 나라에 군주는 없고 예전에는 오스만 제국이 겸병했으나 지금은 프랑스의 지배를 받고 있다. 이슬람교를 신봉하며 재주와 기예가 적어 무역은 활발하지 않다. 나라는 6개 지역으로 나뉘어 있는데, 알제Alger,[26] 콘스탕틴Constantine,[27] 마스카라Mascara,[28] 티터리Titerie,[29] 슐레프Chlef,[30] 베르베르[31]이다. 도성은 알제[32]에 있으며 산비탈에 세워져 있는데, 망루가 가파르게 이어져 있으며, 풍경과 잘 어우러진다. 통상의 요충지로는 시디프레즈곶Cape Sidi Fredj,[33] 사겔Sargel,[34] 테네스Tenes,[35] 모스타가넴Mostaganem,[36] 베자이아Bejaia,[37] 보나Bona,[38] 콘스탕틴이 있다.

튀니지는 아프리카대륙 북쪽에 있으며, 북위 32도에서 36도 30분, 동경 5도에서 9도에 위치한다. 동쪽으로는 트리폴리,[39] 서쪽으로는 알제리,[40] 남쪽으로는 사막, 북쪽으로는 지중해와 경계를 맞대고 있다. 길이는 1500리이고 너비는 8백 리이며, 면적은 사방 5만 5560리이다. 인구는 280만 명이다. 언덕과 구릉이 적고 사막이 많으며 강가는 비옥하나 그 외의 땅은 건조하고 해안은 알칼리성 토지이다. 긴 하천으로 메제르다강Oued Mejerda[41]이 있고, 큰 호수로는 노덕아盧德亞가 있다. 토산품으로는 은·구리·주석·밀랍·수은·노사磠砂 등이 있다. 사자·코끼리·원숭이·노루·너구리·살쾡이 등이 무리를 이루고 있다. 기후는 무더우며 인구가 많고 물자가 풍부하다. 왕은 무리에 의해 추대되며 오스만 제국의 명을 따르고 있다. 이슬람교를 신봉하며 재주와 기예는 적으나 이 대륙에서는 비교적 예의지국에 속한다. 상인들이 몰려들어 내지는 더욱 번성했으며 역시 대오를 이루어 다녔다. 나라는 두 지역으로 나뉘는데, 하나는 적리기아的里幾亞, 다른 하나는 달랍기사達拉幾斯이다. 도성은 호반의 높은 언덕에 세워져 있으며 거리는 좁고 가옥은 낮은데, 다만 궁전과 사당은 매우 준엄하고 화려하다. 통상무역은 대부분 해변에서 이루어진다.

트리폴리는 아프리카대륙의 북쪽에 있으며, 북위 24도에서 34도, 동경 6도 30분에서 26도 35분에 위치한다. 동쪽으로는 이집트,[42] 서쪽으로는 튀니지, 남쪽으로는 사하라사막, 북쪽으로는 지중해와 경계를 맞대고 있다. 길이는 4천 리, 너비는 2500리이고 면적은 사방 25만 리이다. 인구는 250여만 명이다. 산지와 구릉이 적고 사막이 많다. 적내하的內河가 중앙을 관통해 흐르고 있다. 땅은 매우 비옥하다. 산물로는 곡식·과일·가죽·깃털·밀랍·면화·유황·활석滑石·단삼丹參·사금 등이 있다. 산과 들에는 짐승이 많이 번창해서 무리를 이루며, 특히 맹수와 독충이 많다. 낮에는 덥고 밤에는 춥다. 왕위는 계승되며 여전히 오스만 제국의 명을 따르고 있다. 이슬람교를 신봉하며 재주와 기예는 적으나 무역은 대오를 이루어 다닌다. 나라는 네 지역으로 나뉘어 있으니, 트리폴리, 바르카Barca,[43] 페잔,[44] 가다메스Ghadames[45]이다. 도성은 해변에 세워져 있으며 건축이 장엄하고 아름답다. 거리는 넓고 곧으며 각처에서 상인이 몰려든다. 통상무역의 요충지로는 레베다Lebeda,[46] 미스라타Misrātah,[47] 벵가지Bengasi,[48] 데르나Derna[49]가 있다.

『지리비고』에 다음 기록이 있다.

북아프리카대륙에서 스페인령인 곳은 세우타Ceuta[50]로, 모로코 지브롤터해협의 동북쪽에 위치하며 철옹성으로 인구는 8천여 명이다. 선박이 정박하기 좋지 않아 무역은 활발하지 않다. 페뇽데벨레스데라고메라Peñón de Vélez de la Gomera,[51] 알루세마스Alhucemas,[52] 멜리야Melilla[53]는 모두 성과 해자가 견고하다. 카나리아제도Islas Canarias[54]는 대서양의 서북쪽에 위치하며 20개의 섬으로 이루어져 있다. 가장 큰 섬은 테네리페Tenerife[55]로 무덥고 척박하다. 숲이 울창하고 술·과일·사탕수수·꿀·기장·보리·콩·참마·생사·목재가 난다. 정박하는 데 편리해 무역이 번창하다. 라스팔마스Las Palmas[56]는 카나리아제도에 있으며 토양이 비옥하다. 테퀴세Tequise[57]

는 란사로테섬Lanzarote[58] 안에 있으며 화산이 있다.

『외국사략』에 다음 기록이 있다.

아프리카대륙의 북부는 지중해에 이르며 바버리[59]라고 한다. 북위 28도에서 36도, 서경 11도 30분, 동경 37도 12분에 위치한다. 너비는 1천여 리, 길이는 6600리이다. 서쪽에는 높은 산이 있어 지중해까지 이어지고 있다. 대지는 평탄하고 수목이 적은 편이다. 우물을 이용해서 관개시설을 하고 있으나 소금기가 있는 모래밭으로 경작하기가 어렵다.

모로코[60]는 마라가馬羅可라고도 하며 본 대륙의 가장 서북쪽 땅이다. 면적은 사방 1만 3천 리이며 인구는 8050만 명[61]이다. 남쪽으로는 사막, 북쪽으로는 지중해의 지브롤터해협,[62] 서쪽[63]으로는 대서양에 미치고, 해구는 프랑스령으로 연결되어 있다. 산봉우리가 줄지어 이어지며 가장 높은 것은 1200길에 이른다. 내지는 비옥하지만 메뚜기가 많아 농작물의 피해가 크다. 해변의 모래땅에서도 오곡·살구·대추·올리브유가 난다. 또한 광물로 금·은·구리·철이 난다. 백성들은 모로코인이 많으며, 아라비아의 무슬림과 유다의 농민들은 모두 스페인에 쫓겨서 이 땅에 왔다. 사람들은 대체로 피부색이 검고 이슬람교를 신봉해서 천주교도와 전쟁을 했다. 그래서 스페인 사람들은 이들을 발견하면 사로잡아 노예로 삼거나 순시선이 약탈해 노예로 팔았는데 근래에 비로소 금지되었다. 토산품으로 가죽옷은 있으나 면포는 없으며, 사람들은 즐겨 소와 양을 방목하며 농사는 짓지 않았다. 말은 날쌔나 수량이 적었기 때문에 가격이 비쌌다. 낙타는 크고 힘이 세서 매년 약 2만 마리 정도의 낙타에 토산품을 싣고 나가는데, 사금·타조·화살 깃·상아·노예를 운반해 와서 모두 아라비아인 및 인도인과 바다를 통해 교역했으며, 그 가격은 대략 은 2백만 원정도였다. 지중해에는 두 개의 항구가 있고 대서양 해변에는 세 개의 항구가 있다. 가끔 서양 선박이 오면 매우 심하게 단속했고 또한 무슬림들은 외국을 경멸했기 때문에 무역은 활발하지 않다. 나라는 크게 세 지역, 즉 모로코,[64] 페스,[65] 타필랄트[66]로 나뉘어 있고, 각 지역은 또한 작은 부락으로 나뉘어 있다. 남쪽 변경에는 아직도 부족장이 있어 직접 작은 지역을 다스린다.

이 나라는 스스로 전권을 장악했는데, 법령이 매우 가혹해 백성을 하찮게 여기고 신하를 노예처럼 대해 윗사람이 명을 내리면 복종할 뿐 아랫사람은 감히 원망하지 못했다. 국정을 논하는 기관이 없고 국왕이 임의로 명령을 내리면 감히 간하는 자가 없었다. 각 부서에는 총병總兵·세금 징수관을 설치해 매년 세금으로 약 4백만 원을 징수했는데, 그중 33만 원은 모로코 해적의 약탈을 피하기 위해 서양 각국의 상선이 납부한 것이다. 군인은 1만 5천 명이고 쌍돛 군선이 2척, 소형 군선이 13척 있으며, 각지의 포대는 24곳이다. 영국인이 이전에 북해의 한 지역을 점령했으나 오래지 않아 방기하고 지금은 단지 프랑스가 해구의 몇 개 도시를 점령해서 방어하고 있을 뿐이다. 대도시인 페스의 인구는 8천 명이고, 메크네스Meknes[67]의 인구는 5천 명이며, 모로코의 인구는 3만 명이다. 이곳 도시들은 모두 국왕이 주둔하는데, 높은 산 아래에 있다. 국왕은 편안하게 지내서 자식을 낳으면 민간에서 양육하다 12세가 되어야 궁으로 돌아왔다.

프랑스의 속지인 알제리[68]는 아이니阿爾尼, 아이일亞爾日이라고도 한다. 이 나라의 강역은 남쪽으로는 사막, 북쪽으로는 지중해, 서쪽[69]으로는 모로코, 동쪽[70]으로는 튀니지에 접하고, 면적은 사방 4200리이다. 예전에 이 지역은 매우 번창했으며, 은·주 시대에 유다국의 유민이 개간했다.

한나라 시기 로마군에 정복되었으며 6백 년이 지난 후에 마침내 독립했다. 이후 아라비아 무슬림이 이 지역을 점령해서 진晉나라 고조高祖 천복天福[71] 원년(936), 패권을 장악한 자가 창업해서 스페인 및 로마군을 몰아내고 이곳에 나라를 세운 지 수백 년이 지나고 있다. 명나라 정덕正德[72] 이래로부터 도광 10년(1830)에 이르기까지 해적들이 누차 서양 상선을 약탈하고 잔혹하게 살육하자 영국·네덜란드·스페인·프랑스 등의 나라가 번갈아 그 포대를 공격해서 도시를 파괴하고 선박을 불태웠으나, 여전히 해적들은 예전처럼 마구 약탈했다. 이에 프랑스는 대군을 파견해 해적 소굴을 공격해서 마침내 그 나라를 점령했다. 백성들은 대부분 유목민으로 무리를 결성해 저항해서 프랑스군을 공격해 죽였다. 프랑스는 다시 군대를 파견해 깊숙이 사막 지대까지 들어갔는데, 군량이 떨어지고 피로해진 군대는 수년 동안 마구 불을 지르며 약탈했다. 도광 24년(1844) 모로코와 일전을 벌여 대승을 거두니 해적들은 마침내 전율했다. 프랑스는 장군을 세워서 이 나라를 지켰는데, 주둔병 7만 명의 비용이 막대해서 단지 도시만을 관리하자 교외의 유목민은 여전히 순종하지 않았다. 토산품은 단지 대추뿐이다. 프랑스는 외국의 유민을 불러 모아 개간했으나, 단 아라비아를 두려워해서 감히 그 땅만은 경작하지 못했다. 이 땅은 예전에 네 지역으로 나뉘었는데, 지금은 모두 프랑스가 점거하고 있다. 알제[73]는 면적이 사방 10리이고, 북위 30도 47분, 동경 3도 4분에 위치하며 인구는 2만 3천여 명이다. 프랑스 군대가 점령한 후 이슬람교도들은 다른 곳으로 이주했다. 오랑Oran[74]은 면적이 사방 20리이며 거주민은 예전에는 스페인에 예속되었으나 지금은 프랑스의 명에 따라 무역하고 있다. 안나바Annaba[75]와 콩스탕틴[76]은 알제에서 동쪽으로 65리 떨어져 있으며 인구는 2만 명이다. 틀렘센Tlemcen[77]의 인구는 1만 명이다. 산의 남쪽 지역은 모두 유목하고 프랑스의 통제를 받지 않으며, 단지 상인들만이 사막 깊숙이 들어가 유목민과 무역할 뿐이다.

튀니지는 도니사都尼司라고도 한다. 그 지역은 남쪽으로는 사막, 북쪽으로 지중해, 동쪽으로는 트리폴리,[78] 서쪽으로는 알제리와 경계를 맞대고 있다. 면적은 사방 3400리이고 인구는 3백만 명이다. 남쪽은 사막이 많아 메마르고 서쪽은 토양이 비옥해서 맛 좋은 과일이 많은데, 특히 포도가 유명하다. 오곡과 채소 역시 풍요로우며 당나귀는 매우 튼튼하고 매년 소가죽 10만 장, 양털 2만 섬을 생산한다. 해변에는 산호초가 매우 많으며 어선은 160척이다. 그 백성들은 종래에 해적이 되어 지중해를 떠들썩하게 했다. 도광 원년(1821), 프랑스군이 이를 강력하게 평정해서 해적을 소탕했다. 오스만 제국은 예전에 이 나라의 권력을 장악해 군인들은 종전에는 터키 사람이 많았다. 오스만 제국 시기의 옛 도읍지는 바다에서 12리 떨어져 있으며 가옥은 형편없고 거리는 비좁으며 인구는 13만 명이다. 카이르완[79]은 인구가 5만 명이다. 도시 내에는 이슬람 사원이 매우 장엄하다. 카르타고[80] 역시 번화했지만, 2천 년이 지난 지금은 쇠퇴해서 활기가 없다. 매년 군향으로 3천만 원이 들어가며 군사는 약 1만 5천 명이다.

트리폴리는 특리파리特厘波里, 적려포리的黎布里라고도 하며 튀니지의 동쪽에 위치하고 사막 지대이다. 면적은 사방 8천 리이고 인구는 150만 명이며 절반이 해적이다. 땅은 비록 광대하나 대부분 사막 지대로 물이 없어 물산이 적으며 유대인이 일찍이 이곳에서 무역했다. 후에 오스만 제국이 군대를 파견해 이곳을 관할했는데, 군사는 약 5천 명, 거대한 군선 1척, 작은 전선 16척이 있다. 나라 사람들은 본래 모두 해적이었지만, 지금은 프랑스가 평정했다. 도성의 인구는 2만 5천 명이고 부근에는 명승

고적이 많다.

『영환지략』에 다음 기록이 있다.

서양인이 기록한 페니키아Phoenicia[81]의 고사에 의하면 다음과 같다. 페니키아는 고대 상업 국가이다. 하夏나라 이전 서양인은 문호를 닫고 인적을 끊고는 농사를 지으며 자급자족해서 늙어 죽을 때까지 서로 왕래하지 않았으며, 욕심도 드러내지 않고 마음도 흔들리지 않았다. 하나라 중엽 지혜로운 자가 선박과 수레를 창안해 서로 필요한 것을 교역해서 재화를 축적해 이로써 부를 이루었다. 서양에서 그 사람들을 페니키아라고 했는데 이를 번역하면 객상이라는 말이다. 처음에는 바니야스Baniyas 해변[82]에 거주했으나 후에 그리스[83]에 나라를 세웠으니 테베Thebae[84]라고 한다. 『희랍도설希臘圖說』에 상세하다. 그리스는 비좁아서 수용할 수 없어 주나라 여왕厲王 10년(기원전 868), 지중해 남쪽 해안으로 이주해서 티레Tyre[85] 지금의 튀니스이다. 에 도성을 정했다. 그리고 국명을 카르타고(加爾達額) 가대기加大其라고도 한다. 라고 개명했다. 당시 지중해 남쪽 해안은 황폐하고 아직 개발되지 않아 인구도 매우 적었으나 페니키아인이 그 재화를 가지고 와 도시를 건설하고 시장을 개설하며 전답을 개간하자 사방에서 할 일이 없던 사람들이 무리 지어 몰려왔다. 널리 선박을 정비하고 온갖 상품을 유통하면서 지중해 남북 양쪽 해안의 이권 대부분을 장악하게 되었다. 다시 바다 건너 히스파니아Hispania을 개척해 속지를 건설하니 나라는 부유해지고 군사력이 강해져 일시에 그들의 앞길을 막을 자가 없었다.

수십 년이 지나 이탈리아의 로마가 일어났다. 로마는 처음 일어났을 때 매우 미약했으며 또한 전쟁에 대해서도 익숙하지 않아 카르타고는 그들을 멸시했다. 지중해에는 두 개의 큰 섬이 있는데 하나는 코르시카(哥

爾塞牙) 가이시가可耳西加, 곽사객郭士喀이라고도 한다. 이고, 다른 하나는 사르데냐(薩
丁) 사력니아沙力尼阿, 살지니撒地尼, 살정撒丁이라고도 한다. 이다. 모두 로마 부근으로
카르타고가 이곳을 점거해서 로마를 핍박하니 로마는 감히 다투지 못했
다. 또한 시칠리아(西治里島) 서기리西基利, 서서리아西西里亞라고도 한다. 는 로마와
남쪽으로 국경을 접하고 있어 본래 로마에 속했는데 카르타고가 무력으
로 강탈했으나 로마가 역시 저항하지 못하자 이로 인해 카르타고는 더욱
교만해졌다.

주나라 현왕顯王[86] 연간 그리스 마케도니아Macedonia[87]의 왕 알렉산드로
스Alexandros[88]는 대군을 거느리고 페르시아[89]를 정벌했는데, 일부 군대가
카르타고에 이르러 티레를 공격해 격파하고 8천 명을 죽이니 나라가 거
의 망할 지경에 이르렀다. 이로부터 카르타고의 명성과 위세는 점차 쇠
퇴하면서 로마가 날로 강성해졌다. 이에 앞서 로마는 육상 공격에 익숙
하고 해전에는 익숙하지 않았기 때문에 카르타고는 유리하면 진격하고
불리하면 배를 타고 철수해서 로마는 어찌할 도리가 없었다. 카르타고
의 전함 중에 물이 새는 것이 있어 해안에 버려졌는데 로마가 이를 획득
해 그 방식을 모방해서 3개월 만에 전함 1백 척을 건조했다. 가이우스 두
일리우스Gaius Duilius[90]라는 자가 전함을 조종하는 방법을 강구하고 힘이
센 병사를 훈련시켜 해군으로 만든 뒤 해상을 왕래하면서 나날이 점차
익숙해져 이로 인해 카르타고를 상대할 수 있게 되었다. 카르타고는 일
찍이 로마를 침략해서 장수 마르쿠스 아틸리우스 레굴루스Marcus Atilius
Regulus[91]를 포로로 잡아 로마 군영으로 압송해서 포로와 교환을 청했다.
로마의 장수는 그의 재능을 아까워해서 이를 허락하고자 했다. [그러자]
레굴루스가 눈을 부릅뜨고 "로마를 무너뜨릴 이들은 당신들이오! 종래에
전쟁에 나가 사로잡힌 포로를 본국에서 구원한 사례가 없거늘, 한 사람

때문에 국법을 무너트리려 하오?"라고 하면서 그들을 질타했다. 레굴루스는 의연히 적진으로 돌아가서 큰 소리로 욕하며 죽었다. 로마 군인들은 눈물을 흘리며 용기백배하니 카르타고가 패배해서 달아나 마침내 세 개의 큰 섬을 탈환했다. 카르타고에는 일찍이 하밀카르 바르카Hamilcar Barca[92]라는 장군이 있어 로마와 수십 년간 혈전을 벌여 유능한 장군으로 일컬어졌다. 그에게 아들 한니발 바르카Hannibal Barca[93] 아니파이阿尼巴爾라고도 한다. 가 있는데, 어려서 영민하고 지혜로워 일찍이 아버지에게 병법을 물었다. 아버지는 그에게 장난스럽게 말하길 "네가 로마를 멸망시키겠다고 맹세하면 너에게 전수해 주마"라고 했다. 한니발이 유피테르Jupiter[94] 예전 각국에서 모셨던 조상신으로, 어느 시대의 사람인지는 잘 알려져 있지 않다. 앞에서 맹세를 하자 하밀카르는 모든 병법서를 그에게 주었다고 한다. 한니발은 성장해 지모와 용맹함이 출중해서 로마를 정벌해서 여러 차례 승리를 거두었다. 25세에 대장군을 제수받고 히스파니아 군대를 병합해서 대대적으로 로마를 정벌했다. 군선을 타고 결연한 마음으로 바다에 술을 부으면서 "대적大敵을 멸망시키지 못한다면 이 물처럼 되리라"라고 했다. 군대가 로마의 남쪽 지경에 이르자 변경의 성을 격파하고 승세를 타고 기습 공격 하니 그 용맹함을 당할 수가 없어 로마는 연전연패를 거듭해 남쪽 영역의 성들이 모두 함락되었다. 마침내 에브로강Río Ebro[95]을 건너 피레네Pyrénées[96]·알프스Alps[97]산맥을 넘어 먼 거리를 달려 곧장 진격하니 그 기세가 폭풍우와 같았다. 로마의 속지인 시라쿠사Siracusa[98] 역시 배반하여 카르타고에 가담해서 로마는 크게 흔들렸다. 로마의 대장군 파비우스 막시무스Fabius Maximus[99]는 무리와 도모하여 "적군의 기세가 바야흐로 왕성해서 정면에서 맞서기 어렵고 적군에게는 속전속결이 유리하니 마땅히 요새를 견고히 지켜서 그 군대를 지치게 하고 별도로 정예병을 보내 적군의 후방을 기습한다"라고 했다. 이에 성문을 닫고 굳게 지켜서 자신을 움츠리며 적군의 공격을 지연시켰다. 그리고 별도로 장군 마르쿠스 클라우디우스 마르켈루스Marcus Claudius Marcellus[100]를 파견해 시라쿠사[101]를 수복하게 하고, 군대를 매복시켜 귀환하는 한니발군을 공격하게 했다. 또한 스키피오 아프리카누스Scipio Africanus[102]를 파견해 은밀히 해군을 이끌고 바다를 건너 카르타고의 수도를 기습하게 했다. 한니발은 바야흐로 로마군과 오랫동안 대치하면서 식량도 거의 떨어져 가고 수도가 위급하다는 소식도 들자 서둘러서 군대를 철수해 구원에 나섰다. 파비우스는 정예병을 이끌고 은밀히 [한니발군의] 뒤를 쫓았고 마르켈루스는 군대를 매복시켰다가 돌연히 공격을 가하니, 한니발군은 앞뒤로 적을 맞이해 병사들이 크게 무너져 사상자가 산을 이루니 식량을 버리고 배를 타고는 급히 돌아갔다. 스키피오가 그들이 오는 것을 정탐하다가 해군을 이끌고 바다에서 맞서 공격해 거의 대부분을 불 지르고 죽이니, 한니발은 홀로 배를 타고 달아나 시리아(西里亞) 서리아西利亞라고도 한다. 로 가서 도움을 요청했다. 시리아는 아시아의 대국이다. 당시 로마에 곤욕을 당한 그리스의 여러 나라도 역시 시리아에 구원을 요청했다. 시리아 왕은 군대를 거느리고 그리스를 구원했으나 로마에 패배하고는 허둥지둥 동쪽으로 달아나니 로마군이 즉시 뒤를 쫓아 시리아를 포위 공격해서 격파했다. 한니발은 음독자살했고 그리스 여러 나라는 모두 로마에 항복했다. 이로 인해 카르타고는 고립무원의 처지가 되어 대부분의 속지가 이탈하자 스스로 망할 날이 얼마 남지 않았다는 것을 알았으나 돌아보건대 일찍이 대국으로서 로마에 투항하는 것을 부끄럽게 여겼다. 한나라 경제景帝[103] 10년(기원전 148), 로마의 대군은 카르타고를 정벌해 도성 튀니스[104]를 포위했다. 튀니스는 수비를 견고히 해서 투항하지 않고 부녀자들의 머리카락을 잘라 활시위를 만들어 저항해 로마군의 사상자가 천여 명에 이르렀다. 로마의 대장은 화살과 돌을 무릅쓰고 진공해서 마침내 성이 함락되려 하자 카르타고는 성 전체에 불을 질러 스스로 불태우니, 로마는 성을 부수어 평지로 만들고 군대를 분산해서 바다 남쪽의 여러 지역을 다스렸다. 다시 군대를 돌려 급히 히스파니아를 정벌하자 히스파니아 역시 항복해서 페니키아는 마침내 멸망했다.

重輯

一

原無, 今補.

『職方外紀』曰: 阨入多近地中海一帶爲馬羅可國, 卽摩羅果國. 與弗沙國.
卽都尼司國. 馬羅可地分七道. 出獸皮, 羊皮極珍美. 蜜最多, 國人以蜜爲糧. 其
俗最以冠爲重, 非貴人·老人, 不得加冠於首, 僅以尺布蔽頂而已. 弗沙地分七
道. 都城之大, 爲利未亞之最. 宮室殿宇, 極其華整高大. 有一殿, 周圍三里, 開
三十門, 夜則燃燈九百盞. 國人亦略識理義. 阨入多之西爲亞非利加, 地最肥饒
易生. 一麥嘗秀三百四十一穗, 西土稱爲天下之倉. 馬邏可之南, 有國名奴米弟
亞, 卽南阿未利加土番. 人性獰惡, 不可敎海. 有果樹, 如棗, 可食. 其地有小利
未亞, 乏水泉, 又千里無江海, 行旅過者, 須備兼旬之水.

『萬國地理全圖集』曰: 亞非地中海邊各地, 古時歸羅馬國爲藩屬, 嗣後蠻夷
侵之, 而東方回回又侵其地. 然其居民勁悍, 專在地中海劫商船. 三百年來驚
害各國, 故佛蘭西起水師渡海, 以討其罪, 而取其邦. 其地名亞利額, 居民三百
萬人. 佛軍奮威交戰, 大敗回回人, 自後設兵駐防, 賦額悉準經制. 其回回族暫

退沙野, 心懷仇怨, 不時飛馬而出, 挺戟攻擊, 故佛國終年嚴兵防堵, 保障封疆, 國費最耗. 然佛國誓服蠻夷, 終不肯棄其地也.

吐匿回回在海邊, 長三百里, 有十萬丁. 卻已向化織布, 經理安分, 每年運麥·穀·橄欖油出市.

特利破里在沙野中間, 四圍沙漠, 狂風四起. 道路崎嶇, 此內居民皆以騎駝遊牧剽掠爲生. 馬落可國, 西北山地較廣, 居民六百萬. 地出蠟·藥材·南果. 昔時, 其國兵船四海劫掠, 獲人卽行囚禁, 使服回教. 今已挫其銳氣, 不敢出海也. 至居民之規矩風俗, 守其回教, 執迷不悟. 非崇其教者, 不論何國, 視之若仇. 憚勤勞, 好遊蕩. 其衣以寬布纏身, 首戴紅帽, 以巾裹頭. 腰插刀劍鳥槍, 嚴氣端容, 安坐不動. 雖不飲酒食鴉片者, 亦食麻葉, 如煙可醉. 嚴防閨閫, 不許出門, 出則蒙帕, 惟露其眼. 其女以肥爲美, 盡避靜幽, 度日無事. 所讀之書, 稱爲天經. 禁食豕肉·飲酒. 通商不廣, 銀錢罕得. 男好騎射, 藝皆精熟.

『地理備考』曰: 北州地屬佛蘭西兼攝者四國. 一馬羅各國, 在亞非里加州之西北, 北極出地二十七度起至三十五度止, 經線自西二度起至十四度止. 東至亞爾日耳國, 西枕亞德蘭的海, 南連薩阿拉沙漠, 北界地中海. 南北相距二千五百里, 地面積方四十六萬七千七百七十里, 煙戶六兆餘口. 地勢由西南而東北, 亞德拉斯山橫亙其中. 砂磧居多, 田少而腴, 饒穀果, 蕃駝馬. 土產銅·鐵·錫·蠟·窩宅·縣花·熟皮·木料等物. 河之長者曰木祿亞, 餘河次之. 四季溫和. 夏季酷熱, 海風解之, 沙漠薰氣, 峻嶺蔽之. 汗位相傳, 人奉回教. 國分六部, 一馬羅各, 一非斯, 一蘇斯, 一達拉合, 一達非勒, 一西日美塞. 國都昔在馬羅各, 今則遷於非斯部. 其貿易尤盛者, 乃馬羅各部之磨加多爾城也. 土人與天方國人貿易, 皆結隊而行.

亞爾日耳國在亞非里加州之北, 其國土在北極出地三十二度起至三十七度止, 經線自東七度五十分起至西四度三十分止. 東至都尼斯國, 西連馬羅各國, 南接薩阿拉沙漠, 北界地中海. 長二千一百五十里, 寬一千八百里, 地面積方二十四萬九千三百里, 煙戶二兆五億餘口. 岡陵絡繹, 東南尤甚, 峰巒參天, 冰雪凝積. 沿海陡坡險峻, 不易登臨. 河之長者曰支里弗, 曰瓦低日的. 田土極腴, 人惰耕種. 沙漠遼闊. 土產金·銀·鐵·錫·礬·硝·珊瑚等物. 地氣溫和, 人安物阜, 惟多地震之患. 國無君長, 昔歸土耳基亞國兼攝, 今屬佛蘭西國統轄. 奉回敎, 少技藝, 鮮貿易. 國分六部, 曰亞日耳, 曰岡士丹的納, 曰馬斯加拉, 曰的德利, 曰薩布, 曰卑北耳. 其都城在亞日耳, 建於山坡之上, 樓臺峻疊, 風景相稱. 其通商衝繁之地, 一西的非盧至, 一薩爾日, 一德內斯, 一摩斯達科寧, 一布日亞, 一波科那, 一岡士丹的納.

都尼斯國在亞非里加州之北, 北極出地三十二度起至三十六度三十分止, 經線自東五度起至九度止. 東至的黎布里國, 西連亞日耳國, 南接沙漠, 北界地中海. 長千五百里, 寬八百里, 地面積方五萬五千五百六十里. 煙戶二兆八億口. 少岡陵, 多沙漠, 河濱膏腴, 餘地焦燥, 沿海舃鹵. 河之長者名曰美日爾達, 湖之大者名曰盧德亞. 土產銀·銅·錫·蠟·水銀·鹵砂等物. 獅·象·猴·獐·山狗·野貓, 結隊成群. 地氣濕熱, 人物富庶. 王由衆擧, 而請命於土耳基國. 奉回敎, 少技藝, 然在此州尙爲禮義之邦. 商賈輻輳, 內地尤盛, 亦結隊而行. 國分二部, 一的里幾亞, 一達拉幾斯. 都城建於湖濱高阜, 街狹屋卑, 惟宮殿廟堂頗峻麗. 其通商多在海濱.

一的黎布里國, 在亞非里加州之北, 北極出地二十四度起至三十四度止, 經線自東六度三十分起至二十六度三十五分止. 東至陁日度國, 西連都尼斯國, 南接薩阿拉沙漠, 北界地中海. 長四千里, 寬二千五百里, 地面積方二十五萬里. 煙戶二兆五億餘口. 少山陵, 多沙漠. 其的內河貫徹於中. 地甚膏腴. 產穀·果·皮·羽·蠟·緜花·硫磺·滑石·丹參·金沙. 山禽野獸, 蕃衍成群, 尤多猛獸毒蟲.

晝暑夜寒. 王位相傳, 仍請命於土耳基國. 奉回敎, 少技藝, 貿易結隊而行. 國分四部, 一的黎布里, 一巴爾加, 一非山, 一亞達美. 都城建於海濱, 屋宇壯麗. 街道闊直, 五方輻輳. 其通商衝繁之地, 一名勒波達, 一名美蘇拉達, 一名奔加西, 一名達爾內.

『地理備考』曰: 北州之地隷大呂宋國兼攝者, 一修達國, 在馬羅各國曰巴拉大海峽之東北, 金城湯池, 煙戶八千餘口. 泊所不穩, 貿易甚微. 一北農的威勒斯, 一亞盧塞馬斯, 一美黎辣, 皆城池堅固. 一加那里亞, 其亞德蘭的海之西北有島二十. 其大者曰德內里非島, 濕熱磽瘠. 樹林稠密, 產酒·果·饈·蜜·黍·麥·豆·薯·絲·材木. 泊所穩便, 貿易繁盛. 其巴爾馬城, 在加那里亞島中, 田土膏腴. 德幾塞城, 在蘭塞羅德島中, 有火山.

『外國史略』曰: 亞非利加州北方延地中海, 曰巴八里. 北極出地自二十八度至三十六度, 偏西自十一度三十分, 偏東及二十七度十二分. 闊千餘里, 長六千六百里. 西有高山, 連及地中海. 土平坦, 少樹木. 藉井灌田, 沙滷難耕.

一曰馬鹿國, 亦作馬羅可, 本州極西北之地. 廣袤方圓萬三千里, 居民八千五十萬口. 南及曠野, 北及地中海危押達海峽, 東及大西洋, 海口連佛蘭西國. 山嶺連延, 極高者千二百丈. 內地膏腴, 多螞蚱害稻. 海邊沙地, 亦出五穀·杏仁·棗·油樹膏. 亦有礦, 出金·銀·銅·鐵. 民多摩羅人, 與亞拉國之回族, 猶太國之農夫, 皆西班亞驅來此地. 人多黑面, 奉回回敎, 與天主敎之徒戰. 故西班亞人見卽虜之爲奴, 或被巡海船劫賣爲奴, 近始禁止. 地產皮裘而無布, 民好牧牛羊, 不務農. 馬駿而少, 故價昂. 駝高有力, 每年載出土物約二萬駝, 而運入金沙·駝鳥·翎·象牙·奴婢, 皆與亞拉回人及印度人由海通商, 價銀約二百萬圓. 地中海兩港口, 大西洋海濱三口. 遇西洋船至, 約束甚嚴, 且回敎輕傲外國, 故貿易不興. 國分三大部, 一馬鹿, 二非士, 三他非勒, 又分各小部. 南邊尙有土酋, 自據小地.

此國自操全權, 政令甚酷, 草芥百姓, 奴視臣下, 上命是聽, 下不敢怨. 無議事之官, 國王任意出令, 無敢諫者. 各部設總兵·稅賦官, 每年收餉約四百萬員, 內三十三萬圓爲各西國商船所給, 以免馬鹿海賊之擾. 軍士萬五千, 雙桅師船二, 戰艇十三, 各地砲臺二十四. 英人昔據其北海一邑, 旋卽棄之, 今惟佛蘭西國尙據海口數城, 以爲防禦. 其都城曰非士城, 居民八千, 曰米貴城, 居民五千, 曰馬鹿城, 居民三萬. 此皆國主所駐, 在高山之下. 其君安逸, 生子與民養之, 十二歲乃回宮.

一佛蘭西藩屬地, 曰押額國, 一作阿爾尼, 一作亞爾日. 其疆域南及曠野, 北及地中海, 西連馬鹿, 東接土匪, 廣袤方圓四千二百里. 古時此地極盛, 商·周間猶太國氓所開墾也. 漢時爲羅馬軍所攻服, 越六百年遂自立國. 嗣後, 亞拉回回據是地, 晉高祖天福元年, 有霸王創基, 驅西班亞及摩羅之兵, 於此地立國, 垂數百年. 自明正德以來, 及道光十年, 賊匪屢掠商船, 戮殺殘虐, 英吉利·荷蘭·西班亞·佛蘭西等國, 迭轟其砲臺, 壞城燒船, 仍爲海盜, 肆劫如故. 佛國因調大軍攻擊賊巢, 遂據其國. 民多遊牧, 結黨抗違, 殺掠佛兵. 佛國再調兵深入沙地, 靡餉勞師, 數年仍肆焚掠. 道光二十四年, 與馬鹿一戰, 獲大勝, 海盜乃戰栗. 佛國設將軍鎭守是國, 其守護兵士七萬, 帑費重大, 惟管其城池, 其郊外之遊牧, 仍不順也. 產物惟棗. 佛國招集外氓來墾, 但畏亞拉, 不敢耕其田. 此地昔分四部, 今佛國所據者. 一押額城, 周十里, 北極出三十度四十七分, 偏東三度四分, 居民二萬三千餘. 自佛兵據後, 回敎他徙. 一阿蘭城, 周二十里, 居民昔屬是班亞, 今順佛國命貿易. 一破那城及君士旦古城, 距亞額東六十五里, 居民二萬. 特米新邑, 居民一萬. 山南地皆遊牧, 不歸佛國管束, 惟商賈深入曠野, 與遊牧貿易.

一曰土匿國, 亦作都尼司. 其域南及曠野, 北及地中海, 東連地陂里, 西與押額交界. 廣袤方圓三千四百里, 居民三百萬. 南方沙地多磽, 西方田肥土茂, 多嘉果, 葡萄尤美. 五穀蔬菜亦饒, 驢馬尤健, 歲出牛皮十萬張, 羊毛二萬石. 海邊珊瑚甚多, 漁舟百六十隻. 其民向爲海盜, 擾地中海. 道光元年, 佛國軍強平之, 海賊盡斂. 土耳基國舊在此操權, 軍士向多土耳基人. 土耳基舊都距海十二里, 屋卑街狹, 居民十三萬. 改文邑, 居民五萬. 城內回回廟極壯. 加他俄城亦繁華, 歷二千年, 今廢不興. 每年餉三千萬圓, 兵士約一萬五千.

一曰地陂里國, 一作特厘波里, 一作的黎布里, 在土匿之東, 乃沙野也. 廣袤方圓八千里, 居民百五十萬, 半爲賊. 地雖廣大, 多沙無水, 少物產, 猶太人曾此貿易. 後土耳基國調兵帥管之, 約兵萬五千, 大戰船一, 小戰艇十六. 國人本皆海盜, 今佛蘭西平之. 都城民二萬五千, 附近多古蹟.

『瀛環志略』曰: 泰西人記非尼西亞故事曰. 非尼西亞, 古商賈國. 夏以前, 西土人閉戶削跡, 耕田鑿井, 俯仰自足, 老死不相往來, 不見可欲, 其心不動. 有夏中葉, 智者創舟車, 貿遷有無, 居積財貨, 以此致富. 西土名其人曰非尼西亞, 譯言客商也. 始居於巴尼斯的納海濱, 後有立國於希臘者, 曰德巴斯. 詳『希臘圖說』. 希臘隘不能容, 周厲王十年, 有遷於地中海之南岸者, 定都城於土羅. 卽今突尼斯地. 更國名曰加爾達額. 一作加大其. 時地中海南岸, 荒穢未辟, 人戶稀疏, 非尼西亞人出其貨財, 建城邑, 立市廛, 墾田野, 四方無業之民群往歸之. 益治舟楫, 流通百貨, 地中海南北兩岸, 利權大半歸其掌握. 復跨海辟西班牙, 建爲藩部, 國富兵強, 一時無抗顏行者.

越數十年, 而意大里之羅馬興. 羅馬初興, 甚微弱, 且不習兵事, 加爾達額視之蔑如. 地中海有二大島, 曰哥爾塞牙, 一作可耳西加, 又作郭土咯. 曰薩丁, 一作沙力尼阿, 又作撒地尼, 又作撒丁. 皆附近羅馬, 加爾達額據之以逼羅馬, 羅馬

不敢爭. 又西治里島, 一作西基利, 又作西西里亞. 與羅馬南境相接, 本屬羅馬,
加爾達額以兵力強奪之, 羅馬亦不能取, 由是益驕.

　周顯王年間, 額力西之馬基頓王亞勒散得, 以大兵伐波斯, 遊兵至加爾達額,
攻破土羅, 屠八千人, 國幾亡. 從此聲威頓削, 而羅馬日益強. 先是羅馬習陸攻,
不習水戰, 加爾達額勝則進攻, 失利則張帆揚去, 羅馬無奈何. 加爾達額有戰
艦穿漏, 拋泊海岸, 羅馬得之, 仿其式, 三月而造成百艘. 有都義略者, 講求駕
駛之法, 簡勁卒練爲水軍, 往來海道, 日益嫻熟, 由是與加爾達額爲勁敵. 加爾
達額嘗侵羅馬, 虜其將勒孤羅, 檻送羅馬營, 請易俘囚. 羅馬帥惜其才, 將許之.
勒孤羅張目叱之曰: "亡羅馬者諸君也. 出戰被俘, 本國從無救贖之例, 乃欲以
一人壞國法耶?" 毅然反敵營, 大罵而死. 羅馬軍人人雪涕, 勇氣百倍, 加爾達
額敗績遁去, 遂奪回三大島. 加爾達額有夙將阿彌利加, 與羅馬血戰數十年, 稱
爲能軍. 有子曰漢尼巴, 一作阿尼己爾. 幼敏慧, 嘗詢父以兵法. 父戲之曰: "爾
能矢志滅羅馬, 當授爾." 漢尼巴卽設誓於入必德爾之前, 古時各國所奉宗祠之
神, 未詳何時人. 阿彌利加悉以韜略授之. 漢尼巴旣長, 謀勇過之, 伐羅馬, 屢奏
捷. 年二十五, 拜爲大帥, 合西班牙之兵, 大舉伐羅馬. 登舟, 慷慨酹酒海中, 曰:
"不滅大敵, 有如此水." 師抵羅馬南境, 破其邊城, 乘勝急攻, 銳不可遏, 羅馬
四戰四北, 南境諸城皆陷. 遂渡厄伯落河, 越比勒鈕·阿比斯峻嶺, 長驅直進, 勢
如風雨. 羅馬屬部西拉古薩亦叛附加爾達額, 羅馬大震. 羅馬大帥發比約馬西
摩與衆謀曰: "虜氣方盛, 難與爭鋒, 客兵利速戰, 宜堅壘以老其師, 而別以奇
兵襲其後." 乃閉城拒守, 爲卑辭以緩攻. 而遣別將馬爾塞羅收復西拉古薩城,
因伏兵邀其歸路. 又遣西比揚潛以舟師渡海, 襲其國都. 漢尼巴方與羅馬軍相
持日久, 食垂盡, 聞都城警報, 急引兵回救. 發比約馬西摩率勁兵潛躡之, 而馬
爾塞羅伏奇兵, 突出邀擊, 漢尼巴前後受敵, 兵大潰, 死傷山積, 棄輜重, 登舟
急發. 西比揚偵其將至, 率舟師邀截於海中, 焚斬殆盡, 漢尼巴以單舸遁, 乞援

於西里亞. 一作西利亞. 西里亞者, 亞細亞大國. 時希臘諸部爲羅馬所困, 亦求

救於西里亞. 西里亞王帥師救希臘, 爲羅馬所敗, 狼狽東走, 羅馬軍踵至, 圍攻

西里亞, 破之. 漢尼巴仰藥死, 希臘諸國皆降於羅馬. 由是, 加爾達額孤立無援,

屬部多離畔, 自知亡在旦夕, 顧以夙稱大國, 恥於納款. 漢景帝十年, 羅馬以大

兵伐加爾達額, 圍土羅都城. 土羅堅守不下, 截婦女髮爲弓弦, 羅馬軍死者千

餘. 羅馬有大將, 冒矢石進攻, 城將陷, 加爾達額闔城擧火自焚, 羅馬毀其城爲

平地, 因分兵略定海南諸部. 復回兵急征西班牙, 西班牙亦降, 非尼西亞遂亡.

주석

1 이집트Egypt: 원문은 '액입다阨入多'이다.

2 아프리카: 원문은 '아비리가亞非利加'이다. 아프리카는 원래 카르타고 부근 일대를 가리키는 이름이었으나 후에 점차 확대되어 아프리카대륙 전체를 가리키게 되었다.

3 모로코: 원문은 '마라가馬邏可'이다.

4 남아프리카 원주민: 원문은 '남아미리가토번南阿未利加土番'이다. 위원은 누미디아를 남아프리카의 나미비아Namibia로 착각했다.

5 리비아 사막Libyan Desert: 원문은 '소리미아小利未亞'이다.

6 알제리: 원문은 '아리액亞利額'이다.

7 튀니지: 원문은 '토닉회회吐匿回回'이다.

8 트리폴리: 원문은 '특리파리特利破里'이다.

9 모로코: 원문은 '마락가국馬落可國'으로, 마라각馬羅咯이라고도 한다.

10 『쿠란』: 원문은 '천경天經'으로, 하늘이 내려 준 경전이라는 뜻이다. 『쿠란』은 아랍어 동사 '읽다qara'a'에서 파생된 단어로 '읽는 것', 즉 독경을 뜻한다.

11 알제리: 원문은 '아이일이국亞爾日耳國'이다.

12 대서양: 원문은 '아덕란적해亞德蘭的海'이다.

13 사하라사막Sahara Desert: 원문은 '살아랍사막薩阿拉沙漠'이다.

14 와택窩宅: 주석의 일종이다.

15 물루야강Oued Moulouya: 원문은 '목록아木祿亞'이다.

16 여하餘河: 우므르비아강Oum Er-Rbia으로 추정된다.

17 모로코: 원문은 '마라각馬羅咯'이다.

18 페스: 원문은 '비사非斯'이다.

19 수세Suse: 원문은 '소사蘇斯'이다.

20 드라Draa: 원문은 '달랍합達拉合'이다.

21 타필랄트: 원문은 '달비륵達非勒'이다.

22 시길메사Sigilmessa: 원문은 '서일미새西日美塞'이다.

23 모가도르Mogador: 원문은 '마가다이성磨加多爾城'이다.

24 셸리프강Oued Cheliff: 원문은 '지리불支里弗'이다.

25 아지디강Oued Adjidee: 원문은 '와저일적瓦低日的'이다.

26 알제Alger: 원문은 '아일이亞日爾'이다. 지금의 알제리 수도이다.

27 콩스탕틴Constantine: 원문은 '강사단적납岡士丹的納'이다.

28 마스카라Mascara: 원문은 '마사가랍馬斯加拉'이다.

29 티터리Titerie: 원문은 '적덕리的德利'이다.

30 슐레프Chlef: 원문은 '살포薩布'이다.

31 베르베르: 원문은 '비북이卑北耳'이다.

32 알제: 원문은 '아일이亞日耳'이다.

33 시디프레즈곶Cape Sidi Fredj: 원문은 '서적비로지西的非盧至'이다.

34 사겔Sargel: 원문은 '살이일薩爾日'이다.

35 테네스Tenes: 원문은 '덕내사德內斯'이다.

36 모스타가넴Mostaganem: 원문은 '마사달과녕摩斯達科寧'이다.

37 베자이아Bejaia: 원문은 '포일아布日亞'이다.

38 보나Bona: 원문은 '파과나波科那'이다.

39 트리폴리Tripoli: 원문은 '적려포리국的黎布里國'이다.

40 알제리: 원문은 '아일이亞日耳'이다.

41 메제르다강Oued Mejerda: 원문은 '미일이달美日爾達'이다.

42 이집트: 원문은 '액일도국厄日度國'이다.

43 바르카Barca: 원문은 '파이가巴爾加'이다.

44 페잔: 원문은 '비산非山'이다.

45 가다메스Ghadames: 원문은 '아달미亞達美'이다.

46 레베다Lebeda: 원문은 '륵파달勒波達'이다.

47 미스라타Misrātah: 원문은 '미소랍달美蘇拉達'이다.

48 벵가지Bengasi: 원문은 '분가서奔加西'이다.

49 데르나Dema: 원문은 '달이내達爾內'이다.

50 세우타Ceuta: 원문은 '수달국修達國'이다.

51 페뇽데벨레스데라고메라Penon de Velez de la Gomera: 원문은 '북농적위륵사北農的威勒斯'이다.

52 알루세마스Alhucemas: 원문은 '아려새마사亞慮塞馬斯'이다.

53 멜리야Melilla: 원문은 '미려랄美黎辣'이다.

54 카나리아제도Islas Canarias: 원문은 '가나리아사加那里亞斯'이다.

55 테네리페Tenerife: 원문은 '덕내리비도德內里非島'이다. 광서 2년본에는 '덕내리도德內里島'로 되어 있으나, 악록서사본에 따라서 고쳐 번역한다.

56 라스팔마스Las Palmas: 원문은 '파이마성巴爾馬城'이다.

57 테퀴세Tequise: 원문은 '덕기새성德幾塞城'이다.

58 란사로테섬Lanzarote: 원문은 '란새라덕도蘭塞羅德島'이다.

59 바버리: 원문은 '파팔리巴八里'이다.

60 모로코: 원문은 '마록국馬鹿國'이다.

61 8050만 명: 1800년대 모로코 인구는 대체로 300만~400만 명 정도로 추정되는데, 이 수치는 오류인 것 같다.

62 지브롤터해협: 원문은 '위압달해협危押達海峽'이다.

63 서쪽: 원문은 '서西'이다. 광서 2년본에는 '동東'으로 되어 있으나, 지리적 위치에 따라서 고쳐 번역한다.

64 모로코: 원문은 '마록馬鹿'이다.

65 페스: 원문은 '비사非士'이다.

66 타필랄트: 원문은 '타비륵他非勒'이다.

67 메크네스Meknes: 원문은 '미귀성米貴城'이다.

68 알제리: 원문은 '압액국押額國'이다.

69 서쪽: 원문은 '서西'이다. 광서 2년본에는 '동東'으로 되어 있으나, 지리적 위치에 따라서 고쳐 번역한다.

70 동쪽: 원문은 '동東'이다. 광서 2년본에는 '서西'로 되어 있으나, 지리적

위치에 따라서 고쳐 번역한다.

71 천복天福: 후진後晉 고조高祖 석경당石敬瑭의 연호(936~944)이다.

72 정덕正德: 명나라 제10대 황제 무종武宗 주후조朱厚照의 연호(1505~1521)이다.

73 알제: 원문은 '압액성押額城'이다.

74 오랑Oran: 원문은 '아란성阿蘭城'이다.

75 안나바Annaba: 원문은 '파나성破那城'이다.

76 콩스탕틴: 원문은 '군사단고성君士旦古城'이다.

77 틀렘센Tlemcen: 원문은 '특미신읍特米新邑'이다.

78 트리폴리: 원문은 '지피리地陂里'이다.

79 카이르완: 원문은 '개문읍改文邑'이다.

80 카르타고: 원문은 '가타아성加他俄城'이다.

81 페니키아Phoenicia: 원문은 '비니서아非尼西亞'이다.

82 바니야스Baniyas 해변: 원문은 '파니사적납해빈巴尼斯的納海濱'이다.

83 그리스: 원문은 '희랍希臘'이다.

84 테베Thebae: 원문은 '덕파사德巴斯'이다.

85 티레Tyre: 원문은 '토라土羅'이다.

86 현왕顯王: 주나라 제35대 왕 희편姬扁(재위 기원전 368~기원전 321)이다.

87 마케도니아Macedonia: 원문은 '마기돈馬其頓'이다.

88 알렉산드로스Alexandros: 원문은 '아륵산득亞勒散得'이다. 알렉산드로스대
   왕(재위 기원전 336~기원전 323)이다.

89 페르시아: 원문은 '파사波斯'이다.

90 가이우스 두일리우스Gaius Duilius: 원문은 '도의략都義略'이다. 광서 2년본
   에는 '의략도義略都'로 되어 있으나, 악록서사본에 따라서 고쳐 번역한
   다. 제1차 포에니 전쟁(기원전 264~기원전 241) 때 카르타고와 벌인 해전에서
   큰 승리를 거둔 로마의 지휘관이다.

91 마르쿠스 아틸리우스 레굴루스Marcus Atilius Regulus: 원문은 '륵고라勒孤羅'
   이다. 레굴루스(기원전 307?~기원전 250)는 '로마 군영으로 압송'된 것이 아니
   라 카르타고에서 사절단을 보내 로마와 휴전 조약을 협상할 때 딸려 보

내진 것이다.

92 하밀카르 바르카Hamilcar Barca: 원문은 '아미리가阿彌利加'이다. 하밀카르
 바르카(기원전 276~기원전 228)는 카르타고의 군인이자 정치가로 바르카 가
 문의 지도자이며 한니발 장군의 아버지이다. 기원전 247년경 로마 공
 화정과 카르타고의 제1차 포에니 전쟁 당시 하밀카르는 시칠리아의 카
 르타고군 사령관으로 참전해서 로마군의 시칠리아 공격을 성공적으로
 방어했다.

93 한니발 바르카Hannibal Barca: 한니발 바르카(기원전 247~기원전 183?)는 카르타
 고의 군사 지도자로, 하밀카르 바르카의 아들이다. 제2차 포에니 전쟁
 당시 이베리아반도에서 피레네산맥과 알프스산맥을 넘어 로마 본토인
 이탈리아반도까지 쳐들어가서 극적인 승리를 거둔 것으로 유명하다.

94 유피테르Jupiter: 원문은 '입필덕이入必德爾'이다. 로마의 주신으로 그리스
 신화에 등장하는 최고의 신 제우스Zeus에 해당한다. 카르타고는 타니트
 와 바알을 섬겼는데 한니발이 자국의 신을 두고 적국의 신인 유피테르
 에게 맹세했다는 것은 오류로 보인다.

95 에브로강Rio Ebro: 원문은 '액백락하厄伯落河'이다.

96 피레네Pyrénées: 원문은 '비륵뉴比勒鈕'이다.

97 알프스Alps: 원문은 '아비사준령阿比斯峻嶺'이다.

98 시라쿠사Siracusa: 원문은 '서랍고살西拉古薩'이다. 지금의 시칠리아섬에 위
 치한다.

99 파비우스 막시무스Fabius Maximus: 원문은 '발비약마서마發比約馬西摩'이
 다. 로마의 대장군 퀸투스 파비우스 막시무스 베루코수스Quintus Fabius
 Maximus Verrucosus(기원전 275?~기원전 203)로, 여러 차례 집정관을 역임했으며
 제2차 포에니 전쟁 당시 지구 전술을 펼치며 한니발을 상대했고 이후
 로마의 방패라는 칭호를 받게 된다.

100 마르쿠스 클라우디우스 마르켈루스Marcus Claudius Marcellus: 원문은 '마이
 새라馬爾塞羅'이다. 마르켈루스(기원전 268~기원전 208)는 기원전 216년 1차 놀
 라 공방전에서 한니발의 공격을 저지했고, 파비우스와 함께 카실리눔

을 연합 공격해 점령했으며, 파비우스와 비견해 로마의 검이라 불린다.

101 시라쿠사: 원문은 '서랍고살西拉古薩'이다. 광서 2년본에는 '고서살랍古西 薩拉'으로 되어 있으나, 앞서 언급한 내용에 따라서 고쳐 번역한다.

102 스키피오 아프리카누스Scipio Africanus: 원문은 '서비양西比揚'이다. 고대 로마의 장군 푸블리우스 코르넬리우스 스키피오 아프리카누스Publius Cornelius Scipio Africanus(기원전 235~기원전 183)로, 기원전 205년 집정관에 임명 되었다. 기원전 204년 군대를 이끌고 북아프리카에 상륙해서 카르타 고 본토를 공격했다. 기원전 202년 자마 전투에서 한니발을 무찌르고 제2차 포에니 전쟁을 종결시켜 아프리카누스라는 칭호를 얻었다.

103 경제景帝: 한나라 제5대 황제 유계劉啓(재위 기원전 157~기원전 141)이다.

104 튀니스: 원문은 '토라土羅'이다.

남아프리카 각 나라

—

　남아프리카Southern Africa[1]는 삼면이 바다이고 한 면은 스톰버그산맥 Stormberg Mountains[2]과 경계를 맞대고 있는데, 중국어로는 설산의 의미이다. 산은 서쪽에서 동쪽으로 해안을 따라 길게 늘어서 있으며 봉우리의 높이는 천 길이나 되고 1년 내내 눈이 쌓여 있어 남아프리카의 여러 산 중에 이보다 더 높은 것은 없다. 땅은 세 나라로 나뉘어 있으며 산의 남쪽은 희망봉[3]으로 지금은 영국의 속지이다. 산의 북쪽은 보츠와나 Botswana[4]이고 산의 동쪽은 카프라리아[5]로 두 지역에는 각각 왕이 있다. 거주민은 6개 종족으로 영국인, 네덜란드인, 호텐토트족Hottentots,[6] 츠와나족Batswana,[7] 카피르족, 마야사만摩耶斯滿인이다. 이 6개 종족 중 유일하게 마야사만은 스톰버그산 계곡에 거주하고 있는데 우두머리가 없고 야만인과 같다. 그 하천은 모두 스톰버그산에서 발원한다. 남쪽의 감투스강 Gamtoos River[8]은 남쪽으로 수카Suka[9]를 경유해서 바다로 흘러간다. 동쪽의 그레이트피시강Great Fish River[10]은 동남쪽으로 배서스트Bathurst[11]를 경유해

서 바다로 나가고, 북쪽의 오렌지강Orange River[12]은 산기슭을 빙 돌아 정서
쪽으로 사막을 거쳐서 바다로 흘러간다. 카프라리아[13] 지역에는 또한 여
러 개의 하천이 있으나 구체적인 정황은 알 수 없다.

콜로니Colony[14]는 동쪽으로는 카프라리아를 경계로 하고 남·서쪽으로
는 모두 바다를 접하고 있으며, 북쪽으로는 스톰버그산을 경계로 한다.
산이 바다로 돌출해 있어 때때로 회오리바람이 일면 선박이 운행하는 데
위험하다. 본래 이름은 템페스트곶Cape of Tempest[15]인데 중국어로는 폭풍
의 산이라고 한다. 후에 서양에서 그 이름을 희망봉으로 변경했는데, 그
산골짜기의 정경이 볼만하다는 의미이다. 위원이 살펴보건대, 동양어는 행위
가 먼저 오고 목적이 나중에 오는데, 서양어는 목적이 먼저 오고 행위가 나중에 온다.
예를 들면 음주飮酒, 즉 술을 마신다는 것을 주음酒飮이라고 하고, 등산登山, 즉 산을 오
른다는 것을 산등山登이라고 한다. 그러므로 희망봉은 올하협兀賀峽이라고 하지 않고 협
올하峽兀賀라고 해야 한다. 희망봉의 길이는 580리이고 너비는 2백여 리이며,
평탄하지만 모래와 자갈로 된 메마른 곳으로 초원이 없다. 산을 등지고
바다에 임해 해안을 끼고는 숲이 울창하고 넓은 토지에 많은 곡물을 심
고 있다. 케이프타운(峽達稔)이 역시 달임협達稔峽이라고 해야 하는데, 서양어라서
도치된 것이다. 이 수도이다. 협곡에 의지해서 세워진 도시로 네덜란드에
의해 처음 건설되었다. 먼저 인리아因里阿 해안을 차지했는데, 이곳이 항
구도시로 뛰어나다는 것을 알고 1650년, 순치順治[16] 7년이다. 케이프타운을
건설해서 관리를 파견해 지키고 인구를 늘려 토지를 주고, 상선이 몰려
오면서 비로소 살기 좋은 곳이 되었다. 영국은 1795년, 건륭乾隆[17] 60년이다.
군대를 거느리고 침략했으나, 네덜란드는 무력으로 저항해 물리쳤다. 몇
년 지나지 않아 영국군이 다시 이르러 연전연승해서 마침내 케이프타운
을 빼앗았다. 거주민은 세 종족으로 영국인, 네덜란드인, 호텐토트족이

다. 영국인은 대체로 케이프타운에 거주하며 근처 그레이트피시강 좌우의 땅을 개척했는데, 매년 홍수 피해를 입자 농사를 포기하고 상업에 나서 현재 상업 도시가 되었다. 네덜란드인은 4곳의 향촌에 나뉘어 거주했는데 토지가 광활해서 경계를 측량하는 데 소송이 진행되면서 뇌물이 오고 갔다. 관리들이 사정을 조사함에 편파적으로 오로지 부자들 편을 들자, 무릇 농사짓고 목축하는 일은 모두 호텐토트족에게 의탁했기 때문에 소송이 끊이지 않았다. 동쪽의 스톰버그산 인근에서는 아울러 군대를 훈련해서 야만족인 마야사만을 방어했기 때문에 바야흐로 네덜란드는 평소 군세고 용맹하다고 불렸다. 호텐토트족은 즉 콜로니의 토착민으로 네덜란드에 복속했다. 반은 노예, 반은 전호로 힘든 노동을 마다하지 않았다. 사람이 죽음을 맞이할 때 먼저 장기를 빼내어 불에 그슬려서 먹는다. 질주하며 활을 잘 쏴서 달아나는 동물을 잡을 수 있다. 손질한 가죽으로 자리를 짜며 활을 만들고 칼을 주조하는 것을 생업으로 삼았다. 노래와 춤을 좋아하고 종교를 믿지 않았다. 작은 부락 79개를 거느리며 면적은 사방 12만 리이고 인구는 15만 명이다. 수도는 케이프타운이며 유럽인들이 이주해서 머무는 곳으로 배후에 등지고 있는 테이블산Table Mountain[18]은 높이가 358길이다. 케이프타운은 동서로 길이 통하고 술, 침향, 소·양·사자·표범의 가죽, 물소 뿔, 상아, 코뿔소 뿔[19]이 난다. 원본에는 이 내용이 없다.

보츠와나는 미주아나彌珠阿那라고도 하며 동쪽은 카프라리아, 서쪽은 사막, 남쪽은 스톰버그산, 북쪽은 맥큐아나스Macquanas[20]를 경계로 하고, 콜로니와 스톰버그산의 북쪽에 위치한다. 주도인 쿠리차네Kureechanee[21]는 이 나라의 수도이며, 아프리카대륙에서 가장 넓고 아름답다. 풍속은 반농반목이며 기술과 재주가 정교하다. 움막집은 안은 나무, 밖은 흙으로 되어 있는데, 조각과 장식으로 꾸몄으며 외부에는 돌담을 쌓아 목축하는 곳으로 삼았다. 여자는 밭을 갈고 남자는 목축을 했으며, 오직 왕과 부족장의 처첩만이 노역을 면제받았다. 긴 옷을 입었으며 새와 짐승의 털이나 산호·진주 등으로 장식했다. 외국인을 우대했으며 이웃 나라와 걸핏하면 싸웠는데 죽어도 물러서지 않았다. 아울러 약탈을 생업으로 삼았기 때문에 함부로 흩어져 거주하지 않았으며 오로지 성곽이나 성곽 근처 촌락에 모여 살았다. 원주민은 왕을 알현하면 귀천을 막론하고 땅에 앉아서 담소하거나 담배를 주고받으며 응대했다. 수장은 전투에 임해서 짐승 가죽으로 양팔을 감싸고 손에는 등나무로 만든 방패와 화살을 들었는데, 나머지는 모두 벌거벗은 채로 싸움에 나섰다. 풍속이 경박해서 노래와 춤을 좋아하며 말로써 상대를 잘 다루었다. 작은 부락 38개를 거느리고 구리·철·가죽을 산출한다.

카프라리아[22]는 스톰버그산[23]의 동쪽에 위치하며, 남쪽은 콜로니, 북쪽은 라고아만Baía da Lagoa,[24] 동쪽은 바다, 서쪽은 보츠와나를 경계로 하는데, 해변에서 약 2백~3백 리 떨어져 있으나 나머지 경계의 거리는 알 수 없다. 원주민은 여러 종족으로 템부족Thembu,[25] 줄루족Zulu,[26] 홀론폰테스족Hollonfontes[27] 등이다. 몸집이 크고 우람하며 피부색은 자줏빛이다. 여자는 비교적 왜소해서 대략 유럽인과 유사하나 눈동자만은 검고 빛이 나며 생기가 있는 편이다. 일정한 거주지가 없고 농사를 짓지 않으며 유목을 생업으로 한다. 다만, 템부족은 부근 콜로니의 한 종족과 더불어 은과 철을 주조할 수 있다. 줄루족과 홀론폰테스 두 종족은 단지 체력은 좋았으나 별다른 기술은 없다. 그 왕 샤카Shaka[28]는 항상 1만 5천 명의 병사를 거느렸으며 또한 위급한 경우를 대비해 소년 병사 10만 명을 보유했기 때문에 주변국이 두려워했다. 원본에는 없으나, 지금 보충한다.

마야사만摩耶斯滿족은 본래 호텐토트족[29]과 같은 종족으로 스톰버그산 계곡에 거주하며 야수와 같았다. 농사를 짓지 않고 오로지 수렵을 했으며, 나는 듯이 산을 오르거나 골짜기를 뛰어넘었고 사람을 보기만 하면 닥치는 대로 죽였다. 노래와 춤을 특히 좋아해서 달과 별이 밝은 밤에는 소리를 지르며 다음 날 아침까지 춤을 추었으며, 봄가을 길일에는 노래하고 춤을 추며 몇 날 며칠을 보내기도 했다. 원본에는 이 내용이 없다.

南阿利未加洲各國

一

南阿未利加三面濱海, 一面界斯溜墨爾大山, 華語雪山也. 山自西而東, 與海岸齊長, 峰高千仞, 四時積雪, 南阿未里加諸山無出其右. 地分三國, 山之南曰兀賀峽, 今屬英吉利. 山之北曰磨舒阿那, 山之東曰加付臘厘河, 二者亦各有王. 土人有六種, 一英吉利, 一荷蘭, 一和鼎圖, 一磨舒阿那, 一加付臘厘河, 一摩耶斯滿. 六種中, 惟摩耶斯滿居於斯溜墨爾山谷中, 無頭目, 類野人. 其河皆發源斯溜墨爾山. 其南爲岡都斯河, 南流由蘇加部落出海. 東則額利霏矢河, 東南流由麻哈爾斯出海, 北則阿蘭治河, 環繞山麓, 轉歷正西曠野而注之海. 其加富臘厘阿之地, 尙有數河, 未詳源委.

果羅里東界加富臘厘阿, 南·西俱界海, 北界斯溜墨爾山. 山斗出海中, 時有迴風, 舟行危險. 本名曰阿付丹北司峽, 華言暴風山也. 嗣西洋改其名曰兀賀峽, 言山峽情景可觀. 源案: 東方語先能後所, 西方語先所後能. 如飲酒曰酒飲, 登山曰山登. 故不曰兀賀峽, 而曰峽兀賀也. 峽長五百八十里, 廣二百餘里, 平蕪半沙石, 無青草. 依山濱海, 夾岸茂林, 大田多稼. 峽達稳其首部也. 此亦當云達稔峽, 西洋語倒耳. 依峽建城, 始自荷蘭. 先得因里阿海岸, 知此地堪爲市埠, 於千六百五十年, 順治七年. 創築峽達稔, 設官鎭守, 增戶授田, 商舶輻輳, 始成樂土. 英吉利於千七百九十五年, 乾隆六十年. 率師爭奪, 荷蘭以兵拒退之. 不數載, 英兵復至, 連戰, 竟奪峽地. 土人三種, 一英吉利, 一荷蘭, 一和鼎圖. 英人多居峽達稔, 近辟地於額利非駛河之左右, 歲被水潦, 舍田業商, 已成市鎭. 荷蘭人分處四鄕, 田地寬闊, 爭界請丈, 啓訟行賄. 其官徇情偏斷, 專嗜膏粱, 凡農事牧畜, 委諸和鼎突, 故爭訟不息. 東近斯溜墨爾山, 兼練武事, 以防摩耶斯滿野番, 故此方荷蘭素稱矯勇. 和鼎突卽果羅里之土番, 服役於荷蘭. 半奴半佃, 不辭力作. 人將死, 先攫其髒腑, 燎炙而食. 疾走善射, 能逐奔獸. 以硝皮織席, 造弓鑄刀爲業. 喜歌舞, 不信敎門. 領小部落七十九, 幅員十二萬方里, 戶十五萬口. 其首部曰峽達稔, 爲歐羅巴人流寓之所, 背倚特步爾山, 高三百五十八丈. 其峽東西通衢, 産酒·沈香·牛·羊·獅·豹之皮·牛角·象牙·獨角獸牙. 原本無部落.

莫舒阿那國, 又名彌珠阿那, 東界加付臘里阿, 西界曠野, 南界斯溜墨爾山, 北界馬路魯司, 在果羅里與斯溜墨爾山之北. 其首部曰古里查尼城, 卽國都也, 宏麗甲於阿未里加洲. 風俗半農半牧, 技藝精巧. 廬舍內木外土, 雕刻彩飾, 外圍石垣, 爲牧畜之所. 女司耕, 男司牧, 惟王及酋長之妻妾, 始免勞役. 服長衣, 飾以毛羽·珊瑚·珠寶. 厚待外國, 而與鄕鄰動輒爭鬪, 不死不休. 兼以劫掠爲生, 故不敢散處, 惟聚居城郭與附郭之村莊也. 土人見王, 無貴賤之分, 席地坐談, 以煙爲酬酢. 頭目臨陣, 以獸皮蔽兩臂, 手持藤牌及箭, 餘皆赤體交鋒. 俗佻健, 嗜歌舞, 禦人以口給. 領小部落三十八, 産銅·鐵·皮.

嘉富騰里, 在霏溜墨爾山之東, 南界果羅里, 北界尼臘俄阿, 東界海, 西界莫舒阿那, 自海濱至此, 約二三百里, 餘界里數未考. 土番有數種, 曰丹母幾, 曰蘇臘司, 曰和倫頓氏司. 狀修偉, 膚紫色. 女番差卑小, 略似歐羅巴, 惟眼黑而光, 較有神. 俗無定處, 不耕種, 以遊牧爲業. 惟丹母幾與鄰近果羅里一種, 尙能傾銀熔鐵. 若蘇臘斯·和倫頓底斯兩種, 惟多膂力, 無他技也. 其王札加常畜壯兵萬五千, 倘遇警急, 則有少年兵十萬, 故爲鄰國所畏. 原本無今補.

摩耶斯滿山番, 本和鼎突種類, 居於斯溜墨爾山谷, 有如野獸. 不耕種, 專畋獵, 登山驀澗如飛, 見人卽殺. 尤喜歌舞, 星月之夜, 嘯躍達旦, 春秋佳日, 歌舞徹數晝夜. 原本無部落.

주석

1 남아프리카Southern Africa: 원문은 '남아미리가南阿未利加'이다. 광서 2년본에는 '남아리미가南阿利未加'로 되어 있으나, 악록서사본에 따라서 고쳐 번역한다.

2 스톰버그산맥Stormberg Mountains: 원문은 '사류묵이대산斯溜墨爾大山'이다.

3 희망봉: 원문은 '올하협兀賀峽'이다.

4 보츠와나Botswana: 원문은 '마서아나磨舒阿那'로, 막서아나莫舒阿那라고도 한다.

5 카프라리아: 원문은 '가부랍리하加付臘厘河'이다. 이하 동일하다.

6 호텐토트족Hottentots: 원문은 '화정도和鼎圖'로, 지금의 코이코이족 Khoikhoin이다.

7 츠와나족Batswana: 원문은 '마서아나磨舒阿那'이다.

8 감투스강Gamtoos River: 원문은 '강도사하岡都斯河'이다.

9 수카Suka: 원문은 '소가부락蘇加部落'이다.

10 그레이트피시강Great Fish River: 원문은 '액리비시하額利霏矢河'로, 액리비사하額利非馳河라고도 한다.

11 배서스트Bathurst: 원문은 '마합이사麻哈爾斯'이다.

12 오렌지강Orange River: 원문은 '아란치하阿蘭治河'이다.

13 카프라리아: 원문은 '가부랍리아加富臘厘阿'이다.

14 콜로니Colony: 원문은 '과라리果羅里'로, 식민지라는 의미이다.

15 템페스트곶Cape of Tempest: 원문은 '아부단북사협阿付丹北司峽'이다.

16 순치順治: 청나라 제3대 황제 세조世祖 애신각라복림愛新覺羅福臨의 연호 (1643~1661)이다.

17 건륭乾隆: 청나라 제6대 황제 고종高宗 애신각라홍력愛新覺羅弘曆의 연호 (1735~1796)이다.

18 테이블산Table Mountain: 원문은 '특보이산特步爾山'이다.

19 코뿔소 뿔: 원문은 '독각수아獨角獸牙'이다.

20 맥큐아나스Macquanas: 원문은 '마로로사馬路魯司'이다.

21 쿠리차네Kureechanee: 원문은 '고리사니성古里査尼城'이다.

22 카프라리아: 원문은 '가부랍리嘉富臘里'이다.

23 스톰버그산: 원문은 '비류묵이산靠溜墨爾山'이다.

24 라고아만Baía da Lagoa: 원문은 '니랍아아尼臘俄阿'이다. 지금의 모잠비크 남
     부 해협의 마푸투만Baía de Maputo이다.

25 템부족Thembu: 원문은 '단모기丹母幾'이다.

26 줄루족Zulu: 원문은 '소랍사蘇臘司'이다.

27 홀론폰테스족Hollonfontes: 원문은 '화륜돈지사和倫頓氏司'이다.

28 샤카Shaka: 원문은 '찰가札加'이다. 광서 2년본에는 '지가之加'로 되어 있으
     나, 악록서사본에 따라서 고쳐 번역한다. 샤카(1787~1828)는 줄루 왕국의
     창시자이다.

29 호텐토트족: 원문은 '화정돌和鼎突'이다.

중집

원본에는 없으나, 지금 보충한다.

『신당서』에 다음 기록이 있다.

불림拂林에서 서남쪽으로 사막을 건너 2천 리를 가면 마그레브Maghreb[1] 와 노발살老勃薩이라는 나라가 나온다. 그 사람들은 검고 성정이 사납다. 땅에는 풍토병이 많고 초목과 오곡이 자라지 않으며, 말린 물고기로 말 을 사육하고 사람들은 골망鶻莽을 먹는데, 페르시아의 대추이다. 증보혼蒸 報婚[2]을 부끄럽게 여기지 않음이 이민족 중에서 가장 성하며 이를 일러 '심 尋'이라고 한다. 군주와 신하는 7일에 하루 쉬며 출납이나 교역을 하지 않 고 술을 마시며 밤을 지새운다. 살펴보건대, 아프리카의 각 오귀국烏鬼國에 대해 역사서에 보이는 것은 이것이 처음이다.

『직방외기』에 다음 기록이 있다.

또한 한 종족은 아프리카의 남쪽에 있으며 무타파 제국[3]이라고 하는 데, 국토가 가장 넓었으나 모두 우둔하였다. 즉 샨켈라족Shanqella[4]으로 『아매사니국지[阿邁司尼國志]에 보인다. 기후는 매우 덥고 연해는 모두 모래인데 사람이 그것을 밟으면 곧 상처가 생겼다. 흑인들은 그곳에 앉거나 누워도 편안해하며 아무 일도 없었다. 코끼리 고기를 즐겨 먹으며 사람 또한 잡아먹었고 시장에는 인육을 파는 곳도 있었는데, 모두 날것으로 물어뜯었기 때문에 이빨이 개 이빨처럼 뾰족하고 날카로웠다. 빨리 달릴 때는 날쌘 말보다 더 빨랐다. 벌거벗은 몸에 기름을 칠했는데 누린내가 심했다. 문자가 없다. 유럽인들이 처음 이곳에 이르렀을 때 흑인들은 경전을 읽고 강론하는 것을 보고는 서로 크게 놀라면서 책 속에 언어가 있어서 전달할 수 있다고 여겼다. 그곳에는 무기는 없고 오직 나무로 투창을 만들었는데, 불로 그 끝부분을 지져서 매우 날카로웠다. 천성적으로 근심하거나 걱정하는 법이 없어 금수와 같았다. 그러나 피리와 거문고 등의 음악을 들으면 즉시 일어나 춤을 추어 멈추지 않았다. 품성이 소박하고 인내심이 강해 선한 일을 하게 가르치면 역시 힘을 다해 선한 일을 했다. 남의 노예가 되면 매우 충성스럽게 전력을 다해 죽음도 두려워하지 않았다. 바로 앞에서 적을 만나도 전혀 피하거나 두려워하지 않았다. 평소 노략질을 하지 않고 마귀와 우상을 숭배하지 않았다. 또한 세상에 주인이 있는 것을 알아 그들의 왕을 신령처럼 보아서 세상의 주인으로 여겨 무릇 날씨가 흐리고 맑거나 가뭄이나 수재를 당하면 모두 왕에게 가서 빌었다.

왕이 만약 우연히 재채기라도 할라치면 온 조정이 모두 큰 소리로 따라 했고 또한 온 나라도 모두 큰 소리로 따라 했으니 매우 우스꽝스러웠다. 술 마시기를 좋아하며 쉽게 술에 취했다. 기르는 닭도 역시 모두 검은색이고 특히 돼지고기는 매우 맛이 좋아 천하일품이었다. 병든 자가 돼지고기를 먹어도 역시 해가 없었다. 그곳의 코끼리는 매우 커서 상아 하나의 무게가 2백 근이나 되는 것도 있었다. 또한 생김새가 고양이와 같은 짐승이 있어 이름을 아이가리아亞爾加里亞라고 하는데, 꼬리 끝에서 나오는 땀이 매우 향기로워서 흑인들은 그것을 나무상자 속에 가두어 놓고 땀이 나무를 적시면 말려서 칼로 잘라 냈는데, 곧 기이한 향기가 났다. 오목·황금이 매우 많지만, 땅에는 전혀 철이 나지 않아 특히 철을 귀중히 여겼다. 붉은색과 알록달록한 베와 비단 및 유리그릇을 좋아했다.[5] 또한 수영을 잘했기 때문에 다른 나라에서는 바다귀신이라고 불렸다. 에티오피아의 속국인 앙고트Angot[6]는 밤에만 먹고 낮에는 먹지 않으며 또한 한 끼만 먹으며 더 이상은 먹지 않았다. 소금·철을 화폐로 사용한다.

다른 한 종족은 보동步冬이라고 하며 제법 학문을 알고 서적을 소중히 여기며 노래와 춤을 잘하는데 역시 에티오피아의 종족이다.

아프리카의 남쪽에 있는 정파족井巴族은 인구가 10여만 명이고 매우 용맹하며 무기를 잘 다룬다. 일정한 거주지가 없다. 말과 낙타를 타고 떠돌아다니며 가는 곳마다 사람 및 금수·벌레·뱀 등을 잡아먹는다. 반드시 살아 있는 것을 다 먹어 치운 후에야 다른 나라로 옮겨 가는데, 남방의 여러 작은 나라에는 큰 피해를 주었다.

『해국문견록』에 다음 기록이 있다.

아프리카[7]의 동북쪽은 산으로 아라비아Arabia[8]와 연결되어 있고, 서남쪽은 남서 방향 대양으로 돌출해 있으니 어찌 먼 나라가 4~5개국뿐이겠는가! 그 육지가 막다른 곳을 합呷이라고 하는데, 중국에서는 산의 지류가 바다로 들어가서 육지가 막다른 곳을 표表라고 한다. 표表는 표標이다. 프랑스는 합이라고 하고 영국은 급岌이라고 하는데 모두 순모오귀順毛烏鬼[9]의 땅이다. 이 때문에 홍모인 갑판선은 소서양에서 중국으로 오는 경우에는 아체Aceh[10]의 북쪽·믈라카Melaka[11]의 남쪽을 경유해서 해로로 조호르 Johore[12]를 통과해서 티오만Tioman[13]을 나와 꼰선섬Đảo Côn Sơn[14]에 이른다. 합에서 동쪽으로 코스타Costa(戈什塔)에 이르고, 코스타에서 동쪽으로 아체에 이르니 그 바다를 모두 소서양小西洋이라고 부른다. 원본의 과십탑은 과십협戈什峽이라고 해야 한다. 또한 서남양을 소서양이라고 한 것도 오류인데, 대체로 아프리카대륙을 소서양으로 보았기 때문이다. 사람들은 흑인과 백인 등 일정하지 않고 모두 서역의 옷차림으로 장삼·큰 깃·좁은 소매·두건·전대 등을 하고 있다. 나라는 풍요롭고 진귀한 그릇·생은·양포·정향·육두구·안식향·파라사말유吧喇沙末油·소합유蘇合油 등의 산물이 나며 금을 화폐로 사용하고 금강석을 귀하게 여겼다.

위원이 살펴보건대, 여기에서 말하는 합은 태국 남쪽 지역인 싱가포르를 가리켜서 말한 것이다. 서남양 중에서 싱가포르는 첫 번째 협이고 남인도의 코스타는 두 번째 협이며, 아프리카의 희망봉은 세 번째 협이다. 무릇 육지가 바다로 매우 길게 돌출되어 등주登州·내주萊州와 같은 것을 협이라고 한다. 합·탑은 모두 협의 다른 글자이다. 또한 살펴보건대, 사마르칸트Samarkand[15]는 원나라 때 책봉된 번으로 파미르고원[16] 서쪽 각국을 모두 다스리는데, 명나라 중엽에 이르러 사마르칸트는 이미 10여 개국으로 분할되어 전부 소속되지 않았다. 근래에 다시 코칸트Kokand,[17] 부하라Bukhara,[18] 아프가니스탄Afghanistan,[19] 바다흐샨Badakshan,[20] 카슈미르 Kashmir[21] 등과 같이 무릇 10여 개국의 이슬람국으로 변했다. 따라서 『해국문견록』에서 여전히 예전의 사마르칸트라고 통칭하는 것은 오류이다. 심지어 또한 사마르칸트를 갈단Galdan[22]의 나라라고 하는 것은 오류 중 오류이다. 러시아를 서양에 국한시켜 말하고 있고, 또한 러시아가 중국과 서로 머리부터 발끝까지 동북 1만 리를 함께 공유하고 있는데도 그대로 놔둔 채 언급하지 않고 있으니, 이 모두는 매우 잘못된 것이다. 이책은 옹정 연간에 저술되어 건륭 8년(1743)에 간행되었는데, 신강이 아직정복되기 이전이기 때문에 아득히 먼 풍문을 듣고 하나를 거론하고 백을빠트렸기 때문에 여기에서 요약해서 바로잡는다.

『해록』에 다음 기록이 있다.

모리셔스[23]는 서남쪽 바다에 있는 섬으로, 둘레는 수백 리이며 프랑스령이다.[24] 무릇 대서양 각국의 선박이 고향으로 회항할 때 반드시 남쪽의클라파Kelapa[25]를 경유해서 티모르Timor[26]에 도달한 후에 서쪽에서 약간 북쪽으로 방향을 틀어 약 1개월 정도를 가면 이 섬에 도착한다. 원주민은없고 거주민들은 모두 프랑스 및 아프리카 출신의 노예이다. 이 땅에서는 오목이 난다. 여기에서 북서쪽을 향해 약 반달 남짓 가면 이른바 희망봉[27]이라는 곳이 나온다. 가는 도중 날씨는 어둡고 파도가 사납게 치며,차가운 눈이 흩날리는데, [이러한 날씨가] 6개월 내내 지속되어 뱃사람들은 두려워하며 모두 경계심을 가진다. 날씨는 모리셔스와 판이하다. 희망봉을 지난 후에는 한 섬에 도달하는데 이 섬을 케이프타운[28]이라고 하며, 네덜란드령이고 날씨는 다시 몹시 더워진다. 단 탁 트인 바다에서 세찬 바람이 불어 넘실대는 파도로 선박이 이곳을 지나가는데 거센 풍랑을만날 경우에는 반드시 잠시 바람이 잔잔해지기를 기다렸다가 지나간다.이 섬 역시 원주민은 없고 단지 네덜란드 및 아프리카 출신의 노예들이거주한다. 이 땅에서는 배와 우황이 난다. 이름을 알 수 없는 거대한 새가 있는데 알의 크기가 몇 치나 되었다. 여기를 지나 다시 북서쪽으로 순풍을 타고 약 7~8일 정도를 가면 다시 한 섬에 도달하는데, 바로 세인트헬레나Saint Helena[29]이다. 둘레는 약 1백 리이고 영국의 선박이 지나가다 정박해서 식수를 구하는 곳이다. 이 땅에는 산물이 없지만 영국 군대가 주둔해서 지키고 있다. 위원이 살펴보건대, 이 협은 『곤여도설』의 대랑산大浪山으로, 아프리카대륙의 최남단이다.

또 다음 기록이 있다.

권모오귀국鬈毛烏鬼國은 모리셔스의 정서쪽에 위치하며 모리셔스에서 서쪽으로 약 1개월 정도를 가면 도달한다. 강역에 대해서는 상세히 알지 못하며 백여 개의 크고 작은 나라가 있다. 사람들은 우둔하고 피부색은 옻칠한 것과 같이 검으며 머리카락은 모두 곱슬머리이다. 모잠비크[30]·잔지바르[31]·케이프Cape[32]·기니Guinea[33]는 모두 서양[34]에 점령당했다. 또한 일찍이 이곳 사람들을 약탈해서 각국에 노예로 판매했다. 이 땅에서는 오곡·상아·물소 뿔·하마·코뿔소 뿔·오렌지·수박이 난다.

『해도일지海島逸志』에 다음 기록이 있다.

케이프타운[35]은 서북쪽 모퉁이에 있다. 네덜란드 갑판선 수십 척이 매년 고향으로 돌아갈 때 반드시 이곳에 정박해서 선원을 교체하고 식량을 조달한 후에 다시 출발한다. 대체로 이 땅은 경유지에 해당해 중국인으로 클라파[36]에서 선원으로 고용된 경우에는 이곳에 이르러 반드시 네덜란드인과 교대하고 중국인은 이곳에서 잠시 거처하다가 배치된 선박을 타고 클라파로 돌아갔으며 고향으로 가는 것은 허락하지 않았다. 그런데 갑판선의 왕래에는 '내삼거오來三去五'라는 말이 전해 온다. 올 때는 풍향과 해류가 순조로워 3개월 걸리고 갈 때는 해류를 거슬러 가야 하기 때문에 반드시 5개월 정도 걸린다는 것이다. 또한 목적지를 향해 가다 보면

해와 달조차 보이지 않는 컴컴한 바다가 나타나는데, 배로 2~3일을 가면 비로소 해가 나타난다고 한다. 대저 천지의 위대함이란 불가사의하구나. 즉 이른바 희망봉은 인도양 아프리카의 남단 협곡으로, 대서양으로 돌아가는 모든 선박은 이곳을 지나기 때문에 과협過峽이라고 한다.

『만국지리전도집』에 다음 기록이 있다.

남아프리카 지역은 서양인이 선박을 타고 왕래하는 곳이기 때문에 그 형세를 잘 알고 있다. 산자락이 바닷속으로 깊숙이 들어가 있어 인도·중국으로 가는 각 선박은 반드시 이곳을 돌아서 가기 때문에 선박의 왕래가 끊이지 않는다. 남쪽 지역은 풍요로워서 수목과 꽃·과일이 대단히 다양하다. 목장은 끝없이 광활하여 다양한 가축이 잘 자라고 오곡 역시 수출해서 판매되고 있다. 또한 포도나무를 심어서 맛있는 술을 빚는다. 비가 온 후 산과 계곡은 맑고 수려하지만, 가뭄이 들면 불모의 사막이 된다. 북쪽 지역은 사막에서 바람이 불어올 때면 어두운 구름이 사방을 감싸고 검은 기운이 창공에 가득하다. 이 땅에는 호랑이·사자·코끼리·코뿔소·말·사슴 및 타조가 있어 자유롭게 살아가고 있다. 또한 피부가 검은 원주민은 동굴에 거주하며 사냥을 해서 먹고 산다. 동쪽의 종족은 신체가 균형이 잡혀 있어서 아주 용맹하다. 포르투갈 선박이 처음 이곳에 왔다. 네덜란드는 그 지형이 적합하다고 보고 멀리 대양을 건너와서 항구를 열고 전답을 개간해 농사에 힘썼다. 또한 바닷바람이 매우 거세서 풍랑이 천 길이나 되어 반드시 식량을 구하고 선박을 수선할 곳이 필요했기 때문에 네덜란드는 본국의 신민을 내지로 이주시켜 살게 하고 원주민은 몰아내거나 사로잡아 노예로 삼았다. 가경 10년(1805), 영국 군함이 이곳을 공격해서 차지했다. 남쪽 해변 높은 산 아래 성城이 있었는데, 거주민의 대부분은 네덜란드인이다. 주야로 경영해서 여러 강·산골짜기·하천에는 모두 작은 도시나 마을이 세워졌다. 그러나 흩어져 거주하며 서로 간섭하지 않았고, 대부분 사막이나 초원으로 막혀 있어서 넘어가기가 어려웠으며, 또한 우차牛車로 [이동하다가] 대부분 목이 말라 죽었다. 따라서 영국이 새로이 개척한 동부 지역은 매양 유민들이 서로 원수가 되어 싸웠다. 그 땅은 광활해서 사방 수만 리에 이르지만, 인구는 60만 명뿐이다. 운반해 가고 오는 화물은 매년 은 백만여 냥이다. 별도로 항구를 개항하고 예수를 신봉하는 선교사가 내지에 들어가 교화했다. 또한 서쪽 바다 가운데 섬 하나가 떨어져 있는데 가경 연간 프랑스 왕 나폴레옹이 체포되어 이곳에 유배되었다.

『지리비고』에 다음 기록이 있다.

본 대륙에서 영국이 점령한 지역은 다음과 같다. 희망봉,[37] 즉 올하협은 일명 대랑산으로 본 대륙의 요충지이다. 아프리카의 가장 남단에 위치하며, 위도는 남위 10도에서 35도, 동경 16도에서 26도 10분에 위치한다. 동쪽으로는 카프라리아,[38] 서쪽으로는 대서양, 남쪽으로는 남해, 북쪽으로는 호텐토티아Hottentotia[39]와 접한다. 길이는 약 2천 리, 너비는 약 1천 리이며 2부部 12부府로 나뉘어 있다. 수도는 케이프타운[40]으로 테이블산[41]과 라이온스헤드산Lion's Head Mountain[42] 두 산의 산기슭에 세워졌다. 건물과 사원은 매우 웅장하고 사방에서 상인이 몰려오는데, 기후는 온화하나 해구가 험난해서 정박하는 데 용이하지 않다. 유럽에서 아시아로 왕래하는 선박이 반드시 거쳐야 하는 경로로, 대부분 이곳에서 식량 및 식수를 조달한다.

시에라리온Sierra Leone[43]은 본 대륙의 서쪽 기니에 있다. 농사를 거의 짓지 않고, 대부분 숲이 무성한 구릉지로 맹수가 무리 지어 살고 있다. 기후가 온화하지 않아 거주하기에 불편하고, 상인들이 [이 지역에 오면] 병에 걸리기 쉬우며, 대부분 무리 지어 다니면서 무역한다. 중심 도시는 프리타운Freetown[44]으로 총관아문總管衙門을 설치해서 부근 전체를 관할하고 있다.

코스타 디 오이로Costa de Oiro[45]는 바로 골드코스트Gold Coast로, 황금빛 모래가 풍성해서 붙여진 이름이다. 토지는 비옥하고 곡식·과일·금강석·면화·인디고·수지·백랍白蠟·가죽이 난다. 무역이 활발하며, 기후는 매우 덥다. 중심 도시는 카부코르수Cabo Corso[46]로 총관아문이 설치되어 있다.

세인트헬레나섬Saint Helena Island[47]은 대서양 서남쪽에 있다. 위도는 적도에서 남쪽으로 15도 55분, 경도는 제1 자오선에서 서쪽으로 8도 9분에 위치한다. 길이는 40리, 너비는 25리이고 땅의 면적은 사방 90리이다. 산지가 많고 평원은 적으며 기후는 온화하다. 해변은 매우 척박하지만, 내지는 비옥하다. 중심 도시는 제임스타운Jamestown[48]으로 관리아문管理衙門이 설치되어 있다. 이 섬이 실제로 유명해진 것은 프랑스 군주 나폴레옹이 이곳에서 유명을 달리했기 때문이다. 『불란서국지佛蘭西國志』에 상세하게 기록되어 있다. 부근 각 섬은 모두 이 섬이 관할한다.

모리서스섬[49]은 인도양 동남쪽에 위치한다. 위도는 적도에서 남쪽으로 20도에서 21도, 경도는 제1 자오선에서 동쪽으로 56도에서 57도에 위치한다. 둘레는 약 5백 리이다. 기후는 매우 뜨겁지만 거주할 만하다. 토지는 비옥하며, 중심 도시인 포트루이스Port Louis[50]에는 총리아문이 설치되어 있다. 30개의 섬으로 이루어진 세이셸Seychelles[51]과 11개 섬으로 이루어진 아미란테Amirante[52]는 모두 모리서스가 관할한다.

『외국사략』에 다음 기록이 있다.

이 대륙의 최남단은 희망봉으로, 영국의 식민지이다. 길이는 약 2천리, 너비는 1천 리이고, 해변의 둘레는 4백 리이며 산을 등지고 있다. 연해는 평탄하지만 내지는 점차 높아지고 계곡은 넓게 트여 있어 바다에서 멀어지면 멀어질수록 모래와 자갈이 많고 초목은 없다. 산물로는 백반·납·은이 있는데, 특히 석염이 매우 많다. 최남단의 기후는 맑고 상쾌하지만, 내지는 낮에는 덥고 밤에는 추우며, 고지대 초원은 햇빛이 강하고 간혹 3년간 비가 내리지 않아 사람이 더위를 먹어 죽기도 한다. 한번비가 내리면 산과 초원은 평소와 다르게 푸르게 변하고 화초가 매우 아름답다. 가축·오곡·포도·양모·양유羊油·침향·상아·타조 깃털·수지樹脂 등이 난다. 사람들은 농사를 짓지 않고 유목 생활을 하며 버터를 먹고 사냥을 해서 살아간다. 절반은 네덜란드계로, 추위와 더위에 강하고 성품은 소박하며 여행객을 후대한다. 광야를 다니기를 좋아하며 항상 수천 명이 영역을 벗어나 포위를 해서 사냥을 하다가 원주민들과 싸움을 벌이기도 한다. 프랑스인은 이곳에 포도를 심고, 이주해 온 영국 유민은 항구 동쪽 변경을 개간했다. 원주민은 호텐토트족[53]이라고 하는데, 모습은 추하지만 성품은 온순해서 인면수심의 숲속 야만인들과는 다르다. 또한 도둑질을 해서 살아가는 동쪽 변경의 카피르[54]·줄루[55] 등의 종족들과도 다르다.

[명나라 홍치 연간] 포르투갈인이 이 해협에 와서 오인도국으로 가는 해로의 표준을 삼았는데, 바람이 거세고 파도가 커서 대랑산大浪山이라고 불렀다. 왕래하는 선박은 이곳에서 식수와 식량을 조달했는데 오랜 시간이 지나면서 바다에 모래와 돌이 뒤섞인 길이 생겨나 순치 8년(1651)에 네덜란드는 이곳에 항구를 개설하고 점거했다. 건륭 이후 영국인이 점거했다. 지금은 거주민이 날로 늘어나서 영역이 더욱 개척되어, 면적은 사방

5400리, 인구는 14만 4천 명에 이른다. 대부분이 황야여서 경작할 만한 땅이 없다. 동서 두 지역으로 나뉘는데, 지역마다 각각 마을과 항구가 있다. 해협 입구를 케이프타운[56]이라고 하는데, 인구가 2만 명이다. 거리는 매우 아름다우며, 거리 양쪽에 큰 나무를 심었고 영국 관리가 거주했으며, 나머지 지역은 시골과 별 차이가 없다. 거주민의 대부분은 예수교를 믿는데, 네덜란드·영국·일본[57]·프랑스, 4개국의 선교사들이 모두 이곳에 와서 원주민을 교화했기 때문에 이 종교를 믿는 사람들이 날로 증가했다. 도광 14~15년(1835), 각국에서 들어온 화물선은 모두 358척이었으며 나간 화물선은 350척이었다. 수입된 화물은 모두 162만 냥이고 수출된 화물은 108만 냥으로, 관세는 7만 냥이었다. 케이프타운[58] 외에 또한 포트엘리자베스Port Elizabeth[59]를 통해 수출입되는 화물은 약 120만 냥으로, 양·돼지가 약 3백여만 마리, 닭·오리의 가격은 약 30만 냥으로 총계 1억 2200만 냥 정도이다. 가옥·전답·목장의 수익은 각각 4080만 냥이다.

예전에 서양 선박은 반드시 반년이 걸려서야 인도에 도달할 수 있었기 때문에 이곳을 필수 경유지로 삼았다. 근래 들어 항해에 익숙해지고 화륜선까지 등장해 바람처럼 신속하게 이동하여 케이프타운은 그다지 쓸모가 없게 되었다. 게다가 야만인과의 분쟁으로 비용과 군사력이 소모되어 영국은 군대를 조달해 지키는 한편 원주민 및 네덜란드 유목인을 민병대로 삼고, 토사土司를 세워 각 지역을 관리하게 했다. 도광 16년(1836), 국고 수입은 모두 47만 4천 냥이고 지출은 54만 2천 냥으로 수입이 지출을 따라가지 못했다. 다만 군선이 아프리카 각 해양을 순찰하면서 흑인 노예를 판매하는 선박 및 해적선을 단속하고 있었기 때문에 항구를 폐지할 수는 없었다.

『지리비고』에 다음 기록이 있다.

남아프리카 지역에서 영국에 예속된 곳은 한 곳이고 포르투갈이 다스리는 곳은 두 곳이며 자치 지역은 네 곳이다. 포르투갈에 예속된 곳은 앙골라Angola[60]로, 본 대륙 서남쪽 콩고Congo[61] 내에 있으며 동쪽으로는 말렘바강Malemba River,[62] 서쪽으로는 대서양, 남쪽으로는 벵겔라Benguela,[63] 북쪽으로는 단데강Dande River[64]에 접한다. 지세는 바위가 가파르고 삼림이 울창하며 계곡과 평원은 모두 비옥하다. 긴 하천으로 리프네강Lifune River,[65] 단데강, 벵구강Bengo River[66]이 있다. 기후는 매우 덥지만, 바닷바람은 청량하다. 금·은·구리·철 등 각종 광물이 난다. 이 나라는 키다마Kidama,[67] 돔베Dombe,[68] 뎀보스Dembos,[69] 오반도Ovando[70] 네 지역으로 나뉜다. 중심 도시는 루안다섬Ilha de Luanda[71]에 세워졌고 총관아문이 설치되어 있다. 또한 분리되어 나간 벵겔라[72]가 있는데, 동쪽으로는 사막, 서쪽으로는 대서양, 남쪽으로는 짐바브웨Zimbabwe[73]에 접하고, 북쪽으로는 앙골라에 접한다. 기후와 토산품은 앙골라와 서로 비슷하지만 모두 뒤처진다. 총독을 설치해서 다스리며 역시 앙골라 총독의 통제를 받는다.

모잠비크[74]는 본 대륙의 동남쪽에 위치하며 내지의 7개 지역은 포르투갈과 함께 다스린다. 키림바스제도,[75] 모잠비크항[76]에는 총관아문이 설치되어 있고, 켈리마네,[77] 세나Sena,[78] 소팔라,[79] 이냠바느,[80] 로렌소마르케스Lourenco Marques[81]에는 각각 총병관 1명을 파견해서 지키는데, 모두 모잠비크 총병관의 명령을 받으며 전체 인구는 약 2만 명이다. 기후는 좋지 않으나 토지가 비옥해서 산물이 풍성하며 무역은 예전에 비해 열기가 식었다. 모잠비크 본국은 아프리카대륙 동남쪽에 있으며, 남위 10도에서 25도, 동경 26도에서 38도에 위치한다. 동쪽으로는 인도양과 모잠비크해협Mozambique Channel,[82] 서쪽으로는 루파타산맥,[83] 남쪽으로는 카프라리아, 북쪽으로는 잔지바르[84]에 접하고 있다. 길이는 약 4400리, 너비는 약 1천 리이며, 땅의 면적은 사방 46만 리이다. 인구는 3백만여 명이다. 산림이 많고 야생 코끼리가 많다. 토지는 비옥하다. 금광이 매우 많고 사금이 해안에 가득하다. 기후는 온화하지 않아 거주하기에 힘들다. 여러 부족장이 나누어 다스리며, 포르투갈령도 있는데 여럿으로 나뉘어 하나로 통일되어 있지는 않다. 여러 부족장이 나누어 다스리는 곳으로는 마쿠아Makua[85]·몽누무기Monumugi[86]·잠베지Zambezi[87] 등으로 포르투갈에 공물을 바치고 있다. 종교는 예수교나 이슬람교로, 각자 믿는 것이 다르며 기술과 재주는 내세울 것이 없었지만 무역은 자못 번성했다. 나라의 수도는 해도海島에 세워져 있고, 포르투갈 총독이 그곳에 주재한다.

네 개의 자치국 중 하나는 무타파 제국[88]으로 아프리카대륙 동남쪽에 있다. 남위 15도에서 19도, 동경 27도에서 31도에 위치한다. 동쪽으로는 몽색랍하蒙索拉河,[89] 서남쪽으로는 불와랍산佛瓦拉山, 북쪽으로는 잠베지강[90]에 임한다. 길이와 너비는 모두 약 1천 리이며 높은 바위산이 우뚝 솟아 있다. 강과 하천은 여럿인데, 큰 것으로는 잠베지강, 마제강Mazoe River,[91] 몽색랍하, 루엔야강Ruenya River[92]이 있다. 강변은 비옥하고 금과 철·상아·사탕수수·수지 등이 난다. 기후는 매우 덥고 원주민은 피부색이 검다. 예전 군주의 지위는 대대로 세습했으나 도적들이 창궐한 이후부터 여러 군주로 분리되어 다스리면서 서로 간섭하지 않는다. 기술과 재주 및 무역은 모두 빈약하다. 각 부족 중에서 모카랑가Mokaranga[93]가 가장 강력하다.

카프라리아는 아프리카대륙 남쪽에 위치한다. 남위 23도 20분에서 33도 30분, 동경 24도 20분에서 31도 30분에 위치한다. 동쪽으로는 인도양, 서쪽으로는 호텐토티아,[94] 서남쪽으로는 케이프타운,[95] 동북쪽으로는 무타파 제국을 경계로 한다. 길이는 약 4천 리, 너비는 약 1천 리이고 면적은 사방 84만 리이다. 인구는 2백만여 명이다. 동쪽은 산지가 많고 나머지는 대부분 사막이다. 긴 하천으로는 마파모나강Mafamona River[96]·파가납巴加納·푸산강Poosan River[97] 등이 있는데, 모두 남쪽으로 흘러 본국의 경계를 이룬다. 이 땅에서는 금·은·구리·철·보석·산호·호박 등의 산물이 나며, 기후가 매우 덥다. 여러 부족으로 나뉘어 각각 부락을 이루며 서로 간섭하지 않는다. 기술과 재주·무역은 모두 변변찮으며, 오직 농사를 지으며 생계를 꾸린다. 각 부락 중 단지 두 부락만이 해변에 위치하며 나머지는 모두 내지에 위치한다.

마다가스카르[98]는 남아프리카 동남쪽에 있다. 남위 12도 10분에서 26도, 동경 43도에서 49도에 위치한다. 사면이 바다이고 남북의 거리는 약 3800리, 동서의 거리는 약 1천 리, 너비는 8천 리, 면적은 사방 25만 리이다. 인구는 2백여만 명이다. 깎아지른 절벽과 첩첩산중에 폭포가 나는 듯이 흐르며, 삼림이 울창하고 계곡이 탁 트여 있는데, 평원이 광활해서 풍경이 실로 장관이다. 남에서 북으로 산릉이 끝없이 이어지며 강과 하천이 대단히 많아 비옥하고 윤택하다. 긴 강으로는 모론다바강Morondava River,[99] 달이모덕達爾慕德이 있는데, 서쪽 언덕에서 발원해서 동쪽의 모잠비크해협[100]으로 흘러간다. 해변과 습지에는 풍토병이 창궐해서 사람들이 자주 쉽게 병에 걸린다. 토양이 비옥해서 곡식이 풍요롭고 각종 짐승이 번식하는데, 다만 사자·호랑이·코끼리·말은 적다. 생사·마·밀랍·대나무·목재·사탕수수·수지·인디고·담배·흰 후추·사고Sago[101]가 난다. 또한 오금五金이 나는 광산이 있고 보석·수정이 산에 가득하지만, 원주민들은 단지 철광석만 채굴한다. 이슬람교를 믿으며 기술과 재주는 적지만, 무역이 매우 번창했다. 나라는 여러 부락으로 나뉘어 있어 하나로 통합되어 있지 않으며 여러 부족장이 나누어 다스리면서 서로 간섭하지 않는다.

호텐토티아[102]는 아프리카대륙 남단에 있으며, 남위 23도에서 32도, 동경 13도에서 25도에 위치한다. 동쪽으로는 카프라리아,[103] 서쪽으로는 대서양, 남쪽으로는 케이프타운, 북쪽으로는 짐바브웨[104]를 경계로 한다. 길이는 약 2500리, 너비는 약 2200리이고, 땅의 면적은 사방 28만 리이다. 인구는 40여만 명이다. 남북으로 산이 높고 중앙은 사막이며 연해는 지대가 낮아 때때로 수해를 입는다. 긴 하천인 오렌지강[105]은 동쪽에서 서쪽으로 흐른다. 하천 주변은 비옥해서 물산이 풍요롭다. 기후는 온화하고 사람들은 모두 선량하다. 여러 부족장이 나누어 다스려서 각각 부락을 이루고 있는데, 코라나Korana,[106] 나마콰Namaqua,[107] 다마라Damara,[108] 베추아나Bechuana,[109] 부시먼Bushmen[110]으로, 나라가 하나로 통합되어 있지는 않다. 목축을 생업으로 해서 농사는 짓지 않고 상공업도 적다.

『외국사략』에 다음 기록이 있다.

남아프리카 서쪽 변경 지역은 절반은 원주민에 속하고 절반은 포르투갈에 속한다. 원주민 부족장이 다스리는 곳은 다음과 같다. 하부 기니Lower Guinea[111]는 면적이 4천 리로, 그 내지에 대해서는 잘 알려져 있지 않다. 항상 가물고 강수량이 적다. 유황의 기운으로 풍토병이 만연하다. 하천은 여러 지류로 흘러 해구에 충적된다. 노예를 판매하는 도시가 있는데 남아南峨라고 한다.

로앙고Loango[112]는 다양한 나라의 종족이 있다. 하천에는 물고기가 많고 초원에는 짐승이 많다. 물산은 풍부하지만, 원주민들은 일하기를 싫어하기 때문에 토지는 황폐하다. 돼지를 기르는 것 외에 다른 가축은 없다.

콩고[113]는 해변에 위치하며 지대가 매우 낮고 습지가 많다. 내지는 산이 높고 자이르강Zaïre River[114]은 너비가 넓고 완만하게 흐른다. 거주민은 매우 추하게 생겼다.

앙골라[115]는 모두 산지로, 거주민의 모습은 단정해서 추한 흑인과는 전혀 다르다. 물산이 풍성하다. 명나라 연간 포르투갈이 이곳에 항구를 개척해서 전반적으로 예법과 제도를 갖추고 있으며 천주교를 믿는 백성들도 있다.

벵겔라[116]는 해변에 위치한다. 남위 9도에서 16도에 이른다. 밀림에는 큰 나무가 많고 토지는 풍성하다. 원주민은 살인을 즐겨서 인육을 먹는다.

남아프리카 변경 지역은 바브엘만데브해협Bab-el-Mandeb[117]에서 동쪽 해변 쪽으로 2백 리 늘어져 있고 바다로 튀어나와 아덴만Gulf of Aden[118]을 이루고 있으며, 거주민은 대부분 소말리족Somali[119]으로 피부가 검고 아직 교화되지 않았다. 항구도시인 베르베라[120]에서는 커피·수지·몰약·타조 깃털·사금 등을 수출해서 무역이 매우 활발하지만, 아직 내지에 대해서는 잘 알려져 있지 않다. 아덴만에서 서쪽으로 아잔,[121] 잔지바르,[122] 킬와 Kilwa[123] 등지는 모두 무스카트 오만 술탄국Sultanate of Muscat and Oman[124]의 관할인데, 그 내지에 대해서는 잘 알려져 있지 않다. 항구인 모가디슈[125]는 남위 2도 1분, 동경 45도 19분에 위치한다. 잔지바르와의 무역이 가장 중요하며 매년 징세액은 은 9만 냥이고 오곡·설탕을 수출한다. 이는 모두 현지 부족장이 다스리는 땅이다. 이 외 모잠비크[126]의 절반은 포르투갈이 관할한다. 잠베지강[127]은 넓고 길다. 도시로는 세나[128]·모잠비크항[129]이 있다. 예전에는 무역 통상의 대도시였으나 지금은 쇠퇴해서 도시는 작고 좁다. 여기에서 3리 떨어진 곳은 야만족이 사는 지역으로, 풍토병이 많으며, 포르투갈의 관할을 받지 않는다. 산속에는 사금 등 광물이 난다. 모험적인 상인이 있어 아프리카로 가는 길을 찾는 데 힘쓰다가 도중에 전염병에 걸려 죽거나 원주민에게 살해당했으며 길을 잃어 사망해 그 뜻을 이룬 사람이 없었기 때문에 내지의 사정에 대해서는 알 수가 없다.

또 다음 기록이 있다.

니그리티아Nigritia[130]는 사막 남쪽에 있다. 서경 17도 및 동경 50도, 북위 17도이며, 동서의 너비는 1천 리에 남북의 거리는 3백여 리이다. 동쪽과 서쪽은 모두 산이고 내지에는 차드호Lake Chad[131]가 있는데 그 수원으로부터 멀리 떨어져 있다. 서쪽으로 여러 지류로 완만히 흐르다가 바다로 들어가는데, 물이 호수를 이루었다. 호수의 길이는 약 60리이고 동경 15도에 위치한다. 해변가는 지대가 낮고, 숲이 우거져 해를 볼 수 없을 정도이다. 수목이 쓰러져 썩으면서 독기가 매우 심하다. 내지는 광활하고 평탄하며 물과 풀이 많다. 4월에서 9월까지 천둥 번개가 번갈아 치면서 많은 비가 세차게 내린다. 겨울에는 바람이 많이 불어도 여전히 뜨거운 기운이 불어와 사람들의 피부가 쭈그러진다. 이런 날이 여러 날 계속되면 그 피해는 더욱 심하다. 세상에 이렇게 혹독한 더위는 없을 것이다. 사람들은 게으르기 때문에 땅이 황폐해져서 높이가 3길이나 되는 풀도 있다. 수지·안식향 및 각종 향료를 생산한다. 면화·사탕수수·인디고가 나는데, 저절로 자라서 사람 손이 필요 없다. 코끼리·하마는 모두 거대하며 성질이 사납다. 원숭이가 많은데 사람처럼 지혜로운 것도 있다. 물에는 곤충이 번식하고 악어는 크고 힘이 세다. 언어·풍속은 모두 달랐으며, 코가 납작하고 입술이 두꺼우며 피부가 검고 신체는 작고 건장하다. 북쪽 지역의 흑인은 이슬람교를 신봉하며 내지 역시 우상을 숭배해서 사람을 죽여 신에게 바쳤다. 근래 들어 널리 예수교를 믿게 되었다.

『영환지략』에 다음 기록이 있다.

아프리카 남단의 희망봉(炭朴) 원주민들은 섬의 끝자락을 급이라고 한다. 은 유럽인이 동쪽으로 항해할 때 반드시 경유하는 루트이다. 그 지형은 뾰족하게 남대양[132]을 향해 튀어나와 있는데, 이곳에 이르면 물살이 돌아 부딪히고 바람과 파도가 이상하리만치 맹렬해져 선박이 손상되기 쉬워 선박을 수리할 곳을 찾을 수밖에 없다. 또한 긴 항해에 필요한 식수와 식량을 보충해야 해서 네덜란드가 이곳을 개척한 것은 아마도 부득이한 바가 있었을 것이다. 종래에는 대서양의 상선이 동쪽으로 오다가 희망봉에 이르면 반드시 돛을 거두고 잠시 정박했다. 근래에는 해로에 점차 익숙해져 머물러 정박하는 경우는 열에 두셋도 안 되는데, 역시 위치의 중요성과는 무관하다.

重輯

一

原本無, 今補.

『新唐書』曰: 自拂林西南度嶺磧二千里, 有國曰磨鄰, 曰老勃薩. 其人黑而性悍. 地瘴癘, 無草木五穀, 飼馬以稿魚, 人食鶻莽, 波斯棗也. 不恥蒸報, 於夷狄最盛, 號曰尋. 其君臣七日一休, 不出納交易, 飮以窮夜. 案: 利未亞各烏鬼國, 見史者始於此.

『職方外紀』曰: 更有一種在利未亞之南, 名馬拿莫大巴者, 國土最多, 皆愚蠢. 卽山牙臘土蠻, 見『阿邁司尼國志』中. 氣候甚熱, 沿海皆沙, 人踐之卽成瘡痏. 黑人坐臥其中, 晏然無恙也. 喜食象肉, 亦食人, 市中有市人肉處, 皆生齕之, 故齒皆鉏銳, 若犬牙然. 奔走疾於馳馬. 裸身塗膏, 氣膻甚. 無文字. 初歐邏巴人到此, 黑人見其誦經講書, 大相驚訝, 以爲書中有言語可傳達也. 地無兵刃, 惟以木爲標槍, 火炙其末, 極銛利. 性不知憂慮, 若鳥獸. 然聞簫管·琴瑟諸樂音, 便起舞不休. 性樸實耐久, 敎之爲善事, 亦卽盡力爲之. 爲人奴, 極忠用力, 視死如歸. 遇敵直前, 了無避畏. 其俗不虜掠, 不崇魔像. 亦知天地有主, 但視其王若神靈, 亦以爲天地之主, 凡陰晴旱澇, 皆往祈之.

王若偶一噴涕, 舉朝皆高聲應諾, 又舉國皆高聲應諾, 大可笑也. 喜飲酒, 易醉. 所產雞亦皆黑, 獨豕肉味美, 爲天下第一. 病者食之, 亦無害. 產象極大, 一牙有重二百斤者. 又有獸如貓, 名亞爾加里亞, 尾後有汗極香, 黑人阱於木籠中, 汗沾于木, 乾之, 以刀削下, 便爲奇香. 烏木·黃金最多, 地無寸鐵, 特貴重之. 喜紅色·班色布帛, 及玻璃器. 又善浮水, 他國名爲海鬼. 其亞毗心域屬國, 有名諳哥得者, 夜食不晝食, 又止一飡, 絶不再食. 以鹽·鐵爲幣.

又一種人, 名步冬, 頗知學問, 重書籍, 善歌舞, 亦亞毗心域之類也.

利未亞之南, 有井巴番者衆十餘萬, 極勇猛, 善用兵. 無定居. 以馬及駱駝乘載遷徙, 所至卽食其人及鳥獸蟲蛇. 必生命盡絶, 乃轉他國, 爲南方諸小國之大害.

『海國聞見錄』: 烏鬼國東北, 山與阿黎米亞相聯, 向西南生出坤申方大洋, 何啻四五國之遠! 其盡處曰呷, 卽中國支山入海, 盡處曰表. 表者標也. 佛蘭西曰呷, 英機黎曰岌, 皆順毛烏鬼地. 是以紅毛甲板船從小西洋來中國者, 由亞齊之北·麻喇甲之南, 穿海過柔佛, 出茶盤, 而至昆侖. 自呷而東至戈什嗒, 自戈什嗒而東至亞齊, 其海皆呼曰小西洋. 原本戈什嗒, 當作戈什峽. 又西南洋稱小西洋亦誤, 蓋利未亞洲方爲小西洋. 人黑白不同, 皆西域裝束, 長衫·大領·小袖·裹頭·纏腰. 國富庶, 產寶器·生銀·洋布·丁香·肉果·水安息·吧喇沙末油·蘇合油等類, 以金爲幣, 鑽石爲寶.

源案: 此所謂呷者, 指暹羅南境之新嘉坡而言. 計西南洋中, 新嘉坡爲第一峽, 南印度戈什嗒爲第二峽, 利未亞之大浪峰爲第三峽. 凡地之鬪出海中甚長, 如登·萊類者, 所謂峽也. 呷·嗒皆卽峽之別字. 又案: 賽馬爾罕

者, 元時封藩, 統轄蔥嶺以西各國, 至明中葉, 賽馬爾罕已分十餘國, 不盡
爲所屬矣. 近日更全變爲回國, 若敖罕, 若布哈爾, 若愛烏罕, 若巴達克山,
若克什米爾等, 凡十餘國. 而『聞見錄』猶以古時賽馬爾罕統稱之, 誤矣.
至又以賽馬爾罕爲噶爾旦之國, 則誤中又誤矣. 謂俄羅斯國惟限於西洋,
而其與中國相首尾之東北萬里, 概置不提, 皆疏舛之尤者. 書作於雍正,
刊於乾隆八年, 在新疆未服以前, 故傳聞遙揣, 擧一漏百, 故刪節而辯正
之於此.

『海錄』: 妙里士島, 西南海中島嶼也, 周圍數百里, 爲佛郎機所轄. 凡大西洋
各國船回祖家, 必南行經葛剌巴至地悶, 然後轉西少北, 行約一月, 可到此山.
無土人, 其所居皆佛郎機及所用烏鬼奴. 土產烏木. 由此向北少西, 行約半月有
奇, 謂之過峽. 一路風日晦暝, 波濤洶怒, 寒雪飄零, 六月不息, 舟人戰慄, 咸有
戒心. 其天氣與妙哩士迥別. 過峽後至一島, 謂之峽山, 爲荷蘭所轄, 天復炎熱.
但海闊風狂, 波浪騰湧, 舟行經此, 遇風過猛, 必須稍待風和而行. 山亦無土人,
唯荷蘭及鬼奴居之. 土產梨及牛黃. 有大鳥, 莫知其名, 其卵大數寸. 由此更北
行少西, 順風約七八日, 復至一島, 名散爹里. 周圍約百里, 爲英吉利來往泊船
取水之地. 無土產, 有英吉利兵在此鎮守. 源案: 此峽卽『坤輿圖』之大浪山, 在利
未亞州極南境.

又曰: 鬈毛烏鬼國在妙里士正西, 由妙里士西行約一月可至. 疆域不知所極,
大小百有餘國. 民人蠢愚, 色黑如漆, 髮皆鬈生. 其麻沙密紀國·生那國·加補·
五輦國, 皆爲西洋所奪. 又嘗掠其民, 販賣各國爲奴婢. 其土產五穀·象牙·犀
角·海馬·牙·橙·西瓜.

『海島逸志』曰: 鵠島在西北之隅. 和蘭甲板船數十隻, 歲往通其祖家, 必由此地停泊, 更換舟工水手, 裝下夥食, 然後再駛. 蓋其地當半途之間, 華人在巴有受其傭雇爲舟人者, 至此地必更和蘭人, 華人暫處於此, 配船而還巴, 不令往其祖家. 然甲板船來往, 相傳來三去五. 其來風水爲順, 只有三月, 往則水逆道紆, 當須五月. 又云: 將至之處, 有暗海不見日月, 舟行二三日始出. 蓋天地之大, 有不可思議者矣. 卽所謂大浪峰也, 爲小西洋利未亞極南之峽, 凡船回大西洋者, 過此曰過峽.

『萬國地理全圖集』曰: 南亞非利加地爲西洋人巡船來往, 故知其形勢. 其山麓深入海中, 各船赴印度·中國, 必繞之而駛, 是以船隻往來不絕. 其南方豐盛, 樹木花果, 千態萬狀. 其牧場廣延, 五畜肥長, 五穀亦運出售賣. 又種葡萄樹, 出甘酒. 雨後溪山蒼秀, 旱則沙漠不毛. 其北方沙漠風起時, 陰雲四合, 黑氣滿空. 在此地, 虎·獅·象·兕·馬·鹿以及駝鳥, 濯濯自在. 又有黑面土蠻穴居, 獵獸而食. 其東方之類, 則四肢百骸相稱, 赳武勇敢. 葡萄牙船初到此地. 荷蘭見其形勢合宜, 故涉重洋而開埠頭, 墾田務農. 且海風甚狂, 浪疊千層, 必得購料修船之地, 是以荷國將本民移處內地, 驅逐土人, 或擒爲奴. 嘉慶十年, 英兵船攻取此地. 其城在南海邊高山之下, 其居民大半荷蘭人. 晝夜經營, 各江·澗·河之處, 皆建鄕里. 但散處不相聯屬, 多隔沙野難渡, 又牛車多渴死. 故英開新地在東界也, 每與其氓交鋒相仇. 其地袤延四方幾萬里, 但居民六十萬而已. 運入運出貨物, 每年銀百萬有餘兩. 別開海口, 奉耶穌之敎師, 進其內地以敎化之. 又西海中有一孤島, 嘉慶年間, 俘佛蘭西王拿破侖流諸此島.

『地理備考』曰: 本州地爲英國兼攝者. 一爲好望海角, 卽兀賀峽, 一名大浪山, 乃本州之要害也. 在亞非里加州之極南, 緯度自南十度起至三十五度止, 經度自東十六度起至二十六度十分止. 東至加弗勒里亞國, 西枕亞德蘭的海, 南接南海, 北連可丁多的亞國. 長約二千里, 寬約一千里, 分二部十二府. 首城名加布, 建於達勒暨良二山之麓. 屋宇廟堂甚壯, 五方輻輳, 地氣溫和, 海口險阻, 泊所不穩. 爲歐羅巴往來亞細亞船必經之路, 多於此採辦水米食物焉.

一爲塞拉勒窩內地, 在本州之西幾內亞國之中. 少稼穡, 多山岡林木, 猛獸成群. 地氣不和, 弗便居棲, 商旅每易中病, 貿易多結隊而行. 首郡名非里城, 設有總管衙門, 附近皆受管轄.

一爲哥斯達斗羅, 卽金濱也, 金砂豐盛, 因以爲名. 田土膴腴, 產穀·果·金石·緜花·藍靛·樹膠·白蠟·皮革. 貿易昌熾, 地氣酷熱. 首部名加布哥爾蘇, 設有總管衙門.

一爲三達厄勒那島, 在亞德蘭的海西南. 緯度自赤道而南十五度五十五分, 經度自第一午線而西八度九分. 長四十里, 寬二十五里, 地面積方九十里. 多山, 少平原, 地氣溫和. 海濱尤瘠, 內地膴腴. 首郡名日彌斯城, 設有管理衙門. 此島實爲有名之處, 佛蘭西國君那波良者, 殞命於此. 詳見『佛蘭西國志』. 附近各島, 皆屬管轄.

一爲毛里西亞島, 在印度海東南. 緯度自赤道而南二十度起至二十一度止, 經度自第一午線而東五十六度起至五十七度止. 回環約五百里. 地氣熇烈, 尚可棲居. 田土膏腴, 首部名波爾多盧義斯, 設有總理衙門. 其塞舌勒共三十島, 亞爾密蘭德共十一島, 皆屬管轄.

『外國史略』曰: 此州極南方爲大浪山, 英吉利藩屬地也. 長約二千里, 闊一千里, 海濱周四百里, 背山. 沿海平坦, 內地漸高, 其谷廣延, 離海愈遠, 愈多砂磧, 無草木. 產白礬·鉛·銀, 惟石鹽頗盛. 最南天氣清爽, 內地晝暑夜寒, 高野陽亢, 或三年無雨, 人至暍死. 及一雨, 則又山野青蔥異常, 花草奇麗. 產牲畜·

五穀·葡萄·羊毛·羊油·沈香·象牙·駝翎·樹膏等. 民不農而游牧, 乳油爲食, 射獵
爲業. 半係荷蘭人, 耐寒暑, 性樸實, 厚待旅客. 好遊曠野, 常有數千人出界圍
獵, 與土族戰闘. 佛蘭西人在此植葡萄, 所遷之英氓, 在港口東邊開墾. 土人曰
合丁突, 形汙性馴, 不似林中野蠻, 人形獸心. 亦不似東邊之加非利·蘇拉等族,
賊盜爲業也.

葡萄亞人於明弘治間至此海峽, 以爲赴五印度國海路之標準, 風狂浪大, 故
稱曰大浪山. 往來之船在此汲水采果, 歷久水中堆成磧路, 荷蘭於順治八年
開埠據之. 乾隆以後, 英人據焉. 至今民益繁, 境益闢, 廣袤五千四百里, 居民
十四萬四千. 大半荒野, 無可耕地. 分東西兩部, 部各分邑埠. 在峽口曰浪山邑,
居民二萬. 街衢甚美, 兩旁高樹, 英官住焉, 餘與鄉里無異. 居民大半崇耶穌敎,
荷·英·日·佛四國敎師, 皆赴此敎化土蠻, 故奉敎之人日增. 道光十四五年, 各
國進口船共三百五十八隻, 運出口三百五十隻. 所運進貨計百六十二萬兩, 所
運出貨百有八萬兩, 稅餉七萬兩. 除浪山海峽外, 尙有押峨亞海口進出之貨, 約
百二十萬兩, 羊·豕約三百餘萬隻, 雞·鴨價約三十萬兩, 總計萬二千二百萬有
奇. 屋宇·田畝·牧場, 各價四千八十萬兩.

昔時西洋船必半年有餘方能抵印度, 故以此爲中途要地. 近日航海慣習, 加
以火輪, 其迅如風, 浪山海口無大用. 況土蠻爭闘, 糜餉勞兵, 英國調兵帥護守,
亦以土人及荷蘭之遊牧爲民壯, 尙立土司以管理各部. 道光十六年, 所入國幣
共四十七萬四千兩, 所費者五十四萬二千兩, 入不敷出. 惟師船在亞非利加各
海來去巡駛, 以禁販賣黑奴之船及海賊之船, 故埠不可廢焉.

『地理備考』曰: 南州地隸英吉利者一, 隸布路亞國兼攝者二, 其自主者四.
其隸布路亞者曰昂可拉國, 在本州西南公額國內, 東界馬棱巴河, 西枕亞德蘭
的海, 南連奔吉利, 北接丹達河. 地勢嶄岩, 叢林稠密, 山谷平原皆飫沃. 河之

長者曰里弗內, 曰丹達, 曰本各. 地氣酷熱, 海風清涼. 產金·銀·銅·鐵各礦. 國分四部, 一幾達馬, 一送比, 一敦比, 一可完多. 首部建於羅安達島, 設有總管衙門. 又有分出之奔給拉國, 東界沙漠, 西枕亞德蘭的海, 南接星卑巴地, 北連昂給拉. 天時·土產與昂可拉國相仿而皆遜之. 設有總兵官管攝, 仍受昂可拉總管節制.

一曰莫山比給國, 在州東南, 內有七處爲布路亞國兼攝. 一給林卑, 一莫山比吉, 設有總管衙門, 一幾里馬內, 一塞那, 一索發拉, 一義能巴內, 一羅林索馬爾給斯, 各派總兵官一員鎭守, 皆受莫山比吉總管節制, 統計煙戶幾二萬口. 地氣不馴, 田沃產饒, 貿易較昔冷淡. 其莫山比給本國, 在亞非里加州之東南, 南極出地十度起至二十五度止, 經線自東二十六度起至三十八度止. 東枕印度海暨莫山比給海岔, 西界盧巴達山, 南接加弗勒里國, 北連桑給巴爾國. 長約四千四百里, 寬約一千里, 地面積方四十六萬里. 煙戶三兆餘口. 多山林, 蕃野象. 田土膴腴. 金礦甚多, 金砂滿岸. 地氣不和, 苦於棲止. 有諸酋分攝者, 有布路亞國管轄者, 紛紛不一. 其諸酋分攝者, 如馬古阿·蒙如木·新卑等處, 仍貢於布路亞. 所奉之敎, 或耶穌, 或回回, 趣向不同, 技藝寥寥, 貿易頗盛. 國都建於海島, 有布路亞國總管駐箚其地.

其自主之國四, 一曰麼諾達巴國, 在亞非里加州之東南. 南極出地十五度起至十九度止, 經線自東二十七度起至三十一度止. 東界蒙索拉河, 西南接佛瓦拉山, 北枕桑卑塞河. 長寬皆約千里, 嶄巖參嵯. 江河不一, 其大者曰桑卑塞, 曰馬加拉, 曰蒙索拉, 曰盧安薩. 沿河膏腴, 產金鐵·象牙·甘蔗·樹膠等. 地氣熇烈, 人民黧黑. 昔日汗位歷代相傳, 迨賊寇猖獗之後, 列君分據, 不相統屬. 技藝貿易俱乏. 各部惟麼加郎瓜最強.

一曰加弗勒里國, 在亞非里加州之南. 南極出地二十三度二十分起至三十三度三十分止, 經線自東二十四度二十分起至三十一度三十分止. 東枕印度海, 西連可丁多的國, 西南接加布地, 東北界麼諾達巴國. 長約四千里, 寬約一千里, 地面積方八十四萬里. 煙戶二兆餘口. 東方重山, 餘多沙漠. 河之大者馬弗麼那·巴加納·波阿喪等, 皆流於南方, 是爲本國之界. 土產金·銀·銅·鐵·石類·珊瑚·琥珀等物, 地氣甚熱. 列酋分據, 各爲部落, 不相統屬. 技藝·貿易俱乏, 惟以稼穡爲業. 各部惟二部居海濱, 餘皆住內地.

一曰馬達加斯國, 在亞非里加州之東南. 南極出地十二度十分起至二十六度止, 經線自東四十三度起至四十九度止. 四面枕海, 南北相距約三千八百里, 東西相去約一千里, 幅員八千里, 地面積方二十五萬里. 煙戶二兆餘口. 懸崖疊嶺, 瀑布飛流, 林密谷敞, 平原坦闊, 形勢實爲壯觀. 由南而北, 山陵縣互, 江河衆多, 貫徹沃潤. 其長者曰麼隆達瓦, 曰達爾慕德, 發源西岡, 東注於莫山鼻給海岔. 其海濱澤洿, 瘴癘熇烈, 中人每易感病. 田肥穀饒, 各獸充斥, 惟少獅·虎·象·馬. 產絲·麻·蜜蠟·竹·木·甘蔗·樹膠·靑黛·煙葉·白胡椒·沙穀米. 又有五金之礦, 寶石·水晶, 徧山多有, 而土人惟鐵是采. 奉回敎, 少技藝, 而貿易豐盛. 通國部落紛紛不一, 諸酋分攝, 不相統屬.

一曰科丁多的國, 在亞非里加州之南, 南極出地二十三度起至三十二度止, 經線自東十三度起至二十五度止. 東至加發拉里地, 西接亞德蘭的海, 南連加布地, 北界星卑巴西國. 長約二千五百里, 寬約二千二百里, 地面積方二十八萬里. 煙戶四億餘口. 南北崇山, 中央沙漠, 沿海低陷, 時有颶風. 河之長者名曰科蘭日, 由東而西. 河濱膏腴, 饒物產. 地氣溫和, 人物咸宜. 諸酋分攝, 各爲部落, 曰哥拉那, 曰那馬瓜, 曰達馬拉, 曰布書阿那, 曰波支斯曼, 名目不一. 以牧養爲業, 怠於稼穡, 亦少工商.

『外國史略』曰: 南亞非利加西邊地, 半屬土蠻, 半屬葡萄亞國. 其屬土酋者, 一曰下危尼, 廣袤四千里, 未詳其內地. 恒旱少雨露. 硫磺之氣, 蒸爲煙瘴. 河流紛歧, 海口淤塞. 有販賣人口之市, 曰南峨.

一曰羅安峨, 多有各國族類. 河多魚, 多野獸. 物產豐而民憚工作, 故地荒蕪. 除養豕外, 無他畜.

一曰公峨, 在海邊, 甚低, 多澤藪. 內地山高, 賽利河流廣而漫. 居民極蠻醜.

一曰安峨拉, 皆山地, 居民形體端正, 絕異黑人之醜. 物產蕃盛. 明朝年間, 葡萄亞國在此開埠, 廣立法度, 百姓有進天主教者.

一曰賓吳拉地, 瀕海. 自南極九度延及十六度. 密林高樹, 其土豐盛. 民蠻好殺, 食人肉.

南州邊地, 自死門東向海濱延二百里, 斗出海中, 爲勝重海峽, 居民多茅里族類, 黑面, 未向化. 海口曰巴拉, 運出加非·樹膏·沒藥·駝鳥翎·金沙, 通商亦旺, 未詳其內地. 自勝重峽之西, 曰亞安, 曰散西巴, 曰貴羅亞等地, 皆天方亞拉國所轄, 其內地未詳. 港口曰馬牙多撒, 南極出二度一分, 偏東四十五度十九分. 散西巴通商最重, 歲納稅餉銀九萬兩, 運出五穀·白糖. 此皆土酋自主之地也. 此外摩散比地, 半歸葡萄亞所轄. 散比西河廣且長. 都會曰善那, 曰摩散比邑. 昔爲通商大市, 今衰, 邑褊小. 距此三里卽蠻族, 多瘴, 未屬其國管轄. 山內產金沙等物. 有冒險之商, 務通亞非利加之路, 每中途染疫斃, 或被土蠻殺害, 或失路死亡, 無人成就其志, 故內地情事無可考.

又曰: 黑面人地, 在曠野之南. 偏西自十七度及偏東五十度, 北極出地自一十七度, 東西千里, 南北三百餘里. 東西皆山, 內有大湖, 其源甚長. 西流多支漫, 將入海, 彙爲澤. 其湖長約六十里, 偏東十五度. 瀕海地低, 箐密不見日. 樹木倒則黴壞, 煙瘴實甚. 內地曠坦, 多水草. 自四月及九月, 雷電交作, 大雨滂沱. 冬多風, 仍吹熱氣, 皺人皮膚. 若連數日, 其害尤甚. 四海無此炎酷也. 民惰, 故荒蕪, 草有高三丈者. 產樹膏·安息香·及各香料. 縣花·甘蔗·黛靑, 自然而

生, 不待人力. 山象·水馬均高大, 性猛. 多猿, 有慧絕似人者. 水蕃昆蟲, 鱷魚
大有力. 語音·風俗皆異, 鼻扁脣高膚黝, 身短而健. 北地之黑人崇回回敎, 其內
地亦拜偶像, 殺人以敬神. 近日頗知耶穌敎.

『瀛環志略』曰: 阿非利加南土之岌朴, 番謂山之盡頭處曰岌. 爲歐羅巴東來
必由之路. 其地形銳入大南海, 海水至此迴薄, 風濤猛烈異常, 舟楫易於損壞,
不得不謀修葺之所. 又長途水米接濟, 荷蘭之墾開此土, 蓋有所不得已焉. 從前
大西洋商舶東來至岌朴, 必收帆寄碇. 近年海道愈熟, 收泊者十無二三, 則亦無
關重輕矣.

주석

1   마그레브Maghreb: 원문은 '마린磨鄰'으로, 마격리포馬格里布라고도 한다. 지금의 북아프리카 모로코, 알제리, 튀니지를 아우르는 지역이다.

2   증보혼蒸報婚: 고대 중국 혼인 풍속의 일종이다. 증蒸은 아버지가 사망한 후 자식이 서모를 취하는 것이고, 보報는 형이 사망한 후 동생이 형수를, 숙부가 사망한 후 조카가 숙모를 취하는 것을 가리킨다.

3   무타파 제국: 원문은 '마나막대파馬拿莫大巴'이다.

4   샨켈라족Shanqella: 원문은 '산아랍토만山牙臘土蠻'이다.

5   붉은색과 … 좋아했다: 원문은 '희홍색·반색포백, 급파리기喜紅色·班色布帛, 及玻璃器'이다. 광서 2년본에는 '포백희홍색·반색, 급파리기布帛喜紅色·班色, 及玻璃器'로 되어 있으나, 악록서사본에 따라서 고쳐 번역한다.

6   앙고트Angot: 원문은 '암가득諳哥得'이다. 지금의 에티오피아 중남부에 위치한다.

7   아프리카: 원문은 '오귀국烏鬼國'이다.

8   아라비아Arabia: 원문은 '아려미아阿黎米亞'이다.

9   순모오귀順毛烏鬼: 나일강 유역 및 지중해 연안의 북아프리카와 동북아프리카 여러 나라를 가리킨다.

10 아체Aceh: 원문은 '아제亞齊'이다. 지금의 인도네시아 수마트라섬 아체특구 일대로, 주요 도시인 반다아체Banda Aceh만을 가리키기도 한다.

11 믈라카Melaka: 원문은 '마라갑麻喇甲'이다. 말레이반도 서해안의 믈라카해협에 면해 있는 항구도시이다.

12 조호르Johore: 원문은 '유불柔佛'이다.

13 티오만Tioman: 원문은 '다반茶盤'이다.

14 꼰선섬Đảo Côn Sơn: 원문은 '곤륜崑崙'이다.

15 사마르칸트Samarkand: 원문은 '새마이한賽馬爾罕'이다.

16 파미르고원: 원문은 '총령蔥嶺'이다.

17 코칸트Kokand: 원문은 '오한敖罕'이다.

18 부하라Bukhara: 원문은 '포합이布哈爾'이다.

19 아프가니스탄Afghanistan: 원문은 '애오한愛烏罕'이다.

20 바다흐샨Badakshan: 원문은 '파달극산巴達克山'이다.

21 카슈미르Kashmir: 원문은 '극십미이克什米爾'이다.

22 갈단Galdan: 원문은 '갈이단噶爾旦'으로, 중국 청나라 초기, 서몽골 준가르
    부족의 추장이다. 갈단(1644?~1697)은 알타이산맥 주변을 본거지로 하여
    중앙아시아와 외몽골을 지배하였으나, 1696년, 청나라 강희제의 군대
    에 패배했다.

23 모리셔스: 원문은 '묘리사도妙里士島'이다.

24 모리셔스는 … 프랑스령이다:『해록』의 저자 사청고謝淸高가 항해할 때
    는 프랑스가 점령하고 있었으나, 1810년에는 영국이 점령했다.

25 클라파Kelapa: 원문은 '갈랄파葛剌巴'이다.

26 티모르Timor: 원문은 '지문地問'이다.

27 희망봉: 원문은 '과협過峽'이다.

28 케이프타운: 원문은 '협산峽山'이다.

29 세인트헬레나Saint Helena: 원문은 '산다리散爹里'이다.

30 모잠비크: 원문은 '마사밀기국麻沙密紀國'이다.

31 잔지바르: 원문은 '생나국生那國'이다.

32 케이프Cape: 원문은 '가보加補'이다.

33 기니Guinea: 원문은 '오련국五輦國'이다.

34 서양: 원문은 '서양西洋'이다. 광서 2년본에는 '포도아蒲萄亞'로 되어 있으
    나, 악록서사본에 따라서 고쳐 번역한다.

35 케이프타운: 원문은 '합도鴿島'이다.

36 클라파: 원문은 '파巴'이다.

37 희망봉: 원문은 '호망해각好望海角'이다.

38 카프라리아: 원문은 '가불륵리아국加弗勒里亞國'으로, 옛 땅은 지금의 남

아프리카 공화국 나탈주에 위치한다.

39 호텐토티아Hottentotia: 원문은 '가정다적아국可丁多的亞國'이다.

40 케이프타운: 원문은 '가포加布'이다.

41 테이블산: 원문은 '달륵達勒'이다.

42 라이온스헤드산Lion's Head Mountain: 원문은 '양良'이다.

43 시에라리온Sierra Leone: 원문은 '새랍륵와내지塞拉勒窩內地'이다.

44 프리타운Freetown: 원문은 '비리성非里城'이다.

45 코스타 디 오이로Costa de Oiro: 원문은 '가사달두라哥斯達斗羅'로, 지금의 가
    나 일대에 위치한다.

46 카부코르수Cabo Corso: 원문은 '가포가이소加布哥爾蘇'이다. 지금의 가나 항
    구도시 케이프코스트Cape Coast이다.

47 세인트헬레나섬Saint Helena Island: 원문은 '삼달액륵나도三達厄勒那島'이다.

48 제임스타운Jamestown: 원문은 '일미사성日彌斯城'이다.

49 모리셔스섬: 원문은 '모리서아도毛里西亞島'이다.

50 포트루이스Port Louis: 원문은 '파이다로의사波爾多盧義斯'이다.

51 세이셸Seychelles: 원문은 '새설륵塞舌勒'으로, 세이셸군도를 가리킨다.

52 아미란테Amirante: 원문은 '아이밀란덕亞爾密蘭德'으로, 아미란테제도를 가
    리킨다.

53 호텐토트족: 원문은 '합정돌合丁突'이다.

54 카피르: 원문은 '가비리加非利'로, 지금의 코사족Xhosa을 가리킨다.

55 줄루: 원문은 '소랍蘇拉'이다.

56 케이프타운: 원문은 '낭산읍浪山邑'이다.

57 일본: 당시 일본은 예수교를 금지하고 있었기 때문에 선교사를 남아프
    리카 공화국에 파견했다는 것은 불가능하다. 아마 여기에서는 일본에
    서 추방된 선교사를 가리키는 것으로 추정된다.

58 케이프타운: 원문은 '낭산해협浪山海峽'이다.

59 포트엘리자베스Port Elizabeth: 원문은 '압아아해구押峨亞海口'이다.

60 앙골라Angola: 원문은 '앙가랍국昂可拉國'이다.

61 콩고Congo: 원문은 '공액국公額國'이다.

62 말렘바강Malemba River: 원문은 '마릉파하馬棱巴河'이다.

63 벵겔라Benguela: 원문은 '분길리奔吉利'이다.

64 단데강Dande River: 원문은 '단달하丹達河'이다.

65 리프네강Lifune River: 원문은 '리불내里弗內'이다.

66 벵구강Bengo River: 원문은 '본각本各'이다.

67 키다마Kidama: 원문은 '기달마幾達馬'이다.

68 돔베Dombe: 원문은 '송비送比'이다.

69 뎀보스Dembos: 원문은 '돈비敦比'이다.

70 오반도Ovando: 원문은 '가완다可完多'로, 지금의 쿠안두쿠방구Cuando Cubango이다.

71 루안다섬Ilha de Luanda: 원문은 '라안달도羅安達島'로, 지금의 앙골라 수도이다.

72 벵겔라: 원문은 '분급랍국奔給拉國'이다.

73 짐바브웨Zimbabwe: 원문은 '성비파지星卑巴地'이다.

74 모잠비크: 원문은 '막산비급국莫山比給國'이다.

75 키림바스제도: 원문은 '급림비給林卑'이다.

76 모잠비크항: 원문은 '막산비길莫山比吉'이다.

77 켈리마네: 원문은 '기리마내幾里馬內'이다.

78 세나Sena: 원문은 '새나塞邢'이다.

79 소팔라: 원문은 '색발랍索發拉'이다.

80 이냠바느: 원문은 '의능파내義能巴內'이다.

81 로렌소마르케스Lourenco Marques: 원문은 '라림색마이급사羅林索馬爾給斯'로, 지금의 모잠비크 수도 마푸투Maputo이다.

82 모잠비크해협Mozambique Channel: 원문은 '막산비급해차莫山比給海岔'이다.

83 루파타산맥: 원문은 '로파달산盧巴達山'이다.

84 잔지바르: 원문은 '상급파이국桑給巴爾國'이다.

85 마쿠아Makua: 원문은 '마고아馬古阿'이다.

86 몽누무기Monumugi: 원문은 '몽여목蒙如木'이다.

87 잠베지Zambezi: 원문은 '신비新卑'이다.

88 무타파 제국: 원문은 '마낙달파국麽諾達巴國'이다.

89 몽색랍하蒙索拉河: 광서 2년본에는 '몽소랍하蒙素拉河'로 되어 있으나, 악
    록서사본에 따라서 고쳐 번역한다.

90 잠베지강: 원문은 '상비새하桑卑塞河'이다.

91 마제강Mazoe River: 원문은 '마가랍馬加拉'이다.

92 루엔야강Ruenya River: 원문은 '로안살盧安薩'이다.

93 모카랑가Mokaranga: 원문은 '마가랑과麽加郞瓜'로, 마나랑과麽那郞瓜라고도
    한다.

94 호텐토티아: 원문은 '가정다적국可丁多的國'이다.

95 케이프타운: 원문은 '가포지加布地'이다.

96 마파모나강Mafamona River: 원문은 '마불마나馬弗麽那'이다.

97 푸산강Poosan River: 원문은 '파아상波阿喪'이다.

98 마다가스카르: 원문은 '마달가사국馬達加斯國'이다.

99 모론다바강Morondava River: 원문은 '마륭달와麽隆達瓦'이다.

100 모잠비크해협: 원문은 '막산비급해차莫山鼻給海岔'이다.

101 사고Sago: 원문은 '사곡미沙穀米'로, 야자나무에서 나오는 쌀알 모양의 흰
    전분이다.

102 호텐토티아: 원문은 '과정다적국科丁多的國'이다.

103 카프라리아: 원문은 '가발랍리지加發拉里地'이다.

104 짐바브웨: 원문은 '성비파서국星卑巴西國'이다.

105 오렌지강: 원문은 '과란일科蘭日'이다.

106 코라나Korana: 원문은 '가랍나哥拉那'이다.

107 나마콰Namaqua: 원문은 '나마과那馬瓜'이다.

108 다마라Damara: 원문은 '달마랍達馬拉'이다.

109 베추아나Bechuana: 원문은 '포서아나布書阿那'이다.

110 부시먼Bushmen: 원문은 '파지사만波支斯曼'이다.

111 하부 기니Lower Guinea: 원문은 '하위니下危尼'이다.

112 로앙고Loango: 원문은 '라안아羅安峩'이다.

113 콩고: 원문은 '공아公峩'이다.

114 자이르강Zaïre River: 원문은 '새리하賽利河'이다.

115 앙골라: 원문은 '안아랍安峩拉'이다.

116 뱅겔라: 원문은 '빈오랍지賓吳拉地'이다.

117 바브엘만데브해협Bab-el-Mandeb: 원문은 '사문死門'이다. 조난 사고가 자주
발생해 붙여진 이름으로 눈물의 문이라는 의미에서 곡상문哭喪門이라고
도 한다.

118 아덴만Gulf of Aden: 원문은 '승중해협勝重海峽'이다.

119 소말리족Somali: 원문은 '모리족류茅里族類'이다.

120 베르베라: 원문은 '파랍巴拉'이다.

121 아잔: 원문은 '아안亞安'이다.

122 잔지바르: 원문은 '산서파散西巴'이다. 광서 2년본에는 '산서散西'로 되어
있으나, 악록서사본에 따라서 고쳐 번역한다.

123 킬와Kilwa: 원문은 '귀라아貴羅亞'이다.

124 무스카트 오만 술탄국Sultanate of Muscat and Oman: 원문은 '천방아랍국天方亞
拉國'이다.

125 모가디슈: 원문은 '마아다살馬牙多撒'이다.

126 모잠비크: 원문은 '마산비지摩散比地'이다.

127 잠베지강: 원문은 '산비서하散比西河'이다.

128 세나: 원문은 '선나善那'이다.

129 모잠비크항: 원문은 '마산비읍摩散比邑'이다.

130 니그리티아Nigritia: 원문은 '흑면인지黑面人地'이다. 사하라사막 이남 아프
리카 지역을 "검은 피부의 사람들"이 거주하는 곳이라는 의미에서 이렇
게 불렸다.

131 차드호Lake Chad: 원문은 '대호大湖'이다. 아프리카대륙 중앙부에 있는 호
수로, 지금의 나이지리아, 니제르, 차드, 카메룬에 걸쳐 있다.

132 남대양: 원문은 '대남해大南海'이다. 남대양은 오늘날 남극해를 가리키는데, 남극해가 발견되기 이전에는 아프리카대륙 남쪽 대양을 남대양이라고 칭했다.

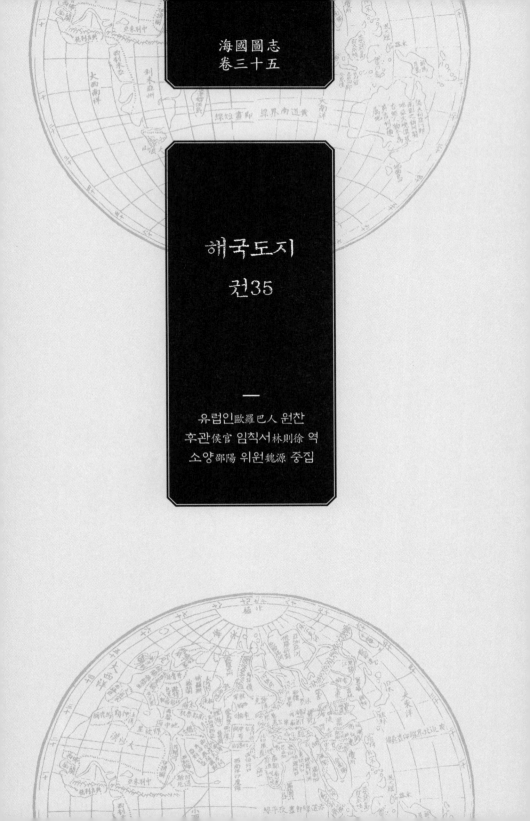

海國圖志
卷三十五

해국도지
권35

一

유럽인歐羅巴人 원찬
후관侯官 임칙서林則徐 역
소양邵陽 위원魏源 중집

본권에서는 서아프리카의 북쪽에 위치한 세네감비아 10개국인 카요르, 밤부크, 갈람, 푸타토로, 호발, 바라, 부어살럼, 야니, 울리와 감비아강 이남에서 벵겔라강 이북 사이의 14개국인 펠로프스, 푸타잘롱, 그레인코스트, 아이보리코스트, 아샨티 제국, 다호메이, 베냉, 와리, 보니, 콩고, 로앙고, 가만, 앙골라, 벵겔라 및 기타 국가의 연혁과 지리, 풍속, 외모, 언어 및 대외 관계에 대해 서술하고 있다.

서아프리카 각 나라

—

서아프리카는 크게 두 지역으로 나뉜다. 한 지역은 세네갈강Senegal River[1] 이남에서부터 감비아강Gambia River[2] 이북까지로, 여기에는 9개의 나라가 있다. 첫째 카요르Cayor,[3] 둘째 밤부크Bambouk,[4] 셋째 갈람Gallam,[5] 넷째 푸타토로Futa Tooro,[6] 다섯째 호발Hoval,[7] 여섯째 바라Barra,[8] 일곱째 부어살럼Boor Salum,[9] 여덟째 야니Yani,[10] 아홉째[11] 울리Woolli[12] 등 크고 작은 나라들이 같은 지역에 함께 속해 있다. 프랑스인들이 두 강의 이름을 합치고 그 땅의 이름을 세네감비아Sene-Gambia[13]라고 불렀다. 9개국 가운데 카요르만 해변에 위치하고 나머지 나라는 모두 내지에 위치한다. 또한 인접해 있는 서랍저국西臘氐國은 세네갈강 북쪽에 위치하며, 감비아강 이남에서 벵겔라강Benguela River[14]에 이르기까지 또 14개국이 같은 지역에 있는데, 다음과 같다. 첫째 펠로프스Feloops,[15] 둘째 푸타잘롱Fouta Djallon,[16] 셋째 그레인코스트Grain Coast,[17] 넷째 아이보리코스트Ivory coast,[18] 다섯째 아샨티 제국Asanteman,[19] 여섯째 다호메이Dahomey,[20] 일곱째 베냉Benin,[21] 여덟째 와리Warri,[22] 아홉째 보니Bonny,[23] 열 번째 콩고Congo,[24] 열한 번째 로앙고 Loango,[25] 열두 번째 가만Gaman,[26] 열세 번째 앙골라Angola,[27] 열네 번째 벵겔라Benguela[28]가 그것이다. 이들 14개 왕국은 모두 해변에 위치하며, 지세가 평평하고 풀이 무성하다. 간혹 높은 언덕이 있기도 하지만 모두 바닷속에서 솟아오른 것이다. 이름난 산과 높고 험한 산은 모두 내지에 위치한다. 동서의 너비는 수백 리이고, 남북의 길이는 약 4천 리이며, 고리 모양처럼 둥글고 들쑥날쑥한 지형에 모두 24개의 나라가 있다.

산은 콩산맥Mountains of Kong[29]이 가장 크고, 세네감비아에서부터 동부 아프리카의 달의 산맥Mountains of the Moon[30]에 이르기까지 구불구불 연결되어 있으며, 경내의 하천은 모두 이곳에서 발원한다. 산의 서쪽에는 감비아강·세네갈강[31]·나이저강Niger River[32]이 있고, 산의 남쪽에는 히우그란지강Rio Grande[33]·메수라도강Mesurado River[34]이 있다. 발원지는 멀지만 너비가 가장 넓은 것은 나이저강으로, 포트루이스Fort Louis[35]에서 대서양Atlantic Ocean[36]까지 바로 통한다. 감비아강 물줄기[37]가 가장 빨라 세네감비아의 남쪽에서 바로 대해로 흘러 들어간다. 세네갈강은 발원지가 꽤 멀고 강물이 구불구불 소용돌이치기 때문에 세네감비아의 북쪽에서 대양으로 흘러 들어간다. 히우그란지강과 메수라도강의 경우는 모두 남쪽 구석에 위치해서 콩고강 하구를 경유해 바다로 유입된다. 그 밖에 자이르강Zaïre River[38]과 쿠안자강Cuanza River[39]은 발원지는 모르나, 해구에서 내지까지의 거리는 서로 다르다. 유럽인들은 강역을 구획할 때 오직 강줄기만으로 경계를 나눠 해안만을 알 뿐 내지는 살피지 않는다. 아덴Aden[40]의 지리에 대해 기록해 놓은 것도 억측이 많다. 서기 1430년 명나라 선덕宣德[41] 5년이다. 에 처음 서양의 포르투갈 사람들이 배를 타고 마데이라Madeira[42] 기슭을 지나가다가 잠시 아소르스제도Ilhas dos Açores[43]에 머물렀는데, 이때 처음

북쪽 구석에 위치한 세네감비아를 찾아냈고, 이어서 남쪽의 구석에 있는 콩고 등을 찾아내었기에 이곳 연안을 따라 있는 부두는 모두 포르투갈령이다. 1640년경에 포르투갈이 쇠퇴하면서 골드코스트Gold Goast[44]의 땅은 바로 네덜란드에 점령되었다. 비록 얼마 지나지 않아 되찾아 왔으나 세네감비아는 다시 영국과 프랑스의 차지가 되었다. 영국은 곧바로 감비아강 하구[45]에 부두를 세우고, 프랑스는 세네갈강 하구에 부두를 세웠다. 두 나라는 모두 회사를 가지고 있었으며, 각각 포대를 설치했다. 수출 물품으로는 오직 금과 노예가 가장 많았다. 영국과 프랑스가 내지의 상황에 대해서 알아내려 애썼으나 단서가 거의 없었고, 또 두 나라 간의 전쟁통에 결국 중도에 그만두었다.

들자 하니, 인구는 모두 2100여만 명 정도 된다. 대부분 두툼한 입술에 납작한 코, 사악한 얼굴에 고개가 뒤로 젖혀 있으며, 피부가 검고 모발이 말려 있다. 꾸미지 않고 기예나 문학이 없으며, 싸움할 때는 사납지만 평소에는 도리어 순박하다. 교단은 없고 오로지 페티시Fetish[46]의 신에게 제사 지냈으니, 큰 나무나 큰 돌, 상아·개 이빨·호랑이 이빨·양 머리·생선 뼈, 혹은 나뭇가지나 새끼 묶음 등 마음 내키는 대로 대상을 지목해 페티시로 삼았다. 집에서 모시는 경우도 있고 마을에서 모시는 경우도 있는데, 감실을 세우고 제사를 받들며 일이 생기면 기도했다. 사람이 죽으면 대부분 재물과 비단을 태우면서 노잣돈이라 생각했다. 제사장은 희생물을 마련해 조상들에게 바쳤다. 음악을 즐기고 가무를 좋아한다. 대부분 처첩을 두었는데, 일반 사람들은 많게는 10~20명이고, 왕은 보통 천 명에 달하며, 아샨티 제국[47]이나 다호메이 왕국의 수장들은 수천 명이나 되었다. 사람들은 보잘것없는 초라한 곳에 사는데, 문이 3자 높이라 몸을 굽히고 들어갔다. 첩 한 명이 문 하나에 살고 밖은 담장으로 둘렀는데,

위아래 사람들이 모두 그렇게 했다. 오직 궁실과 관청은 대체로 꽤 넓고 높은 편이며, 칸마다 채색하여 꾸며서 계급을 구분했다. 남녀 모두 금이나 상아로 된 팔찌를 차고 반지 끼기를 좋아했는데, 주렁주렁 많이 차는 것을 아름답다고 여겼으며, 아주 가난한 사람들도 쇠붙이 팔찌를 찼다. 얼굴은 붉은색과 흰색으로 칠하고 몸이나 피부에 문신을 했다. 손으로 음식을 먹는데, 여러 사람이 모여서 먹었다. 상수리나무·녹나무·버드나무·포도주·무화과·계피·사탕수수·오디[48]·감자·마늘·밤·야자유·부석浮石[49]·야자椰子·송백수松柏樹·용혈수龍血樹[50]·레몬·복숭아·귤·자두·바나나·수박·오이·쌀·조·면화·설탕·돗자리·목재·금·구리·강철·상아 등이 나는데, 이 가운데 상아는 매년 약 은 15만 원員에 상당하는 양이 난다.

西阿利未加洲各國

一

　　西阿利未加分兩大區. 其一區起自色黎雅爾河以南, 至安彌阿河以北, 內有九國. 一嘉約, 二莽孟, 三雅爾蘭, 四夫達多臘, 五和洼爾, 六馬臘, 七孟薩倫, 八雅尼, 九稔里, 大小各國, 同屬一區. 佛蘭西人遂合幷兩河之名以名其地, 曰色黎安彌阿. 九國之中, 僅嘉約濱海, 餘俱腹內. 又有西臘氏國相毗連, 在色黎雅爾河之北, 其安彌阿河以南至敏惟臘河, 又有十四國同區. 一霏落司, 二夫達雅羅, 三額林, 四埃阿里, 五阿寒氏, 六那和彌, 七彌領, 八洼里, 九門尼, 十根戈, 十一鑾戈, 十二雅門, 十三安戈臘, 十四敏維臘. 皆濱海之區, 地勢平蕪. 偶有高阜, 亦皆錯出海中. 名山巨嶽, 盡在腹內. 橫數百里, 袤長約四千里, 彎環參錯, 凡二十四國.

　　山以公山爲最巨, 由色黎安彌阿至東阿未里加之悶山, 蜿蜒相連, 境內河道皆發源於此. 山之西有安彌阿河·色黎雅爾河·尼額河, 山之南有來阿額蘭尼河·米蘇臘那河. 其源遠而闊者尼額河, 由花羅來市直達阿蘭底海. 安彌阿河流最駛, 由色黎安彌阿南入海. 色黎雅爾河源較遠, 曲折濚洄, 由色黎安彌阿北入海. 若來阿額蘭尼河·彌蘇臘那河, 俱在南隅, 由根戞諸口入海. 尚有色爾戈河·戈安薩河, 未悉其源委, 其海口距內地里數不等. 歐羅巴人分疆畫域, 惟以河流分界, 然亦止知瀕海, 莫窺內地. 卽阿丹地理所載, 亦多臆度. 始耶穌紀歲千四百三十年, 明宣德五年. 西洋有葡萄亞人舟過麻牙那山麓, 暫栖于阿爾厘島, 始訪出北隅之色黎安彌阿, 繼尋得南隅之根戞等處, 從茲沿海埠頭悉屬葡萄亞. 千六百四十餘年, 葡萄亞浸衰, 其俄爾戈之地卽爲荷蘭所奪. 雖旋取回, 而色黎安彌阿又爲英吉利·佛蘭西所據. 英人卽在庵彌阿河口立埠, 佛蘭西則在色黎雅爾河口立埠. 兩國皆有公司, 各立砲臺. 出口貨物惟金及人口最大. 至內地情形, 英吉利與佛蘭西人講求探溯, 尚無端倪, 而兩國搆兵, 遂爲中止.

聞其人戶, 共二千二百餘萬口. 大都厚脣扁鼻, 邪面後仰, 色黑髮鬈. 不裝飾, 無技藝·文學, 戰鬪雖悍, 平居尚淳樸. 不習教門, 專祀匪底祇之神, 或以大樹·大石, 或以象牙·狗牙·虎牙·羊頭·魚骨, 或樹枝·繩束等類, 隨意而指, 卽以爲匪底祇之神. 有供奉在家者, 有位置在村莊者, 立龕列祭, 遇事祈禱. 人死, 多焚財帛, 謂資冥用. 宰人作牲, 以享先靈靈. 嗜音樂, 喜歌舞. 多畜妻妾, 常人多則一二十, 王則動百十計, 而阿寒底·那和彌兩國酋長, 竟至數千. 民居卑小, 門高三尺, 鞠躬而入. 一妾一門, 外圍以牆, 上下皆然. 惟宮室廨署, 略較爽塏, 間施采飾, 以別等級. 男女皆喜帶手鐲·指環, 或金或象, 以多爲美, 卽赤貧亦繫鐵鐲. 面繪紅白, 文身刺膚. 以手搏食, 飲啖兼數人. 産橡·樟·楊柳·葡萄酒·無花果·桂皮·甘蔗·桑椹·薯·蒜·栗·油·浮石·椰子·松柏樹·龍血樹·檸檬·桃·柑·李·蕉果·西瓜·黃瓜·米·粟·棉花·糖·蓆·材木·金·銅·鋼鐵·象牙, 計象牙歲值銀約十五萬員.

주석

1   세네갈강Senegal River: 원문은 '색려아이하色黎雅爾河'이다.

2   감비아강Gambia River: 원문은 '안미아하安彌阿河'이다.

3   카요르Cayor: 원문은 '가약嘉約'이다.

4   밤부크Bambouk: 원문은 '망맹莽孟'이다.

5   갈람Gallam: 원문은 '아이란雅爾蘭'이다.

6   푸타토로Futa Tooro: 원문은 '부달다랍夫達多臘'이다.

7   호발Hoval: 원문은 '화와이和洼爾'이다.

8   바라Barra: 원문은 '마랍馬臘'이다.

9   부어살럼Boor Salum: 원문은 '맹살륜孟薩倫'이다.

10   야니Yani: 원문은 '아니雅尼'이다.

11   아홉째: 원문은 '구九'이다. 광서 2년본에는 '지之'로 되어 있으나, 문맥에 따라서 고쳐 번역한다.

12   울리Woolli: 원문은 '임리稔里'이다.

13   세네감비아Sene-Gambia: 원문은 '색려안미아色黎安彌阿'이다.

14   벵겔라강Benguela River: 원문은 '민유랍하敏維臘河'이다.

15   펠로프스Feloops: 원문은 '비락사霏落司'이다.

16   푸타잘롱Fouta Djallon: 원문은 '부달아라夫達雅羅'이다.

17   그레인코스트Grain Coast: 원문은 '액림額林'이다. 유럽과 아프리카 간 향신료 무역의 중심지로서, 이곳에서 거래된 크실로피아의 마른 열매가 '낙원의 곡물'로 불린 데서 곡물해안이라 불렸다.

18   아이보리코스트Ivory coast: 원문은 '애아리埃阿里'이다. 과거 이 지역에서 상아가 많이 거래되어, 상아해안이라고 불렸다.

19   아샨티 제국Ashanteman: 원문은 '아한저阿寒氐'이다.

20   다호메이Dahomey: 원문은 '나화미那和彌'이다. 광서 2년본에는 '화和'가 '지

知'로 되어 있으나, 악록서사본에 따라서 고쳐 번역한다.

21 베냉Benin: 원문은 '미령彌領'으로, 지금의 나이지리아 벤델주Bendel 주도 이다.

22 와리Warri: 원문은 '와리洼里'이다.

23 보니Bonny: 원문은 '문니門尼'이다. 광서 2년본에는 '니문尼門'으로 되어 있 으나, 악록서사본에 따라서 고쳐 번역한다.

24 콩고Congo: 원문은 '근아根戔'이다.

25 로앙고Loango: 원문은 '란아鑾戔'이다.

26 가만Gaman: 원문은 '아문雅門'으로, 아만雅漫이라고도 한다.

27 앙골라Angola: 원문은 '안아랍安戔臘'이다.

28 벵겔라Benguela: 원문은 '민유랍敏維臘'이다.

29 콩산맥Mountains of Kong: 원문은 '공산公山'이다. 1798년부터 1880년대 후 반까지 아프리카 지도에 기록된 전설적인 산으로, 훗날 실제로 존재하 지 않는 허구의 산으로 밝혀졌다.

30 달의 산맥Mountains of the Moon: 원문은 '민산悶山'이다. 콩산맥과 마찬가지 로 실존하지 않는 것으로 밝혀졌다.

31 세네갈강: 원문은 '색려아이하色黎雅爾河'이다.

32 나이저강Niger River: 원문은 '니액하尼額河'이다.

33 히우그란지강Rio Grande: 원문은 '내아액란니하來阿額蘭尼河'로, 부바강Rio Buba이라고도 한다.

34 메수라도강Mesurado River: 원문은 '미소랍나하米蘇臘那河'로, 미소랍나하彌蘇 臘那河라고도 한다. 광서 2년본에는 '랍臘'이 없으나, 악록서사본에 따라 서 고쳐 번역한다.

35 포트루이스Fort Louis: 원문은 '화라래시花羅來市'이다.

36 대서양Atlantic Ocean: 원문은 '아란저해阿蘭底海'이다.

37 감비아강 물줄기: 원문은 '안미아하류安彌阿河流'이다. 광서 2년본에는 '아阿'가 없으나, 악록서사본에 따라서 고쳐 번역한다.

38 자이르강Zaïre River: 원문은 '색이과하色爾戈河'로, 콩고강의 옛 명칭이다.

39 쿠안자강Cuanza River: 원문은 '과안살하戈安薩河'이다. 광서 2년본에는 '과戈'가 없으나, 악록서사본에 따라서 고쳐 번역한다.

40 아덴Aden: 원문은 '아단阿丹'이다.

41 선덕宣德: 명나라 제5대 황제 선종宣宗 주첨기朱瞻基의 연호(1425~1435)이다.

42 마데이라Madeira: 원문은 '마아나산麻牙那山'이다.

43 아소르스제도Ilhas dos Açores: 원문은 '아이리도阿爾厘島'이다.

44 골드코스트Gold Goast: 원문은 '아이과俄爾戈'이다.

45 감비아강 하구: 원문은 '암미아하구庵彌阿河口'이다.

46 페티시Fetish: 원문은 '비저지匪底祗'이다. 서아프리카의 전통적 신앙 및 종교적 관습에서 비롯된 것으로, 우상 및 물신 숭배와 깊은 관계가 있다.

47 아샨티 제국: 원문은 '아한저阿寒底'이다.

48 오디: 원문은 '상심桑椹'이다.

49 부석浮石: 약재의 일종이다.

50 용혈수龍血樹: 특유의 붉은 수액을 용의 피라고 부른 데서 이름 붙여진 나무로, 붉은 수액을 염료나 약재, 향료로 사용했다.

세네감비아 10국

    세네감비아 지역에는 9개국이 있으며, 서아프리카의 북쪽에 위치한다. 동쪽으로는 술리마Sulima,[1] 서쪽으로는 바다, 남쪽으로는 감비아강, 북쪽으로는 세네갈강을 경계로 하고 있다. 동서의 거리는 7백여 리이고, 남북의 거리는 250리이며, 크고 작은 나라 9개국이 있다. 또한 원주민은 카요르족,[2] 풀라니족Fulani,[3] 말링케족Malinke[4] 세 종족이 있다. 풀라니족은 키가 크고 건장하며, 코가 납작하고 입술이 두꺼우며, 얼굴이 올리브 열매처럼 생겼다. 민간에서는 무함마드의 이슬람교를 신봉하고, 천성이 평화를 숭상해 노약자나 병자, 그리고 타지에서 온 가난한 외부인을 두루 도와준다. 유목하며 천막생활을 한다. 말링케족은 얼굴이 검고, 물고기를 잡아 살아가며, 안부 묻기를 좋아하고 가무를 즐기며, 처첩을 많이 두었다. 처에게 허물이 있으면 시장에서 매질해 경계로 삼았다. 카요르족[5]은 얼굴이 검고 직물을 짜서 생활하며, 기마와 궁술에 뛰어나고, 셈을 할 때 5를 10으로 했고, 문자는 없다.

카요르는 바로 야라보野羅甫로, 세네갈강 하구에 위치해 해안에 인접해 있고, 세네감비아 지역 가운데 대국이다. 유일한 부락은 골베리Golberry[6]로, 부족장이 거주하고 있다. 프랑스인들은 이 땅에서 무역하다가 결국 세네갈강 하구를 점령하고 포대를 세웠다. 또한 맞은편 해안에 있는 고레섬Île de Gorée[7]에 부락을 만들어 3천 명이 살고 있는데, 하구의 방어물 역할을 했다. 수목이 무성하고 물산이 풍부하며 대부분 장사한다.

밤부크는 세네감비아의 동쪽에 위치하고, 인근에 세네갈강이 있다. 안쪽에 있는 나달경산那達更山에서는 황금과 철이 섞여 나오는데, 몇 자 남짓 파고 들어가면 바로 금 알갱이가 나오고, 또 1길 남짓 파면 금덩어리가 나온다. 원주민들은 갱을 지탱하는 기술이 없어 걸핏하면 갱도가 무너져 죽었다. 색매랍산色買臘山은 금이 단단한 돌에 박혀 있어 금을 캐는 데 품이 많이 든다. 또한 산 중턱에서는 루비가 난다.

갈람은 세네갈강 상류 극동쪽에 위치하며, 만무Mamou[8]와 인접해 있다. 프랑스 선박이 일찍이 이 땅에 와서 장사해 몇 배의 이익을 올렸으나 기후 풍토가 익숙하지 않고 뱃길로 가기 어려우며 늘 약탈에 시달려 더 이상 그 땅에 깊이 들어가지 않았다.

푸타토로는 세네갈강 하류에 위치해 바다에서 멀지 않고, 강의 남북으로 모두 관할지를 가지고 있다. 부족장이 이슬람족이라 부족민을 통제할 수 없었다.

호발[9]은 근해의 아주 작은 나라이다. 부족장은 대적할 이가 없을 정도로 야만스러우며, 자칭 '액리묵랍額利墨臘'이라고 했는데, 중국어로 하면 '왕중왕'이라는 의미이다.

바라는 감비아강의 북쪽에 위치하고 바다에서 아주 가깝다. 부족장이 살고 있는 곳이 바로 바라 부락이다. 경내에 있는 주푸레Jufureh[10]에서 항구를 열고 세관을 설치했다. 앞서 포르투갈의 속국으로 있다가 영국에게 점령되었는데, 영국은 감비아강에 포대를 세우고 방어했다. 물길을 거슬러 40리를 올라가면 피사니아Pisania[11] 부락이 나온다. 영국인들이 비록 무역은 하고 있지만 끝내 내지인 나이저강까지는 왕래가 없어 무역이 성하지는 않았다.

부어살럼은 바라국 위쪽에 위치하고 영토가 꽤 넓은 편이다. 원주민들은 약 30만 명 정도 되는데, 모두 말링케족이다.

야니와 울리는 모두 작은 나라로 부어살럼 위쪽에 위치한다. 그 땅은 모두 둔덕으로 이루어져 있고, 그 땅에서 나는 곡식은 그 주위에서는 최고이다. 거기서 다시 4백 리를 가면 모래와 물이 함께 샘솟는 곳이 나오는데, 악어와 물오리가 많고, 강기슭에는 들짐승이 군집해서 살고 있어 배의 운행이 어렵다.

서랍저국은 세네갈강의 북쪽에 위치하고, 상술한 9개국과 인접해 있어 10개국이 된 것이다. 강은 콩산맥에서부터 발원하여 바라의 주푸레에 이르러 나가는데, 서랍저국의 경내 절반을 경유해서 나간다.

色黎安彌阿十國

一

色黎安彌阿一區, 內有九國, 在西阿未里加之北. 東界蘇厘麻, 西界海, 南抵安彌阿河, 北抵色黎雅爾河. 東西距七百餘里, 南北距二百五十里, 大小九國. 又土番三種: 一曰野羅甫, 一曰付臘司, 一曰曼領䫉. 付臘司種類高大, 鼻扁唇厚, 面似橄欖. 俗奉馬哈墨回敎, 性尙平和, 周濟老弱疾病與外來窮旅. 游牧爲生, 隨帳遷徙. 曼領䫉種類面黑·業漁, 喜問訊, 嗜歌舞, 多娶妻妾. 妻有過, 撻之於市, 以示懲警. 野羅付種類面黑, 業紡織, 善騎射, 計數以五作十, 無文字.

嘉約國卽野羅甫, 在色黎雅爾河口, 瀕海岸, 爲色黎安彌阿區中之大國. 惟一部落曰麻皆, 卽酋長所居. 佛蘭西人貿易其地, 遂據河口, 築砲臺. 又於對岸之俄黎島設立部落, 居人三千, 爲河口之保障. 樹木丛茂, 産豊, 多商賈.

莽孟國在色黎安彌阿之東, 附近色黎雅爾河. 內有那達更山, 金鐵相間, 掘至數尺許, 卽有金粒, 至丈許, 則金粒成團. 土番不善支撐磺穴, 動致坍壓. 色買臘山, 金在剛石之間, 鑿採費工. 又有半山出産紅石.

雅爾蘭國在色黎雅爾河之上流, 地處極東, 與滿母比鄰. 佛蘭西船曾商其地,獲利倍蓰, 以水土不服, 河道難行, 恒被劫掠, 遂不復深入其地.

夫達多臘國在色黎雅爾河之下流, 距海不遠, 河之南北, 均其轄地. 酋長回教種類, 亦不能制其部下.

和洼爾國, 近海蕞爾之區. 酋長蠻野無匹, 自稱曰額利墨臘, 猶華言王中王云.

馬臘國在安彌阿之北, 距海甚近. 酋長所居, 卽馬臘部落也. 境內有尼利弗里市埠, 設有稅館. 先屬葡萄亞國, 英吉利奪之, 而於安彌阿河口築砲臺防守. 溯流而上四十里, 卽比沙部落. 英人雖有貿易, 究不與內地尼額河相通, 故交易不盛.

孟薩倫國在馬臘國之上, 幅員較闊. 土番約三十萬, 均曼領峩種類.

雅尼國·稔里國, 均小國也, 居於孟薩倫之上. 厥土墳衍, 產穀甲一方. 再行四百里, 卽沙水竝湧之地, 多鱷魚·水梟, 岸則野獸成群, 舟楫難駛.

西臘氏國在色黎雅爾河之北, 與前九國毗連爲十. 河源發自公山, 至馬臘之尼力弗里出口, 經西臘氏境內者居半.

주석

1   술리마Sulima 원문은 '소리마蘇厘麻'이다.

2   카요르족: 원문은 '야라보野羅甫'이다.

3   풀라니족Fulani: 원문은 '부랍사付臘司'이다.

4   말링케족Malinke: 원문은 '만령아曼領莪'이다.

5   카요르족: 원문은 '야라부野羅付'이다.

6   골베리Golberry: 원문은 '마개麻皆'이다.

7   고레섬Île de Gorée: 원문은 '아려도俄黎島'이다.

8   만무Mamou: 원문은 '만모滿母'이다.

9   호발: 원문은 '화와이和洼爾'이다.

10 주푸레Jufureh: 원문은 '니리불리尼利弗里'로, 니력불리尼力弗里라고도 한다.

11 피사니아Pisania: 원문은 '비사比沙'이다.

감비아강 이남 벵겔라강 이북 내 14국

—

펠로프스는 카요르의 남쪽에 위치하고, 동쪽으로는 술리마, 서쪽으로는 바다, 남쪽으로는 푸타잘롱, 북쪽으로는 카요르의 감비아강과 접해 있다. 토질이 좋고 물산이 풍부하며 닭·오리·꿀이 특히 많다. 유럽인이 이곳에 와서 무역할 때는 관례대로 반드시 말링케족이 중간에서 중개해야만 해서 유럽과 펠로프스 양쪽은 매매할 때 대면할 수 없기 때문에 직접 통상할 수 없었다.

푸타잘롱은 부랍사富臘司라고도 하는데, 펠로프스 동남쪽에 위치하며, 동쪽으로는 그레인코스트, 서남쪽으로는 바다, 북쪽으로는 술리마와 경계를 맞대고 있다. 면적은 길이는 350리 정도이고, 너비는 3백 리이다. 팀보Timbo,[1] 라이베리아Liberia,[2] 시에라리온Sierra Leone,[3] 달라바Dalaba[4] 네 부락이 있다. 부족장은 팀보에 거주하면서 늘 1600명을 이끌고 사람들을 노략질해 유럽인에게 노예로 팔아넘겼다. 제사를 올릴 때 사람을 희생물로 사용한다. 원주민들은 모두 풀라니족으로, 민간에서는 이슬람교[5]를 받든다. 시에라리온의 해변이 해안에 인접해 있으며, 영국 상인의 통상 항구이다. 이곳에서 그레인코스트의 경계 지역까지는 약 2백 리 거리이다. 라이베리아⁶는 메수라도강 하구⁷에 위치하며 미국의 통상항구이다. 남북의 길이는 250리이고, 동서의 너비는 20~30리이다. 토지는 비옥하고, 사람들은 게으르며 무뢰한이 많다. 이 땅에서는 은·철·목재·가죽·무명천·면화·설탕·야자유·상아·소목·밀랍·후추가 난다.

그레인코스트는 푸타잘롱의 동남쪽에 위치하고, 동쪽으로는 아이보리코스트, 남쪽으로는 바다, 서쪽으로는 푸타잘롱, 북쪽으로는 술리마와 경계를 맞대고 있다. 유일한 부락은 팀보로, 부족장이 이곳에 거주한다. 제사를 지낼 때 역시 사람을 희생물로 쓰고 또한 남편이 죽으면 아내가 묘 앞에서 스스로 목숨을 끊어 제물이 되는 경우도 있다. 별도로 묵이리 墨爾里라는 성직자가 왕국의 권력을 전횡했다. 그 성직자는 젊어서는 세속을 떠나 깊은 숲속에 머물면서 오랫동안 수련해 요술을 부릴 줄도 알고, 교리에도 능통할 뿐만 아니라 공문서도 자세히 살필 줄 알아 바야흐로 그를 일러 묵이리라 부르게 되었다. 그 땅은 옛날에는 포르투갈령이었으나, 지금은 포르투갈인과 원주민이 함께 살고 있다. 이 땅에서는 후추가 난다.

아이보리코스트는 그레인코스트의 동쪽에 위치하고, 남쪽으로는 바다, 북쪽으로는 사난棧難, 동쪽으로는 아샨티 제국, 서쪽으로는 그레인코스트와 경계를 맞대고 있다. 2개의 부락을 다스리는데, 하나는 그랑라후 Grand-Lahou⁸로 해구에 인접해 있고, 다른 하나는 야무수크로Yamoussoukro⁹로 내지에 있다. 그랑라후에서 나는 상아는 최고이다. 유럽인들은 흉포한 원주민 때문에 무역하러 가는 경우가 드물다. 원주민들이 사용하는 언어는 소리가 목 안에서만 맴돌아 마치 들짐승이 울부짖는 소리 같아서 사람들이 들으면 기겁한다.

아샨티 제국은 아과이羲戈爾라고도 하는데, 아이보리코스트의 동남쪽에 위치하고, 동쪽으로는 다호메이, 서쪽으로는 아이보리코스트, 남쪽으로는 바다, 북쪽으로는 소란蘇蘭과 경계를 맞대고 있다. 면적은 사방 1만 4천 리이고, 인구는 1백만 명으로 노예까지 포함하면 4백만 명이다. 4개의 부락을 관할하는데, 케이프코스트Cape Coast[10]와 엘미나Elmina[11]는 해변에 인접해 있고, 아크라Accra[12]와 준만리準彎里는 모두 내지에 있다. 케이프코스트는 영국 상인들이 거주하고 있는 곳으로 포대가 설치되어 있다. 동쪽으로 약 50리 정도 가면 엘미나가 나오는데, 바로 네덜란드의 통상항구로 포대가 아주 많다. 해안에는 흙이 드물고 모래가 많으며, 설탕과 옥수수가 많이 나고, 금광이 매우 많다. 원주민들은 성미가 거칠고 급해 송사를 좋아한다. 집은 넓고 정돈되어 있으며, 촌락마다 회의장을 설치하고 연장자에게 맡겨 소송을 심리하게 했는데, 부자들은 소송을 통해 재산을 잃어버리는 경우가 많았다. 사람을 희생물로 삼아 묘 앞에서 제사를 지내고 며칠 동안 잔치를 벌였다. 습속에 따르면 남자는 편안하게 지내고 여자가 노동했는데, 힘든 일은 여자가 다 했고 오직 물고기를 잡는 것만 남자가 했다. 복색은 흰색을 좋아하고 부족장 이하 모두 금팔찌를 찼다. 군사와 관련해서 전쟁을 하거나 화친을 맺을 때는 모두 네 명의 관리가 상의했다. 봄가을 두 번 제사를 지내는데, 모두 사람을 희생물로 삼아 복을 기원했다. 부족장이 죽으면 번번이 사람 천 명을 죽여 제사 지냈다. 먼저 다른 나라의 노예를 잡아서 재갈을 채워 구금한다. 죄인이 부족하면 길 가는 사람을 사로잡았기 때문에 시장에 갈 때 사로잡힐까 봐 두려워 감히 혼자 다니지 못했다. 신분이 높을수록 처첩을 많이 두었는데, 부족장은 대개 3천 명은 되고 모두 미색으로 뽑았으며, 약간이라도 거슬리면 마음대로 죽였다. 또한 사람들을 유럽인에게 노예로 팔아넘겼는데, 그 잔혹함이 전체 대륙 가운데 최고이다. 그러나 부족장 역시 유럽의 재주와 기예를 알고 흠모해 사람들에게 가르쳤다. 장식품과 기물이 모두 정교했다. 수출품은 오직 황금뿐이다. 관할 지역은 아주 광범위해서 딘키라Dinkira[13]·아킴Akim[14]·월소Warsaw[15]·아캄보Aquamboe[16] 4개국이 모두 지배를 받고 있다. 후에 또 내지의 가만[17]·인타Inta[18]·다곰바Dagomba[19] 등의 국가를 정복했다.

다호메이는 아샨티 제국의 동남쪽에 위치하고, 동쪽으로는 베냉, 서쪽으로는 아샨티 제국, 남쪽으로는 바다, 북쪽으로는 사란梭蘭 부근의 해안과 경계를 맞대고 있다. 남북의 길이와 동서의 너비는 각각 2백 리이다. 바다에 잠겨 있는 땅은 슬레이브코스트Slave Coast[20]로 중국어로 하면 노예해안이다. 본래 위다Whydah[21]의 땅으로 부족장은 부를 믿고 교만 방자하게 굴다가 결국 다호메이에 합병되었다. 풍속과 민심은 아샨티 제국과 비슷하지만 훨씬 잔인하다. 사람이 죽으면 염도 하지 않고 묻지도 않으며 담벼락에 걸어 두고 썩을 때까지 놔두었다. 궁궐과 사당은 사람의 천령골天靈骨[22]로 덮어 두었다. 부족장은 처첩이 모두 3천 명으로, 매년 명을 내려 이국의 여자들을 불러 모아 일차적으로 선발해 가장 높은 등급은 자기 몫으로 남기고, 그다음은 외국 관원들에게 나누어 혼인시켰다. 인근에 또한 아르드라Ardra[23]·바다그리Badagry[24]·라고스Lagos[25] 등의 속국이 있다. 라고스는 기우제를 올릴 때 젊은 여자를 신전에다 거꾸로 세워 두었다. 죽을죄를 지은 사람이 있으면 나뭇가지 끝에 목을 매달아 두었다. 아르드라[26]의 토산물로는 면화·야자유·비누[27]·토기·철기가 있다.

베냉은 미아불람彌阿佛臘이라고도 하는데, 다호메이의 남동쪽에 위치하고 물가에 인접해 있으며, 너비는 약 2백 리 정도 되고, 와리·보니[28] 두 나라와 같은 지역에 있다. 베냉은 지대가 낮아 늘 장마를 걱정한다. 이곳에서는 상아가 난다. 민간에서는 페티시의 신을 숭배하며, 사람들은 부족장을 만나면 신을 대하듯 한다. 만약 부족장에게 잘못을 저지르는 자가 있다면 이것은 이미 원죄를 범한 것에 해당하고, 게다가 천지신명과 법규를 모독한 죄까지 덧붙여 극형에 처했다.

와리는 베냉의 서남쪽에 위치하고, 내륙의 하천에 인접해 있으며 지세가 낮고 습하다. 물줄기가 여러 갈래로 나뉘어 배가 다니지 못할 정도로 강폭이 좁으며, 오직 브래스강Brass River[29]만은 꽤 넓고 물줄기가 또한 길어 대서양까지 그대로 이어진다. 토지가 척박하고 사람이 드물며 풍속은 대체로 베냉과 비슷하다.

보니는 베냉의 동남쪽에 위치한다. 강을 따라 물길을 거슬러서 약 60리를 가면 바로 에프라임타운Ephraim Town[30]이다. 부족장은 야만적이라 전쟁에서 이기면 바로 그들의 두개골을 모아 사당을 짓고 페티시의 신에게 제사를 지냈다. 매년 2만 명 정도의 노예를 팔아넘겼다. 토산물로는 상아가 가장 많고 그다음으로는 야자유와 소금이 많다.

콩고는 로앙고의 남동쪽에 위치하고, 북쪽으로는 로앙고, 서쪽으로는 대서양, 남쪽으로는 앙골라,[31] 동쪽은 사막으로 이어진다. 작은 부락 3개를 관할하고 있는데, 콩고와Congowar[32]는 내륙에 위치하고 부족장이 살고 있다. 멜렘바Melemba[33]와 카빈다Cabinda[34]는 모두 해안에 위치하고 있다. 원주민은 몸이 왜소하고 얼굴이 검으며 힘이 세다. 풍속이 게을러 농사를 짓는 경우가 드물며 나무껍질로 집을 짓고 풀을 엮어서 몸을 가렸다. 땅은 넓으나 사람은 드문데, 작은 마을은 1백여 명, 큰 마을은 수백 명이 산다. 신분은 수장, 지주, 소작농, 노예 4등급으로 나뉜다. 부족장과 수장은 처첩이 많다. 노예들을 매매하는 통상항구는 비록 해안에 있지만, 매매되는 노예들은 모두 내지에서 실어 왔다.

로앙고는 콩고의 북쪽에 위치하고 서쪽으로는 대서양, 남쪽으로는 콩고에 이르며 동쪽과 북쪽은 모두 가만[35]과 경계를 맞대고 있다. 풍속이나 인정은 대체로 콩고와 비슷하다.

앙골라는 콩고의 남쪽에 위치하고, 동쪽은 사막, 서쪽은 대서양, 남쪽은 벵겔라, 북쪽은 콩고와 경계를 맞대고 있다. 풍속이나 인정은 다른 부족들과 마찬가지이다.

벵겔라는 콩고의 남쪽에 위치하고, 서쪽은 대서양, 동쪽과 남쪽은 모두 황무지, 북쪽은 콩고와 경계를 맞대고 있다. 해안을 따라 수백 리는 모두 포르투갈의 관할하에 있다. 매년 매매되는 노예는 2만 명 정도 된다. 풍속은 앞서 나온 부족들과 비슷하다. 이 땅에서는 좋은 품질의 구리가 난다.

安彌河以南至敏維臘河以北十四國

霏落司國在嘉約之南, 東界蘇里麻, 西界海, 南界夫達雅羅, 北界嘉約之安彌阿河. 土厚産豊, 鷄·鴨·蜂蜜尤蕃庶. 歐羅巴人至此貿易, 向例須曼領羖從中經紀, 兩家買賣不得見面, 故不能徑與通商.

夫達雅羅國, 又名富臘司, 在霏落司之東少南, 東界額林, 西南界海, 北界蘇厘麻. 幅員約長三百五十里, 寬三百里. 一鼎磨, 一黎彌里阿, 一西耶臘里阿那, 一臘達俄司, 四大部落也. 酋長居於鼎麻, 常領千六百人, 虜掠人口, 賣與歐羅巴人爲奴. 祭祀用人爲牲. 土番皆付臘司種類, 俗奉馬賀墨頓教. 西耶臘厘阿那濱臨海岸, 爲英商市埠. 由此至額林邊界, 約程二百. 臘彌里阿在彌斯臘那河口, 爲彌利堅市埠. 南北長二百五十里, 寬二三十里. 土沃, 民惰, 多無賴. 産銀·鐵·材木·皮·細布·棉花·糖·油·象牙·蘇木·黃蠟·胡椒.

額林國在夫達雅羅國東南, 東界埃阿里, 南界海, 西界夫達雅羅, 北界蘇厘麻. 惟一部落曰鼎來, 酋長居之. 祭祀亦用人爲牲, 幷有夫死而妻自殺墓前以祭者. 別有一種教師, 曰墨爾里, 能專國中之權. 其教師少年離俗, 露處深林, 修練日久, 能作怪異, 能通奧妙, 非但識其敎中之理, 幷能審識案牘, 方可謂之墨爾里. 其地舊屬葡萄亞, 今尙有葡萄亞之人與土番雜處. 土産胡椒.

埃阿里國在額林國之東, 南界海, 北界梭難, 東界阿寒氏, 西界額林. 領部落二, 一曰臘后, 濱海口, 一曰耶格蘇, 居腹內. 臘后所産象牙爲最. 歐羅巴人以土番獷惡, 罕往貿易. 土番言語, 聲在喉中, 若野獸叫嘯, 駭人聞聽.

阿寒氏又名戣戈爾, 在埃阿里之東少南, 東界那和彌, 西界埃阿里, 南界海, 北界蘇蘭. 幅員萬四千方里, 戶百萬口, 幷奴僕之數, 則有四百萬. 領部落四, 一吉戈司, 一依爾彌那, 濱臨海邊, 一阿加臘, 一準曼里, 均在腹地. 吉戈司, 英吉利商買所寓, 有砲臺. 東行約五十里卽依爾彌那, 爲荷蘭市埠, 砲臺甚多. 海岸土疏多沙, 而沃産糖與包粟, 最豊産金礦. 土番暴躁好訟. 房屋閎整, 每村設一會議之所, 以高年掌之, 審理訟獄, 富家多以訟敗産. 屠人祭墓, 酣宴數日. 習俗男逸女勞, 負重工作無非女, 惟捕魚則男耳. 服色尙白, 酋長以下, 多繫金鐲. 兵事或戰或和, 悉商之四官. 春秋二祭, 皆屠人祈福. 酋長身死, 輒戮千人以祭. 先拘外國奴僕, 竝羈禁之. 罪囚不足, 則虜行人, 故入市不敢獨行, 恐被虜也. 妻妾以多爲貴, 酋長例有三千, 竝選姿色, 稍忤意輒戮死. 竝鬻人口與歐羅巴人爲奴, 其暴虐甲通洲. 然酋長亦知慕歐羅巴之材藝, 以敎其人民. 陳設器物, 皆精巧. 其出口之貨, 惟有黃金. 屬地甚廣, 如領幾臘·阿幾湣·洼掃·阿廣磨四國, 皆其所轄. 後又征服內地之雅漫·陰達·那安麻諸國.

那和彌國在阿寒氏之東少南, 東界彌領, 西界阿寒氏, 南界海, 北界梭蘭附近海岸. 長廣各二百里. 其沒海之地曰斯列哥士, 華語奴僕岸也. 本恢那國之地, 其酋長恃富驕淫, 遂爲那和彌所倂. 風俗人情與阿寒氏同, 而殘忍更甚. 人死不殮不埋, 掛于墻壁, 任其腐朽. 宮室廟宇, 覆以人之天靈骨. 酋長妻妾例有三千, 每年傳集番女, 挑選一次, 上等自留, 次者指配番官. 鄰近尙有阿那臘·麻那厄里·臘俄司諸屬國. 臘俄司祈雨, 將少婦倒植神前. 有犯死罪者, 纓首樹杪.

阿那臘土産棉花·油·番鹼·瓦器·鐵器.

彌領國, 又名彌阿佛臘, 在那和彌之南少東, 濱海, 廣約二百里, 與洼里·門尼二國同區. 彌領地勢低洼, 恒患潦溺. 産象牙. 俗敬匪底祗神, 國人見酋長, 當如見神. 設有干犯酋長者, 已科犯上本罪, 再加褻瀆神明規條, 施以極刑.

洼里國在彌領西南, 濱臨內河, 地勢卑濕. 溪汊紛歧, 皆狹不容舟, 惟墨臘斯河較闊, 源流亦長, 直達阿蘭底海. 土瘠民稀, 風俗略同彌領.

門尼國在彌領東南. 沿河逆流而進約行六十里, 卽耶付連部落. 酋長蠻野, 戰勝卽聚其顱骨, 以造廟宇, 以祀匪底祗之神. 販鬻人口, 每年約二萬. 産象牙最多, 其次油·鹽.

根戞國在鎣戞之南少東, 北界鎣戞, 西界阿蘭底海, 南抵安戞臘, 東界曠野. 領小部落三, 根我洼在內地, 酋長所居也. 馬領麻·加敏那均濱海涯. 土番身體短小, 面黑有力. 俗惰罕耕種, 樹皮爲廬, 草席蔽體. 地曠人稀, 村小者百餘人, 大者數百人. 人分四等, 曰頭目, 曰錢糧戶, 曰耕戶, 曰家奴. 酋長與頭目多蓄妻妾. 販人口市埠雖在海岸, 而所販之人, 悉由內地運載而至.

鎣戞國在根戞之北, 西抵阿蘭底海, 南抵根俄, 東北俱界牙門. 風土人情, 略同根戞.

安莪臘國在根俄之南, 東界曠野, 西界阿蘭底海, 南界敏維臘, 北界根戞. 風土人情, 亦同諸部.

敏維臘國在根戞之南, 西界阿南底海, 東南俱界荒蕪之地, 北界根戞. 沿海岸數百里, 俱葡萄亞所轄. 每年販人口約二萬計. 風俗同前諸部. 産上銅.

주석

1 팀보Timbo: 원문은 '정마鼎磨'로, 정마鼎麻, 정래鼎來라고도 한다.

2 라이베리아Liberia: 원문은 '여미리아黎彌里阿'이다.

3 시에라리온Sierra Leone: 원문은 '서야랍리아나西耶臘里阿那'이다.

4 달라바Dalaba: 원문은 '납달아사臘達俄司'이다.

5 이슬람교: 원문은 '마하묵돈교馬賀墨頓敎'이다.

6 라이베리아: 원문은 '랍미리아臘彌里阿'이다.

7 메수라도강 하구: 원문은 '미리랍나하구彌斯臘那河口'이다.

8 그랑라후Grand-Lahou: 원문은 '랍후臘后'이다.

9 야무수크로Yamoussoukro: 원문은 '야격소耶格蘇'이다.

10 케이프코스트Cape Coast: 원문은 '길과사吉戈司'이다.

11 엘미나Elmina: 원문은 '의이미나依爾彌那'이다.

12 아크라Accra: 원문은 '아가랍阿加臘'이다.

13 딘키라Dinkira: 원문은 '영기랍領幾臘'이다.

14 아킴Akim: 원문은 '아기오阿幾澳'이다.

15 월소Warsaw: 원문은 '와소洼掃'이다.

16 아캄보Aquamboe: 원문은 '아광마阿廣磨'이다.

17 가만: 원문은 '아만雅漫'이다.

18 인타Inta: 원문은 '음달陰達'로, 인탑因塔이라고도 한다.

19 다곰바Dagomba: 원문은 '나안마那安麻'이다.

20 슬레이브코스트Slave Coast: 원문은 '사렬가사斯列哥士'이다.

21 위다Whydah: 원문은 '회나국恢那國'이다.

22 천령골天靈骨: 전설이나 신화에서 초자연적인 힘을 가졌다고 하는 두개 골을 의미한다.

23 아르드라Ardra: 원문은 '아나랍阿那臘'이다.

24 바다그리Badagry: 원문은 '마나액리麻那厄里'이다. 광서 2년본에는 '나액리 那厄里'로 되어 있으나, 악록서사본에 따라서 고쳐 번역한다.

25 라고스Lagos: 원문은 '랍아사臘俄司'이다.

26 아르드라: 원문은 '아나랍阿那臘'이다. 광서 2년본에는 '아랍나阿臘那'로 되어 있으나, 악록서사본에 따라서 고쳐 번역한다.

27 비누: 원문은 '번감番䫄'이다.

28 보니: 원문은 '문니門尼'이다. 광서 2년본에는 '니문尼門'으로 되어 있으나, 악록서사본에 따라서 고쳐 번역한다. 이하 동일하다.

29 브래스강Brass River: 원문은 '묵랍사하墨臘斯河'이다.

30 에프라임타운Ephraim Town: 원문은 '야부련부락耶付連部落'이다.

31 앙골라: 원문은 '안아랍安峩臘'이다. 광서 2년본에는 '안랍아安臘峩'로 되어 있으나, 악록서사본에 따라서 고쳐 번역한다.

32 콩고와Congowar: 원문은 '근아와根我洼'이다.

33 멜렘바Melemba: 원문은 '마령마馬領麻'이다.

34 카빈다Cabinda: 원문은 '가민나加敏那'이다.

35 가만: 원문은 '아문牙門'이다.

중집

—

원본에는 없으나, 지금 보충한다.

『매월통기전每月統紀傳』에 다음 기록이 있다.

아프리카 서쪽 해변에 시르티스Syrtis[1]가 있는데, 이곳에는 두 개의 큰 모래톱이 있다. 한 모래톱은 바다에 위치하는데, 정처 없이 물을 따라 움직인다. 다른 모래톱은 땅에 위치하는데, 바람 따라 휘몰아치며 이르는 곳마다 산처럼 쌓여 성곽과 전답이 모두 파묻히는 바람에 사람들은 이를 아주 고달파했다. 또한 콩고[2]라는 나라는 토지도 비옥하고 사람의 도리도 제법 안다. 서양인이 왕래한 이후로 사람들은 대부분 천주교를 신봉한다. 이 나라 왕은 또한 자식을 유럽으로 보내 문자를 익히게 하고 사물의 이치를 연구하고 공부하게 했다. 시르티스(西得爾國)는 서기득국西驪得國이라고도 하는데, 지금은 영국 항구의 관할하에 있다.[3]

또 다음 기록이 있다.

아프리카 해변에는 옛날부터 강도가 있었는데, 배를 타고 화기를 싣고 다녔으며 좋은 술과 노리개를 흑인에게 팔면서 이를 빌미로 그들을 유인해 노예로 팔아넘겼다. 또한 이익을 탐내는 각국 부족장이 이웃 변경을 침범해 포로를 생포해 해구로 가서 매매했다. 노예 3백~4백 명을 선창 아래의 한곳에 모아 줄로 묶고 차꼬를 채워 두었는데, 답답하고 바람이 통하지 않아 악취가 나며 전염병이 돌아 죽은 사람이 셀 수 없을 정도로 많았다. 영국 의회는 [노예 매매 금지를] 입법화해서 순찰선이 도처를 수색하다가 노예선을 만나면 곧바로 체포해 호송해서 사형에 처했다. 작년 10월 병선이 해상을 돌다가 연해 지역에 정박해 있는 한 노예선을 보자 먼저 포를 쏘아 항복을 권유했으나 그들이 투항하려 하지 않자 기습 공격하여 전사자 1명과 부상자 6명을 내고 결국 그 배를 탈취했다. 포르투갈 부두로 갔을 때 그 성의 관리가 강제로 노예선을 수색하자 영국군은 이를 허락하지 않았다. 이에 포르투갈이 대포를 쏘고 공격하자 영국 해군은 분노해 배를 돌려서 본국의 장군들에게 알려 전함을 끌고 그곳에 가서 설욕했다.

『만국지리전도집萬國地理全圖集』에 다음 기록이 있다.

서아프리카의 바다는 북쪽으로는 사막 지대와 접해 있고, 적도의 남북 양쪽 지역은 산림이 울창하며 독기가 공기 중에 가득해, 외부 사람들은 기후 풍토가 맞지 않아 대부분 병에 걸린다. 사람들은 검은 얼굴에 곱슬머리, 편평한 코에 두꺼운 입술을 하고 있고, 우둔하고 무지하며 간혹 이슬람교를 숭상하는 이도 있다. 원주민들은 한 군주를 섬기지 않고 또한 나라를 세우지도 않으며 그저 각자 종족을 이루었다. 면적은 사방 360만 리이고, 인구는 약 2천만 명 정도 된다. 얼굴빛은 늘 온화하고 유순하며 자신감이 넘치고 유쾌하나 결코 멀리 내다보지는 못한다. 축제 때는 화려하게 옷을 입고 춤추며, 남녀는 모두 황금 구슬과 상아로 전신을 화려하게 꾸몄다. 가난한 사람들은 대부분 벌거벗은 채로 지내면서 이를 부끄러워하지 않는다. 제사장은 사람을 미혹시켜서 사람을 죽여 신에게 제사 지내며, 각종 나무와 짐승 등을 신으로 모시고 숭배했다. 간혹 이상한 술법이나 신령한 부적으로 심하게 저주할 수 있었다. 이들은 회나무 집이나 풀로 엮은 집에서 살았다. 금은은 사용하지 않고 오직 재화로 물건을 바꾸었다. 사람의 힘을 빌리지 않고도 토지가 비옥하고 물산이 풍부했기 때문에 사람들은 모두 빈둥대며 놀기만 한다. 궁핍할 때마다 한 종족이 다른 종족을 쳐서 서로 합병했다. 잡은 포로는 노예로 팔아넘겨졌다. 외국 상선들은 이곳에 와서 노예를 사들여 2백~3백 명의 노예를 배에다 마구 실어 각국에 가서 이들을 팔아 밭을 갈고 농장에 씨를 뿌리게 했다. 이렇게 해서 흑인이 전 세계에 퍼져 가지 않는 곳이 없었다. 이 때문에 영국은 도의적 측면에서 분노하여 노예무역을 엄금했다. 또한 순찰선을 배치해 늘 해변을 돌면서 왕래하는 노예선을 잡아 다스렸다.

이 땅은 처음에는 포르투갈이 차지했고, 네덜란드에 빼앗긴 뒤로는 영국과 프랑스 두 나라가 해변에다 통상항구를 열고 포대를 세웠으나, 산림의 독기가 두려워 감히 내지로 들어가지는 못했다. 서북쪽 해변의 포르투갈이 차지한 섬은 마데이라섬Ilha da Madeira[4]으로, 처음에는 땅 전체가 삼림 지대였으나, 삼림을 태우고 나서 씨를 뿌리고 식물을 심었으며 포도주를 만들어 외국에 판매했는데, 매년 그 값이 은 30만 냥이나 되었다.

카나리아제도Islas Canarias[5]에 있는 산봉우리 가운데 최고봉은 120길로 테네리페Teneriffe[6]라고 하는데, 배들의 이정표가 된다. 이 섬은 스페인 Spain[7]에 귀속되었으며, 역시 포도주가 적지 않게 생산된다.

카보베르데제도Ilhas de Cabo Verde[8]는 불모의 땅으로, 산봉우리는 모두 메말라 있으나 해변에서는 소금이 난다. 제도의 맞은편 해변은 사막이고, 남쪽 세네갈강[9]에는 프랑스 포대가 있다. 원주민들과 포목·사금·수지를 사고파는데, 매년 들어오는 선박이 30척이며 물품은 은 60만~70만 냥어치가 된다. 사람들은 대부분 이슬람족으로, 몇몇 다른 종족도 끼어 있지만 본분을 지키며 장사한다.

감비아강[10]은 남쪽으로 흘러 바다로 들어가는데, 영국의 통상항구가 있으며 화물을 매매하는 곳이다. 이 강의 남쪽에 시에라리온[11]이라는 영국의 통상항구가 있는데, 이곳에서는 상아·야자유·밀랍·가죽·목재·수지가 나며 물품의 가치는 은 42만 냥 정도 된다. 영국인이 노예선을 포획하면 이곳에서 풀어 준다. 또한 선교사를 모셔 학교를 열고 예수의 가르침을 전파하면 비록 고집스러운 야만족이라 교화시키기 어렵고 시간은 많이 허비하겠지만 물이나 불의 재앙으로부터 사람을 구원할 수 있으니, 이는 그 생명을 보존시키는 것뿐만 아니라 바로 하늘의 길로 인도하는 것이다. 그 동남쪽은 라이베리아[12]라 부르는데, 그 안에 미국[13]의 통상항구가 있다.

다시 남쪽을 향해 가면 그레인코스트[14]와 아이보리코스트[15]가 나오는데, 모두 야만인으로 힘이 세고 호전적이라 외국 선박을 공격하며 천성이 금수에 가깝다. 골드코스트[16]에는 영국과 네덜란드가 세워 둔 포대가 있으며, 이곳은 원주민들과 통상하는 곳이다. 이곳 사람들은 이미 약간 개화되어 연장자를 세워 다스렸다. 골드코스트 동쪽에 대흑국大黑國이 있는데 아샨티[17]라고 한다. 아샨티 제국은 국왕이 군대를 일으켜 영국과 싸우고, 또 이웃의 약소국과 전쟁을 벌였는데, 지금은 그들을 복속시켰다. 국왕은 3천 명의 처첩을 들이고, 다시 남쪽으로 가서 노예를 매매했다. 다시 남쪽으로 가면 베냉만Bight of Benin[18]이 나오는데, 사람들은 두려워하며 왕을 모셨고, 죽임을 당해도 원망하지 않고 오직 명령하면 그저 따랐다. 또 비오코섬Isla de Bioko[19]이 있는데, 통상항구는 스페인 관할이다. 최남단에 위치한 콩고[20]는 포르투갈에 의해 점령당했는데, 오로지 노예무역만 하며, 도시는 매우 크고 상업은 아주 번성하다.

『지리비고地理備考』에 다음 기록이 있다.

세네감비아는 아프리카대륙의 서쪽에 위치하고 북위 10도에서 18도, 서경 9도에서 20도에 위치한다. 동쪽은 니그리티아, 서쪽은 대서양, 남쪽은 기니Guinea,[21] 북쪽은 사하라사막과 경계를 맞대고 있다. 남북의 길이는 약 2750리, 동서의 너비는 약 2천 리이며, 면적은 사방 55만 리이고 인구는 1200만 명 정도 된다. 평원과 사막이 사이사이에 있고 산은 적으며 숲이 많다. 강은 세네갈강[22]이 으뜸이고, 감비아강[23]·히우그란지강[24]이 그다음이다. 옛날에는 통칭해서 세네감비아국이라고 불렀다. 토지가 비옥하고 산물이 풍부하며, 곡식·과일·약재·금·구리·소금·호박·무늬석·상아가 난다. 무더위와 풍토병이 특히 심한데, 다만 5월에서 8월까지는 장맛비로 인해 더위가 잠시 주춤한다. 원주민들은 피부가 검고 곱슬머리이다. 여러 부족장이 나누어 관할하는데, [부족장은] 세습되거나 선출되어, 각자 한 지역씩 다스린다. 이슬람교를 받든다. 나라 이름은 강 이름을 따서 지은 것이다. 전체 나라는 20개의 소국으로 나뉘는데, 강의 남쪽과 북쪽에 위치한다. 푸타토로,[25] 푸타잘롱,[26] 풀라두Fuladu,[27] 카소Kasso,[28] 본두Bondu,[29] 야니,[30] 풀라니Fulani,[31] 울리,[32] 덴틸리아Dentilia,[33] 텐다Tenda,[34] 카르타Kaarta,[35] 밤부크,[36] 살룸Saloum,[37] 가부Kabu,[38] 잘로프Jalofo,[39] 신Syn,[40] 우아로Ualo,[41] 바올Baol,[42] 카요르,[43] 살럼Salum[44] 등이 그것이다.

重輯

———

原無, 今補.

『每月統紀傳』: 利未亞之西, 濱海有西爾得國, 其地有兩大沙. 其一在海中, 隨水游移不定. 其一在地, 隨風飄泊, 所至積如丘山, 城郭田畝皆被壓沒, 國人甚苦之. 又有工鄂國, 地亦豐饒, 頗解義理. 自與西客往來, 多奉眞教. 其王又遣子往歐羅巴習學文字, 講明格物窮理之學焉. 西得爾國, 一作西羈得國, 今屬英吉利夷埠.

又曰: 亞非利加海邊向有匪徒, 駕船載火器, 而以美酒玩物賣與黑面奴, 因此誘販人口. 又有列國貪利之夷目, 侵伐鄰境, 虜掠生俘, 赴海口販賣. 將奴三四百口, 擁擠下艙, 繼縲桎梏, 悶不通風, 臭氣染病, 死者不勝其數. 英吉利公會立法嚴禁, 巡船到處搜探, 一遇載奴之船, 卽捕送, 治以死罪. 上年十月, 兵船巡海, 遇有販奴舟泊於海隅, 先放砲招降, 旣不肯投, 遂衝鋒掩殺, 一人戰死, 六人受傷, 竟奪获其船. 赴葡萄亞埠頭, 其城之鎭守官强索其販奴船, 英軍不允. 葡萄亞放砲轟擊, 英之水師憤怒, 返棹, 啓諮本國將帥, 已領戰船赴彼雪怨.

『萬國地理全圖集』曰: 西亞非利加之海, 北係沙地, 其黃道南北兩地, 深林
密箐, 瘴氣彌空, 外人不服水土, 多患病. 居民黑面卷髮, 扁鼻厚唇, 愚鈍無知,
或崇回敎. 其土人不服一君, 亦不立國家, 但各自爲族. 袤延方圓三百六十萬
方里, 約計二千萬丁. 顏色悅和, 揚眉暢氣, 竝不慮遠. 會時鮮衣裳舞, 男女用
金珠·象牙渾身華飾. 貧人大半裸體, 無羞. 其僧誘惑庶民, 殺人祭神, 將各項樹
木·禽獸爲神而拜之. 或用妖術靈符, 殊可痛恨. 其居室檜巢草寮. 不用金銀, 惟
以貨易物. 土肥饒産, 不待人力, 故民皆游惰. 每臨餓乏, 則族攻族·類擊類而相
吞. 所獲之俘, 則賣爲奴. 外國船到此, 以買其人口, 將二三百人雜裝船內, 駛
到各國販賣, 以種園耕地. 如此, 黑族曼延四海, 無處不至. 故此, 英國發義怒,
嚴禁販賣. 又排巡船恒駛海濱, 往來捕治.

葡萄亞國初據此地, 爲荷蘭所奪後, 佛英兩國開海濱新地, 建砲臺, 但恐山
林瘴氣, 不敢入內地. 西北海邊葡國所據之島, 曰馬太拉島, 初時遍地深林, 焚
烈種植, 作葡萄酒賣與外國, 每年價銀三十萬兩.

加拿利群島, 有山嶺, 其最高者百二十丈, 名特尼勒山, 爲船之標準. 此嶼歸
是班牙國, 亦出葡萄酒不少.

綠山頭群島, 不毛之地, 瘦嶺枯山, 其海濱出鹽. 群島對面之海邊沙漠, 其南
方西尼甲江有佛蘭西砲臺. 與居民貿易布匹·金沙·樹膠, 每年來船三十隻, 貨
價銀六七十萬兩. 民人大半回回, 中有數族, 安分務商.

感北亞河南流入海, 有英國商埠, 包兌包送之地. 此江之南, 開英國新地, 稱
爲獅山, 産象牙·油·蠟·皮·木頭·樹膠, 價値銀四十二萬兩. 英人如獲奴船, 在此
释放. 又召敎師開學, 以傳耶穌之道, 雖頑蠻難化, 虛費不貲, 然援人于水火之
禍, 不獨保其生命, 乃引之履天道. 其東南邊稱曰危尼, 中有花旗國新地.

更望南而往, 其海濱一曰穀邊, 一曰象邊, 皆蠻民, 猛力好戰, 攻接外船, 性近禽獸. 一曰金邊, 乃英荷所建砲臺, 與土人通商之處. 其百姓稍已入化, 又立長老治之. 金邊之東, 有大黑國, 稱爲亞山地. 其國王起兵與英交鋒, 又與鄰小國結釁, 今亦服之. 國王娶妻三千, 更赴南販賣人口. 再至南, 則到北紉海邊, 居民懍服其王, 受死無怨, 惟命是听. 另有破島, 其埠頭歸是班牙國. 其最南方稱曰公我, 被葡萄亞所占據, 專販人口, 所建之城頗大, 商頗盛.

『地理備考』曰: 塞內岡比國在亞非里加州之西, 北極出地十度起至十八度止, 經綫自西九度起至二十度止. 東至尼給里西國, 西枕亞德蘭的海, 南接幾內亞國, 北界沙漠. 長約二千七百五十里, 寬約二千里, 地面積方五十五萬, 烟戶一京二兆餘口. 平原沙漠相間, 少山多林. 河則塞內加爾河爲首, 岡比河·那祿河次之. 故統名曰塞內岡比國. 沃土豐産, 穀·果·葯材·金·銅·鹽·琥珀·紋石·象牙皆具. 炎瘴特甚, 惟五月至八月陰雨, 暑氣稍降. 土人色黑髮卷. 列酋分攝, 或世襲, 或選立, 各霸一方. 所奉回教. 國以河得名故. 通國分二十小國, 在河南北. 曰弗達多羅, 曰弗達日羅, 曰弗拉都, 曰加孫, 曰賓都, 曰牙尼, 曰弗義尼, 曰烏黎, 曰登的里亞, 曰分達, 曰加科爾達, 曰邦布各, 曰薩隆, 曰加布, 曰曰的羅弗, 曰新, 曰烏阿羅, 曰巴爾, 曰加約爾, 曰薩倫.

주석

1   시르티스Syrtis: 원문은 '서이득국西爾得國'이다.

2   콩고: 원문은 '공악국工鄂國'이다.

3   시르티스(西得爾國)는 … 있다: 이 주석은 잘못되었다. 위원은 시르티스를 서기득국西羈得國이라고 보았는데, 서기득국은 시라틱Siratic에 해당한다.

4   마데이라섬Ilha da Madeira: 원문은 '마태랍도馬太拉島'이다.

5   카나리아제도Islas Canarias: 원문은 '가나리군도加拿利群島'이다.

6   테네리페Teneriffe: 원문은 '특니륵산特尼勒山'이다.

7   스페인Spain: 원문은 '시반아국是班牙國'이다.

8   카보베르데제도Ilhas de Cabo Verde: 원문은 '녹산두군도綠山頭群島'이다.

9   세네갈강: 원문은 '서니갑강西尼甲江'이다.

10   감비아강: 원문은 '감북아하感北亞河'이다.

11   시에라리온: 원문은 '사산獅山'이다.

12   라이베리아: 원문은 '위니危尼'로, 혁니奕尼, 리비리아里卑利亞라고도 한다.

13   미국: 원문은 '화기국花旗國'이다.

14   그레인코스트: 원문은 '곡변穀邊'이다.

15   아이보리코스트: 원문은 '상변象邊'이다.

16   골드코스트: 원문은 '금변金邊'이다.

17   아샨티: 원문은 '아산지亞山地'이다.

18   베냉만Bight of Benin: 원문은 '북인해변北紉海邊'이다.

19   비오코섬Isla de Bioko: 원문은 '파도破島'로, 페르난도포섬Ilha de Fernando Pó 이라고도 한다.

20   콩고: 원문은 '공아公我'이다.

21   기니Guinea: 원문은 '기내아국幾內亞國'이다.

22   세네갈강: 원문은 '색내가이하塞內加爾河'이다. 광서 2년본에는 '내內' 자가

'지地' 자로 되어 있으나, 악록서사본에 따라서 고쳐 번역한다.

23 감비아강: 원문은 '강비하岡比河'이다.

24 히우그란지강: 원문은 '나록하那祿河'이다.

25 푸타토로: 원문은 '불달다라弗達多羅'이다.

26 푸타잘롱: 원문은 '부달일라弗達日羅'이다.

27 풀라두Fuladu: 원문은 '불랍도弗拉都'이다.

28 카소Kasso: 원문은 '가손加孫'이다.

29 본두Bondu: 원문은 '빈도賓都'이다.

30 야니: 원문은 '아니牙尼'이다.

31 플라니Fulani: 원문은 '불의니弗義尼'이다.

32 울리: 원문은 '오려烏黎'이다.

33 덴틸리아Dentilia: 원문은 '등적리아登的里亞'이다.

34 텐다Tenda: 원문은 '분달分達'이다.

35 카르타Kaarta: 원문은 '가과이달加科爾達'이다.

36 밤부크: 원문은 '방포각邦布各'이다.

37 살룸Saloum: 원문은 '살륭薩隆'이다.

38 가부Kabu: 원문은 '가포加布'이다.

39 잘로프Jalofo: 원문은 '일적라불日的羅弗'이다.

40 신Syn: 원문은 '신新'이다.

41 우아로Ualo: 원문은 '오아라烏阿羅'이다.

42 바올Baol: 원문은 '파이巴爾'이다.

43 카요르: 원문은 '가약이加約爾'이다.

44 살룸Salum: 원문은 '살륜薩倫'이다.

서아프리카 각 나라 보집

—

이곳의 몇몇 나라는 『사주지四洲志』에 없어, 지금 다른 책에 근거하여 보충한다.

또 『지리비고』에 다음 기록이 있다.

기니국, 즉 상부 기니Upper Guinea[1]는 아프리카대륙의 서남쪽에 위치하고 남위 1도에서 북위 11도에 위치한다. 동쪽은 사막, 서쪽과 남쪽은 대서양, 북쪽은 세네감비아, 니그리티아와 경계를 맞대고 있다. 남북의 길이는 8500리이고 동서의 너비는 약 3천 리이며, 면적은 사방 105만 리이다. 인구는 1천만 명 남짓 되고 사람들은 대부분 검으며, 조심성이 없고 꾸밈이 없다. 본국의 콩산맥을 경계로 세네감비아와 니그리티아 두 나라로 나뉜다. 해변은 푹 꺼져 있고, 풍토병이 사람을 괴롭힌다. 긴 강으로는 나이저강이 있는데, 이 강은 니그리티아를 거쳐 기니국을 관통해 대서양으로 들어간다. 그다음으로는 자이르강[2]과 쿠안자강[3]이 길다. 토지는 비옥하고, 곡식과 과일도 풍요롭게 잘 여문다. 이 땅에서는 황금·산호·호박·무늬석·사탕수수·담배·향료가 난다. 기후는 아주 덥고 여름과 가을에는 장맛비가 계속해서 내린다. 부족장들은 나누어 관할하며 각자 한 지역씩을 다스린다. 숭배하는 종교는 산천을 받들기도 하고, 금수를 받들기도 하는 등 애초에 정해진 것이 없다. 재주와 기예가 부족하고, 경작하고 씨 뿌리는 일은 모두 여자가 한다. 전체 나라는 수십 개의 소국으로 나뉘는데, 주요 나라로는 팀매니아Timmania,[4] 코란고Koorango,[5] 술리마,[6] 그랜드케이프마운트Grand Cape Mount,[7] 상원Sangwin,[8] 콜드웰Caldwell,[9] 아샨티,[10] 다호메이,[11] 아르드라,[12] 바다그리,[13] 라고스[14]가 있으며, 나머지는 미처 수록하지 못했다.

콩고[15]는 일명 하부 기니Lower Guinea[16]라고도 하는데 아프리카대륙의 서남쪽에 위치한다. 남위 1도에서 17도, 동경 8도에서 18도에 위치한다. 동쪽은 쟈가Jaga,[17] 서쪽은 대서양, 남쪽은 짐바브웨Zimbabwe,[18] 북쪽은 상부 기니와 경계를 맞대고 있다. 남북의 길이는 약 3800리이고 동서의 너비는 1400리이며 면적은 사방 44만 리이다. 인구는 4백만 명 정도이다. 지세는 동쪽에 산이 많으며 많은 강이 이곳에서 발원한다. 가장 긴 강은 콩고강으로 자이르강이라고도 하는데, 사면이 강에 둘러싸여 있어서 토지가 아주 비옥하다. 이 땅에서는 구리·철·사탕수수·후추·담배·카사바·상아 등이 난다. 기후가 아주 뜨겁다. 재주와 기예가 부족해서 무역은 활발하지 않다. 부족장들이 나누어 관할하며 다른 나라의 지배를 받지 않는 나라는 다음 21개의 소국이다. 로앙고,[19] 콩고, 붐바Bumba,[20] 살라,[21] 몰루아스Moluas,[22] 호메Home,[23] 카산예Cassanje,[24] 콩코벨라Concobella,[25] 호국Ho,[26] 홀로호Holo-ho,[27] 긴가Ginga,[28] 퀴쿠아Quicua,[29] 쿠타토Cuttato,[30] 쿤힝가Cunhinga,[31] 탐바Tamba,[32] 리볼루Libolo,[33] 퀴사마Quizama,[34] 셀라Cela,[35] 바일룬도Bailondo,[36] 나노Nano,[37] 비혜Bihe[38] 등이 그것이다.

속국인 짐바브웨는 아프리카대륙의 남쪽에 위치하고 남위 18도에서 25도, 동경은 10도에서 시작해서 어디에서 끝나는지 알 수 없다. 서쪽은 대서양, 남쪽은 호텐토티아Hottentotia,[39] 북쪽은 콩고와 경계를 맞대고 있다. 남북의 길이는 2750리 정도이고 면적은 약 34만 리이며 인구는 약 20만 명 정도 된다. 해변은 험하고 평원은 척박하며 눈에 보이는 것은 사막뿐이고, 사람들은 드물고 맹수는 넘쳐나며 정처 없는 유목민이 대부분이다.

아프리카대륙의 서남쪽 임해 지역에 위치한 기니에는 무릇 네덜란드·덴마크[40]·미국의 통상항구가 모두 있다. 네덜란드의 지배를 받고 있는 엘미나성[41]은 기니국에 세워진 것이다. 인구는 1만 명 정도 되고 풍광이 장관이며 상인들이 줄지어 왔다. 총리를 두어 이 땅을 다스렸으며 나머지 성은 모두 그 지배를 받았다. 덴마크에 예속되어 있는 크리스티안보르성Christiansborg[42]은 기니국 내에 있는데, 산물이 풍부하고 공예품이 좋아서 상인들이 많이 몰려든다. 이에 총리를 두어 그 땅을 다스렸다. 나머지 성은 너무 작아 모두 그 지배를 받았다. 아메리카대륙의 미국에 예속되어 있는 라이베리아[43]는 기니국 메수라도강[44] 강변에 위치하는데, 거주민들은 모두 아메리카대륙에서 이주해 온 사람들이다. 주도는 몬로비아Monrovia[45]이며 학교와 도서관이 구비되어 있었고 상인들이 몰려들었다.

『외국사략外國史略』에 다음 기록이 있다.

서아프리카 해변에서 각국의 통상항구와 거래했던 세네감비아[46]는 사막의 남쪽에 위치하고 면적은 사방 3만 리 남짓 된다. 기후가 대부분 덥고 풍토병이 극성하다. 사람들은 모두 얼굴이 검고 각각 부족장이 있으며 풍속은 남다르고 호전적이다. 이 지역은 사막 아니면 토양으로, 사람의 힘을 빌리지 않고도 물산이 잘 자란다. 프랑스는 이곳 해변에 통상항구를 열고 포대를 세우며, 생루이Saint-Louis[47]·고레섬[48] 등에 마을을 건립

했는데, 토착민과 부족장들은 대부분 그들의 기세를 두려워했다. 이곳에서는 곡식·야자·면화·대추·인디고·담배·후추 등의 산물이 난다. 영국과 포르투갈 등의 나라들도 이곳에 통상항구를 열었지만 아주 미미했다.

시에라리온은 해변에 위치하고 남북의 길이는 55리, 동서의 너비는 60리이며, 지대가 낮고 습해서 웅덩이가 많은데 내지로 갈수록 지대가 점차 높아진다. 오직 유럽인들이 거주하는 곳만 물산이 풍부하다. 흑인들이 사는 곳은 황량하고 인구가 조밀하다. 이들은 물로 배를 채우고 나무뿌리를 먹으면서도 일하려 하지 않는다. 건륭 47년(1782)에 영국인이 이곳에다 통상항구를 열었는데, 그 면적이 17리 정도 되며 노예무역을 엄금했다. 늘 병선을 보내 순시하면서 포획한 노예는 즉시 시에라리온으로 보냈다. 선교사를 두어 학교를 열고 선정을 베풀었다. 인구는 3만 2천 명 정도 된다. 후에 작은 도시와 마을에서는 예술에 힘썼다. 영국은 매년은 90만 냥을 들여 항구를 세웠다. 도광 16년(1836) 수입 화물은 28만 7천 냥어치이고, 수출 화물은 28만 5천 냥어치이다. 인구는 적지만 사람들이 부지런하기 때문에 땅이 비록 협소해도 통상할 수 있었다.

기니는 서쪽 해변에 위치하며 통상항구는 각각 부두가 달랐다. 그레인코스트[49]는 산 안쪽에서 메수라도곶Cape Mesurado[50]까지다. 아이보리코스트[51]는 팔마스곶Cape Palmas[52]에서 아폴로니아곶Cape Apollonia[53]까지다. 골드코스트[54]는 아폴로니아곶에서 볼타강Volta River[55]까지다. 슬레이브코스트[56]는 볼타강 동쪽에 위치하는데, 가장 중요한 곳은 아샨티·다호메이[57]·에이다Ada[58]·바다그리[59]·라고스[60] 등이다.

아샨티족은 권력을 아주 중시한다. 인구는 1백만 명이며, 천을 짜고 금·은·구리·철·주석을 만들며 용감하고 잔인하다. 부족장은 처첩이 4천 명이고 황음무도하며 부족장이 죽는 날 사람 1천 명을 죽여 순장한다.

쿠마시Kumasi[61]도 각 해변에서 통상하는데, 영국·네덜란드·덴마크 등은 각각 포대를 세우고 병사를 보내 지키게 하면서 무역을 보호했다. 관할지가 협소해 사는 사람도 드물었다. 수출 화물은 수만금 정도에 불과했다. 아프리카대륙의 내지는 아주 광활하고 부락도 많으며 풍속이 다양하다. 외국인들 가운데 일찍이 이곳에 들어간 본 사람이 없기 때문에 그 정세는 잘 모른다. 북쪽에 위치한 팀북투Timbuktu[62]는 큰 도시이다. 북쪽 상인들이 운집하고, 낙타가 끊이지 않는다. 보르누Bornu[63]는 큰 호수에 가까우며, 역시 통상한다. 또한 풀라Fula[64]는 인구가 조밀하고 부족장이 호기롭고 건장해 늘 군대를 거느리고 가서 이웃 나라를 점령했다.

西州各國補輯

—

此數國『四洲志』無之, 今據他書補.

又『地理備考』曰: 幾內亞國, 其上幾內亞在亞非里加州之西南, 極出地一度起 至北十一度止. 東至沙漠, 西南接亞德蘭的海, 北界塞內岡比國及尼給里西國. 長約八千五百里, 寬約三千里, 地面積方一百零五萬里. 烟戶一京餘口, 民人多黑, 鹵莽無文. 本國公山爲尼給里西及塞內岡比二國分界. 海濱低陷, 烟瘴觸人. 河長者名曰尼日爾, 由尼給里西亞貫徹本國, 而注於亞德蘭的海. 其次曰塞勒·郭安薩. 田土肥饒, 穀果豐稔. 土産黃金·珊瑚·琥珀·紋石·甘蔗·烟葉·香料. 地氣炎熱, 夏秋則陰雨連縣. 列酋分攝, 各據一方. 所奉之敎, 或拜山河, 或奉禽獸, 初無一定. 技藝缺乏, 耕種皆女. 通國分爲數十小國, 其要者, 曰的馬尼, 曰古郎哥, 曰蘇尼馬那, 曰加布蒙德, 曰桑固音, 曰加瓦利, 曰亞汗的亞, 曰達可美, 曰亞爾達拉, 曰巴達給里, 曰拉各斯, 餘未及載.

公額國, 又名下幾內亞, 在亞非里加州之西南. 南極出地一度起至十七度止, 經綫自東八度起, 至十八度止. 東至日牙加地, 西接亞德蘭的海, 南連星卑巴西亞國, 北界上幾內亞國. 長約三千八百里, 寬約一千四百里, 地面積方四十四萬里. 烟戶四兆餘口. 地勢東方多山, 衆河發源於此. 其長者曰公額, 又名塞勒, 四面繞貫, 田土最腴. 産銅·鐵·甘蔗·胡椒·烟葉·薯粉·象牙等. 地氣熇烈. 技藝缺乏, 貿易稀疏. 列酋分攝, 不屬別國管轄者, 分二十一小國. 一羅昻額, 一公額, 一賓巴, 一薩拉, 一莫盧阿斯, 一虎美, 一加三日, 一岡各白拉, 一何國, 一何羅合, 一日仍加, 一幾蘇阿, 一古達多, 一古寧加, 一當巴, 一里波羅, 一幾薩馬, 一塞拉, 一白倫多, 一難諾, 一比黑.

其屬列國者, 曰星卑巴西國, 在亞非里加州之南, 南極出地十八度起至二十五度止, 經綫自東十度起, 莫知所至. 西接亞德蘭的海, 南連科丁多的亞國, 北界公額國. 長約二千七百五十里, 地面積方約三十四萬里, 烟戶約二億餘口. 海濱艱險, 平原磽薄, 一望沙漠, 人民蕭條, 猛獸充斥, 國多無籍遊民.

本州西南臨海幾內亞之地, 凡荷蘭·大尼·花旗各國市埠, 皆在其中. 隸賀蘭國兼攝者, 名厄爾彌那城, 建於幾內亞國中. 烟戶約一萬口, 景色壯觀, 商賈接踵. 設有總理駐札其地, 餘城皆受節制. 隸大尼國兼攝者, 曰給里斯的巴爾, 其城在幾內亞國中, 地産饒豊, 工良商衆. 設有總理駐箚其地. 餘城彈丸, 皆受節制. 隸亞美里加州花旗國兼攝者, 在幾內亞國門蘇拉多河濱, 曰里卑利亞, 其居民皆由亞美里加州遷徙. 首郡名蒙拉維, 學館書庫備具, 商賈輻輳.

『外國史略』曰: 西亞非利加海邊地通各國商埠者, 一曰西尼安, 在曠野之南, 廣袤方圓約三萬里. 多暑, 盛烟瘴. 民皆黑面, 各有酋長, 風俗殊異, 好戰鬪. 地或沙或壤, 物産不由人力. 佛蘭西在此海邊開埠, 築砲臺, 在路義·戞利等島建邑, 土酋多畏其勢. 産穀·椰子·棉花·棗·黛靑·烟·胡椒等貨. 英人及葡萄亞等國亦開埠, 然甚微小.

獅山在海濱, 長五十五里, 闊六十里, 卑濕多潴澤, 內地漸高. 惟歐羅巴人所居, 地多産物. 其黑面人, 地極荒蕪, 土民稠密. 飮水食樹根, 不肯工作. 乾隆四十七年, 英人在此開埠, 方圓約十七里, 嚴禁販賣人口. 常調師船巡駛, 所獲之奴, 卽送獅山. 設敎師, 開學館, 以施慈政. 居民約三萬二千. 後小邑鄕里, 務藝術. 英國每年費銀九十萬兩, 以立此港. 道光十六年, 運入之貨二十八萬七千兩, 運出者二十八萬五千兩. 民寡而勤, 故地雖褊小, 能通商.

一危尼地, 在西海濱. 其通商各異埠. 一曰穀油濱, 自山內及米蘇拉多地. 一曰象牙濱, 自巴馬及亞破羅尼地. 一曰金濱, 自亞破羅尼及窩他河. 一曰奴濱, 在窩他河東邊, 最要者曰亞山地·曰他何米·曰押他·曰巴他義, 曰拉峩等國.

亞山地族類權勢甚重. 百姓百萬, 織布·鍛五金, 勇敢殘酷. 其君妃嬪四千, 淫邪無度, 死之日, 殺千餘人以殉.

可馬西族類亦在各海濱通商, 英吉利·荷蘭·大尼等國各建砲臺, 調守兵以護貿易. 屬地褊少, 居民亦罕. 運出貨價, 僅數萬金. 此州內地甚廣, 部落多, 民俗異. 外國人未有入之者, 故不識其形勢. 北方有地, 曰丁布土, 大市也. 北賈雲集, 駝馬不絶. 又布奴近大湖, 亦通商. 又副拉, 居民稠密, 土酋豪健, 常領兵以據其鄰國.

주석

1 상부 기니Upper Guinea: 원문은 '상기내아上幾內亞'이다.

2 자이르강: 원문은 '색륵塞勒'이다.

3 쿠안자강: 원문은 '곽안살郭安薩'이다.

4 팀매니아Timmania: 원문은 '적마니的馬尼'이다.

5 코란고Koorango: 원문은 '고랑가古郞哥'이다.

6 술리마: 원문은 '소니마나蘇尼馬那'이다.

7 그랜드케이프마운트Grand Cape Mount: 원문은 '가포몽덕加布蒙德'이다.

8 상윈Sangwin: 원문은 '상고음상固音'이다.

9 콜드웰Caldwell: 원문은 '가와리加瓦利'이다.

10 아샨티: 원문은 '아한적아亞汗的亞'이다. 광서 2년본에는 '한汗' 자가 '어於'
   자로 되어 있으나, 악록서사본에 따라서 고쳐 번역한다.

11 다호메이: 원문은 '달가미達可美'이다. 다호메이는 약 1600년부터 1904년
   사이 오늘날 베냉 지역에 있었던 아프리카의 왕국으로, 1700년대에 대
   서양 연안의 거점 도시들을 정복하여 지역의 강자가 되었다. 한때 오요
   제국의 속국이 되기도 했으나, 18세기에 속국에서 벗어난 뒤 대서양 노
   예무역의 주요 공급자가 되었다.

12 아르드라: 원문은 '아이달랍亞爾達拉'이다.

13 바다그리: 원문은 '파달급리巴達給里'이다.

14 라고스: 원문은 '랍각사拉各斯'이다.

15 콩고: 원문은 '공액국公額國'이다.

16 하부 기니Lower Guinea: 원문은 '하기내아下幾內亞'이다.

17 쟈가Jaga: 원문은 '일아가日牙加'이다.

18 짐바브웨Zimbabwe: 원문은 '성비파서아국星卑巴西亞國'이다.

19 로앙고: 원문은 '라앙액羅昻額'이다.

20 붐바Bumba: 원문은 '빈파寶巴'이다.

21 살라: 원문은 '살랍薩拉'이다.

22 몰루아스Moluas: 원문은 '막로아사莫盧阿斯'이다.

23 호메Home: 원문은 '호미虎美'이다.

24 카산예Cassanje: 원문은 '가삼일加三日'로, 잡살걸卡薩杰이라고도 한다.

25 콩코벨라Concobella: 원문은 '강각백랍岡各白拉'이다.

26 호국Ho: 원문은 '하국何國'이다.

27 홀로호Holo-ho: 원문은 '하라합何羅合'이다.

28 긴가Ginga: 원문은 '일잉가日仍加'이다.

29 퀴쿠아Quicua: 원문은 '기소아幾蘇阿'이다.

30 쿠타토Cuttato: 원문은 '고달다古達多'이다.

31 쿤힝가Cunhinga: 원문은 '고녕가古寧加'이다.

32 탐바Tamba: 원문은 '당파當巴'이다.

33 리볼루Libolo: 원문은 '리파라里波羅'이다.

34 퀴사마Quizama: 원문은 '기살마幾薩馬'이다.

35 셀라Cela: 원문은 '색랍塞拉'이다.

36 바일룬도Bailondo: 원문은 '백륜다白倫多'로, 배륭다拜隆多라고도 한다.

37 나노Nano: 원문은 '난낙難諾'이다.

38 비헤Bihe: 원문은 '비흑比黑'이다.

39 호텐토티아Hottentotia: 원문은 '과정다적아국科丁多的亞國'이다.

40 덴마크: 원문은 '대니大尼'이다.

41 엘미나성: 원문은 '액이미나성厄爾彌那城'이다.

42 크리스티안보르성Christiansborg: 원문은 '급리사적파이給里斯的巴爾'이다.

43 라이베리아: 원문은 '리비리아里卑利亞'이다.

44 메수라도강: 원문은 '문소랍다하門蘇拉多河'이다.

45 몬로비아Monrovia: 원문은 '몽랍유蒙拉維'이다.

46 세네감비아: 원문은 '서니안西尼安'이다.

47 생루이Saint-Louis: 원문은 '로의路義'이다.

48 고레섬: 원문은 '아리救利'이다.

49 그레인코스트: 원문은 '곡유빈穀油濱'이다.

50 메수라도곶Cape Mesurado: 원문은 '미소랍다米蘇拉多'이다. 광서 2년본에는 '다多' 자가 '가加' 자로 되어 있으나, 악록서사본에 따라서 고쳐 번역한다.

51 아이보리코스트: 원문은 '상아변象牙邊'이다.

52 팔마스곶Cape Palmas: 원문은 '파마巴馬'이다.

53 아폴로니아곶Cape Apollonia: 원문은 '아파라니亞破羅尼'이다.

54 골드코스트: 원문은 '금빈金濱'이다.

55 볼타강Volta River: 원문은 '와타하窩他河'이다.

56 슬레이브코스트: 원문은 '노빈奴濱'이다.

57 다호메이: 원문은 '타하미他何米'이다.

58 에이다Ada: 원문은 '압타押他'이다.

59 바다그리: 원문은 '파타의巴他義'이다.

60 라고스: 원문은 '랍아拉莪'이다.

61 쿠마시Kumasi: 원문은 '가마서족류可馬西族類'이다.

62 팀북투Timbuktu: 원문은 '정포토丁布土'이다.

63 보르누Bornu: 원문은 '포노布奴'이다.

64 풀라Fula: 원문은 '부랍副拉'이다.

海國圖志
卷三十六

해국도지
권36

一

유럽인歐羅巴人 원찬
후관侯官 임칙서林則徐 역
소양邵陽 위원魏源 중집

본권에서는 중앙아프리카에 대한 지리적 총론에서 출발하여 카노·보르누·소코토·
제바·만다라 등 중앙아프리카 각 나라의 정치·경제·역사·지리·문화·인종 등과 관련
된 내용을 상세하게 고찰하고 있다. 특히『만국지리전도집萬國地理全圖集』,『지리
비고地理備考』 등에 나타난 중앙아프리카 각 나라와 여러 부락 관련 내용을 인용하
여 소개하고 있다.
　또한『사주지四洲志』에는 실리지 않았던 상투메·세인트헬레나·마다가스카르·로도
스·키프로스·마데이라·레위니옹·코모로·카나리아·모리셔스 등의 수많은 아프리카
각 섬에 대해『직방외기職方外紀』,『지리비고』,『외국사략外國史略』의 관련 내용을
집록하여 보충하고 있다.

중앙아프리카 각 나라

—

『직방외기職方外紀』에 의하면, 아비시니아Abyssinia[1]는 그 땅이 상당히 넓어서
아프리카대륙의 3분의 1을 차지한다고 하니, 곧 중앙아프리카 역시 그 안에 포함되며
에티오피아Ethiopia[2]에만 국한된 것은 아니다.

중앙아프리카 지역은 중앙에 위치하며 여러 산으로 둘러싸여 있고 기름진 들판이 평평하고도 드넓으며 관개용수가 무궁무진하여 전 대륙에서 가장 비옥한 곳이다. 서쪽은 서아프리카, 북쪽은 사막, 동쪽은 차드호Lake Chad[3]와 경계를 맞대고 있으며, 남쪽은 경계를 알 수 없다. 길이는 3천여 리, 너비는 1천여 리이다. 가장 큰 산은 달의 산맥Mountains of the Moon[4]으로, 동쪽에서 서쪽에 이르기까지 지세가 굴곡을 이루며 끝없이 이어져 아프리카대륙의 시작과 끝을 함께하는데, 중앙아프리카는 단지 산 중앙의 한 귀퉁이에 불과할 따름이다. 산봉우리가 첩첩이 쌓여 있고 절벽이 높고 험한데, 무너진 포대 같은 것도 있고 뾰족한 탑 같은 것도 있어서 그 지세가 천차만별이다. 높은 것은 2천~3천 길에 달하며 울퉁불퉁하고 평평한 곳이 서로 뒤섞여 있고, 산속에서는 면화·조를 경작할 수 있으며, 아울러 산세를 따라 지어진 성벽이 있다. 날씨는 무덥고 땅은 말랐으나 토지에는 수택水澤이 적지 않은데, 모두 달의 산맥의 관개용수 덕

택이다. 물길은 4개로, 나이저강Niger River,[5] 쿠두니아강Coodoonia River,[6] 쿠비강Cubbie River,[7] 콰라마강Quarama River[8]이 있는데 모두 달의 산맥에서 발원한다. 나이저강이 가장 크며 발원지가 멀고 강줄기가 길어 3천여 리에 이르는데, 여러 강물을 모두 받아들여서 키리Kirree[9]를 경유해 바다로 나간다. 여러 나라는 모두 강을 따라 세워졌다. 호수는 차드호가 가장 넓은데 보르누Bornu[10]에 걸쳐 있으며, 길이는 약 6백 리, 너비는 약 4백 리로 그 물은 세상에서 가장 맑다. 차드호 안에 작은 섬이 있어 각각 사람들이 거주하며 숲이 깊고 초목이 무성하며 새와 짐승이 많고 늪과 호수가 있다. 그다음은 다크호Dark Lake[11]로, 차드호만큼 크지는 않지만, 역시 한눈에 들어오지는 않는다. 이 외에는 모두 작은 호수들뿐이다.

면적이 넓고 안에는 작은 나라가 많으며 해안과 멀리 떨어져 있어서 외국과는 왕래하지 않았다. 근래 40년 동안 비로소 위험을 무릅쓰고 그 땅에 도착하여 대략 그곳의 정황은 알았지만 결국 역사적 기록이 없어서 그 근원을 자세히 밝히기는 어렵다. 『아단지리지阿丹地理誌』를 읽어 보면, 1200년 송나라 승안承安[12] 5년이다. 에 부족 내 사람들이 사막 남쪽으로 이주했다고 기록되어 있는데, 이를 통해 중앙아프리카에 거주한 이들이 대부분 아덴인이었다는 것을 알 수 있다. 아울러 전해지는 바에 따르면 지난날 아마서니사阿麻西尼司와 옹미아니사翁彌阿尼司가 전쟁을 벌이다가 각자 나라를 세웠는데, 가장 큰 것이 카노Kano,[13] 소코토Sokoto,[14] 보르누이다. 카노 남쪽은 금이 상당히 많이 난다. 1400년 명나라 건문建文[15] 4년이다. 에 모로코Morocco[16]의 수장 레오 아프리카누스Leo Africanus[17]가 무리를 거느리고 정마두丁麻杜에 도착하여, 의기아依機阿의 각 지역을 빼앗아서 나라를 세우고 왕이 되었으니, [이 나라가] 바로 정마두국이다. 이때[18] 카노 역시 정마두국의 속지가 되었다. 1700년대 강희 29년이다. 에는 다시 카치나Katsina[19]에 귀속되었다. 1800년 초 가경 5년이다. 에 소코토 수장 난화리하蘭華利荷가 스스로 왕위에 올라 하우사Hausa[20]·보르누를 복속시키고 마침내 대국을 이루었다. 그러나 얼마 후 분열되어 보르누 수장에게 쫓겨났다. 하우사의 각 부락 가운데 그바기Gbagyi[21]·자리아Zaria[22]는 동시에 각각 왕을 칭했다. 정마두국의 경우, 아프리카누스 이후로 바로 모로코의 속국이 되었다. 밤바라Bambara[23]는 전에는 대국으로 불렸는데, 그곳에 속한 큰 부락 전리展里는 근래에 수장 아마로阿馬盧의 차지가 되어 버렸다.

각 나라는 모두 전제정치를 했기 때문에 유명한 나라도 없고 또한 전체를 아우르는 군주도 없다. 하찮은 일로 분쟁이 일어났으며 각각 한 지역을 다스렸다.

그 풍속을 살펴보면, 백관이 왕을 알현할 때는 대전 앞에 엎드려 머리를 땅에 조아린다. 각 나라의 왕이 죽으면 사람을 죽여 제사를 지냈는데, 서아프리카의 아샨티Ashanti[24]·다호메이Dahomey[25] 양국만큼 지나치지는 않았지만 제사 의식과 동원되는 인원들 역시 부족함이 없었다. 왕의 귀함은 궁실 제도에 있지 않고 처첩과 재물에 있었다. 그러므로 국왕의 궁전은 단지 백성들의 거주지보다 약간 나을 뿐이어서, 종종 이엉을 얹은 곳에 먼지가 쌓이고 제비 새끼가 원을 그리며 날아다녔다. 어린아이들은 맨몸으로 다니고, 사람들은 소박하고 꾸밈이 없으며 격식을 따지지 않았다. 처첩이 많아서 그 수를 다 헤아릴 수 없을 정도이다. 무릇 나라를 다스리는 각 관리에서 부역하는 이들에 이르기까지 모두 처첩이 있다. 부락의 관리는 모두 백성들이 직접 가려서 뽑으며, 세금은 액수가 정해져 있지 않고 군대에도 규율이 없다. 오직 보르누의 병사들만 군대 같아서 긴 창·등나무 방패를 잘 다루었고, 행렬할 때 사각과 원형으로 진을 이루었으며, 전쟁 시에는 다만 동물 가죽을 몸에 감아 활과 화살을 막아 냈다. 소코토²⁶에는 병사가 6만 명이다. 각 나라 모두 총기를 다룰 줄 몰랐지만, 아덴의 상인에게 화기火器가 있어서 양국 간에 전쟁이 날 때는 항상 이것을 가지고 위기를 모면했다.

이 땅에서는 조·쌀·면화·인디고·육축六畜·사자·코끼리·표범·벌꿀·상아·사금·양람포洋藍布가 난다. 각 부두에서 화물을 운반할 때는 수레를 사용하지 않고 오로지 등에 짊어져서 나른다. 여기에서 장사하는 사람들은 모두 아덴인이다. 북아프리카에서 사막을 건너오다 보면 물과 풀이 없고 도적이 많다. 근래에 비로소 낙타를 이용해 짐을 실어 나르면 몇 배로 비용을 절약한다는 것을 알게 되었다. 수입품은 생사·비단·나사²⁷·종이·진주·은그릇 등으로 그 이익이 몇 배에 달한다. 수출품은 황금·상아·노예가 대부분을 차지한다. 노예는 거의 남산南山에서 생포해 오는데, 도적뿐만 아니라 국왕과 고관 역시 이런 식으로 노예를 확보한다. 보르누²⁸의 왕이 만다라Mandara²⁹ 왕의 딸과 결혼할 때 일찍이 머스고Musgow³⁰에 가서 3천 명의 노예를 생포하여 예물로 주었다. 이 땅에는 도랑도 없고 구획된 길도 드물다. 거친 사막을 발 닿는 대로 지나간다. 쓰러진 나무가 가로막거나 빗물이 범람하기라도 하면 나그네는 발이 묶이고 말은 지쳐 나아가지 못하니 노복은 한숨만 쉬어 댄다.

원주민은 아덴인과 섞여서 거주하면서 그들의 기예를 배워 일할 뿐 여태까지 이슬람 문자는 배운 적이 없다. 이 땅의 사람들은 본래 거칠고 야만스럽지만, 아프리카 전체와 비교해 보면 오히려 예의를 알며 교제하는 것을 좋아하는 편이다. 단지 민간에는 약탈하는 풍조가 있어서 다른 지역에서는 가난한 자가 부유한 자를 약탈하는데 이곳에서는 부유한 자가 가난한 자를 약탈하고 이에 익숙해져 부끄럽게 여기지 않았다. 모든 일에 있어서 페티시Fetish³¹의 신을 믿었다. 보르누·하우사 양국은 글 쓰는

법을 꽤 배우고자 했으나 애써서 가르치고 이끌어 주는 사람이 없었다. 천성적으로 가무를 좋아해 비록 존귀한 이라 하더라도 무대에 올라 노래를 하면서 실력을 뽐냈다. 원주민의 피부가 모두 검어서 이른바 오귀국烏鬼國이라고 했다.

보르누는 중앙아프리카의 강대국으로, 면적이 사방 7만 5005리이며 인구는 2백만 명이다. 차드호 서쪽에 위치하며 호수와 잇닿아 있는 물의 마을로 농사가 잘되는데, 사자·코끼리·곰·호랑이가 많아서 해를 끼친다. 큰 부락 8개를 관할하는데, 쿠카와Kukawa[32]가 제1 부락이며 그다음은 안고르누Angornou[33]·앙골라Angola[34]·우디Woodie[35]·카넴Kanem[36]·라리Lari[37]·카브샤리Kabshary[38]·올드보르누Old bornu[39]의 일곱 부락으로, 호수와 산이 얽혀 있고 크기가 천차만별이며 부유하기로는 안고르누가 최고이다. 처음에 그 땅을 다스린 자는 본래 아덴인으로, 알리 가지르Ali Gaji[40]라는 자가 그 뒤를 이어 군대를 일으켜 나라를 차지하고 선왕을 교외로 추방한 후, 마침내 관리와 백성들을 아덴으로 쫓아 보냈다. 그 나라의 대관들은 불룩한 배를 보기 좋다고 여겼으며 머리에는 흰 천을 둘렀다. 그 왕이 유럽인을 접견할 때는 감실龕室에 단정히 앉아 밖으로는 시종들을 세워 놓고 병력을 배치하여 호위했다. 싸움을 좋아했지만 날렵하지 않아서 패하면 재빨리 도망치는 것이 어려워 앉아서 죽음을 기다렸다. 원주민은 피부가 검으며 입술이 두툼하고, 순박하면서 둔하지만 싸움을 좋아한다. 천을 잘 짜고 인디고 염색에 뛰어나며, 농사는 모두 여자가 짓는다. 국왕이 거주하는 쿠카와 부락은 상당히 작으며 거주민은 1만 명이다. 안고르누는 나라에서 가장 큰 부락으로, 거주민은 3만 명인데 교역으로 사람들이 모이게 되면 약 10만 명이나 된다. 앙골라·우디 역시 둘 다 큰 부락이다. 북쪽으로 카넴 부락은 사막과 인접해 있으며, 거주민은 용맹하다. 라리 부락의 거주민은 2천 명뿐이다. 카브샤리[41] 역시 큰 부락으로, 거주민은 독화살을 잘 다룬다. 올드보르누 부락은 근래에 황폐화되었다.

만다라는 보르누 남쪽에 위치하며 산골짜기의 토질이 비옥하고 큰 부락 8개를 관할하는데, 모라Mora[42]가 중심지이다. 달의 산맥의 최고봉이 그 경내에 있어서 산꼭대기에 올라 멀리 바라보면 강역이 한눈에 뚜렷이 들어온다. 원주민은 이슬람교를 잘 몰랐으며, 문신을 하고 가죽옷을 입는다. 머스고 부락이 가장 야만적으로, 야생마 타는 것을 좋아하고 산양·표범 가죽을 몸에 걸쳤으며 원수의 치아를 한 줄로 꿰어 목에 걸고 다니며 무리에게 과시했다. 디쿨라Dirkullah[43]는 산골짜기에 있으며 마을을 에워싼 성벽이 견고하고 무예가 뛰어나 전쟁에서 이기며 독화살을 잘 다룬다. 보르누의 군대가 이곳에 침입했다가 패배했다.

로곤Logone[44]은 차드호 남쪽에 위치하며, 중앙아프리카에서 가장 지혜와 재주가 뛰어난 나라이다. 강한 이웃이 인접해 있어 모두 흉악하고 살인을 즐겼으며, 마침내 나라를 세워 국토를 수호하고 백성을 편안하게 했는데 모두 재주와 지혜가 있었기 때문이다. 로곤은 바로 제1 부락으로, 거리가 평탄하고 넓었으며 차드호와는 단지 40리 떨어져 있다. 이 땅에서는 질 좋은 목재와 향초가 난다. 보르누 못지않게 인디고 염색에 뛰어나다. 말굽 모양의 철전鐵錢을 사용했다. 여인들의 용모는 흑인 중에서 가장 단정하고 아름다웠다. 지세가 낮고 습하여 모기가 많으며, 한낮에만 잠깐 잠잠하다가 나머지 시간에는 벌레들이 웽웽거리며 떼 지어 날아다녔다.

와다이Waday[45]는 차드호 동남쪽에 위치하며, 땅이 끝없이 넓고 원주민은 용감하게 싸우며 철갑옷을 입고 긴 창을 잘 다루는데, 보르누보다 무기가 더욱 잘 갖추어졌으나 교전할 때는 규율이 없었다.

차드호 가운데에는 아직 개척되지 않은 크고 작은 섬들이 아주 많다. 이곳에 거주하는 이들은 모두 부두마Buduma[46]이다. 섬 주변에 수많은 배를 정박해 놓았는데 대부분이 해적선이다. "하늘은 내게 양식을 선사하지 않으시고, 신은 내게 소와 양을 주지 않으시면서 단지 힘과 속임수만을 주셨으니, 완연히 물 안에 살고 있으면서 어찌 약탈하지 않고 세상에 기백을 떨치리오!"라는 토속 민요가 있다. 보르누의 왕은 그들을 막고자 했으나 어쩔 도리가 없었다. 그러나 포로가 된 사람들을 노예로 부리면서도 그다지 잔혹하게 대하지는 않았고 종종 아내로 삼기도 했다.

하우사는 나이저강 서쪽에 위치하며, 그 땅이 아득히 멀고 광활하여 그 경계에 대해서는 자세하지 않다. 토양이 건조해서 보리 경작에 적당하며 이모작을 하여 곡물창고가 가득 채워졌고, 과일과 채소는 풍부하고 맛도 좋았다. 원주민은 모두 아덴인으로, 서기 1000년 이후 송나라 함평咸平 3년이다. 로 잇달아 이주했다. 이슬람교도가 아니면 사로잡은 이들은 모두 노예로 삼았다. 서쪽 모퉁이의 흑인 원주민과 교역했다.

소코토[47]는 곧 다곡로多谷魯[48]로, 하우사 서쪽에 위치하며 토지가 비옥하고 인구가 많다. 전에는 소코토[49]에 거주했지만 근래에 마가리아Magaria[50]로 이주했다. 성이 웅장하고 넓어서 중앙아프리카에서 최고이며, 성벽의 높이가 3길에 이르고 성문은 12개인데, 해가 지면 곧 문을 닫았다. 왕궁 앞쪽은 사각으로 널찍하며 사방 벽에는 아라베스크 문양이 새겨져 있다. 소코토의 옛 부락은 근래 들어 모두 파괴되었다.

그바기·산부랍국山付臘國은 모두 야만인의 땅으로 호전적이다. 그바기의 중심지는 고니아古尼阿로, 그 성이 견고하다. 1829년 도광道光 9년[51]이다. 에 하우사에서 병사 6만 명을 거느리고 침입했으나 그바기에 패했다. 산부랍국의 중심지는 사미沙彌이며 카노·소코토 두 부락의 요충지로, 오로지 여행객을 약탈해서 살아간다.

아나국雅那國은 바로 카노로, 아프리카 내지의 땅이며 강역은 비록 예전보다는 협소하지만 상인들이 교역하는 부두는 오히려 여러 나라 중 최고이다. 중심 부락은 카노로, 둘레가 15리에 인구는 약 3만~4만 명이다. 중앙은 지대가 낮고 넓으며 물이 빠지고 나면 상인들이 몰려들어 대도시가된다. 수장이 시장 가격을 관장하고 진위를 분별한다. 가령 싼 것을 비싸게 팔고 가짜를 진짜로 둔갑시키는 자가 있으면 곧 관계자를 처벌했다. 해가 뜨면 사람들이 시장에 몰려들었다가 해가 지면 흩어졌다. 노예시장도 있는데, 우리 2개를 나누어 늘어놓고 남녀가 각각 한 우리에 앉아 있으면 구매자가 우선 노예의 생김새와 팔다리를 살펴보고 이어 걸음도 걸어 보게 하고 목소리도 들었다. 시장에서는 작은 조개껍질을 화폐로 사용했으며 이를 카우리 조개Cowrie Shell[52]라고 불렀는데, 480매枚는 은 1전 8푼에 해당한다.

카치나[53]는 카노 북쪽에 위치하며 줄곧 대국으로 불렸고, 전에는 하우사가 일찍이 카치나의 관할하에 있었다. 성이 드넓으며 인구는 성 넓이의 10분의 1에도 미치지 못하지만, 상인들이 몰려드는 곳이다.

자리아는 카노·소코토 양국의 남쪽에 위치하며, 중앙아프리카에서 가장 비옥한 땅으로 고품질의 쌀과 당도 높은 대추가 생산된다. 중심 부락은 자리아[54]이고 인구는 5만 명이다. 전답이 수를 놓은 듯 잘 구획되어 있으며, 산림이 울창하다. 자리아의 남쪽에는 물과 풀이 많다. 또한 자리아의 통치를 받는 작은 부락이 있다.

차드Chad[55]는 여러 산 사이에 위치하며, 크고 작은 마을이 5백 개이고 중심 부락은 영라랍領羅臘이다. 이 땅에는 비록 산이 많지만 샤리강Chari River[56]에 잇닿아 있어서 토지 역시 기름지고 촉촉하며 교역도 매우 번성하다. 원주민이 야만스럽고 흉악해서 이전에 흉년이 들었을 때 외국 상인을 모두 죽여서 잡아먹었다. 영라랍에서 강을 따라 동쪽으로 가면 바로 아다모와Adamowa[57]로, 모두 차드의 속지이다.

하우사의 서쪽에 있는 나라는 부락 4개를 관할하는데, 첫 번째가 카툰가Katunga,[58] 다음이 잔게아Zangeia,[59] 카타굼Katagoom,[60] 산산Sansan[61]이다. 카툰가는 전답이 비옥하다. 잔게아는 산골짜기에 있으며 지세가 고리 모양으로 둘러싸여 있고, 매우 아름다우며 울창하다. 카타굼은 일찍이 보르누[62]의 부락에 속했다. 산산은 교역이 이루어지는 큰 도시이다. 사람들은 모두 사납다.

야우리Yauri[63]는 강역이 평평하고 넓으며, 나이저강과 가까이 있어서 항상 수해를 입는다. 이 땅은 윤택하여 농사에 아주 적합하며 사람들은 부지런히 일한다. 원주민은 비록 대부분 노예지만, 영리하며 노동을 감내한다. 중심 부락은 야우리[64]로 매우 넓으며, 나무를 심어 성을 만들고 쇠로 둘렀으며 둘레는 30리이다. 인구는 많으며 강하고 용감하여 아덴인의 침입을 자주 받았으나 늘 물리쳤다. 왕궁은 넉넉지 못하고 누추했으며, 국왕이 일찍이 유명한 탐험가 멍고 파크Mungo Park[65]를 죽여서 크게 악명을 떨쳤다. 후에 마침내 휴 클래퍼튼Hugh Clapperton[66]이라는 여행객을 환대하여 이전의 오명을 벗었다.

오요Oyo[67]는 비교적 영토는 작았지만, 전답이 비옥하며 그 땅은 사방으로 통하는 중요한 길이다. 도읍의 인구는 2만 명이 채 안 되지만, 하우사의 상인들이 많이 몰려든다. 시장에는 온갖 물건들이 진열되어 있으며, 굽이진 항구에 용마루가 연이어 있고 음악 소리가 밤낮으로 울려 퍼진다. 행인들이 이르는 곳마다 술과 요리가 흐드러지게 차려진다.

마이아磨爾俄는 부사Bussa[68]와 오요 두 지역의 서북쪽에 위치하고, 이 땅의 절반은 대부분 첩첩산중이고 숲이 무성하며, 중심 부락은 카이아마 Kaiama[69]이다. 왕은 이슬람교를 믿으며 페티시의 신을 받든다. 궁전에는 병력을 배치하여 호위하며, 궁실의 휘장이나 물품들은 사치스럽다. 원주민은 용맹하고 호전적이며, 도적들이 특히 많아 사방에서 출몰해 약탈을 자행한다.

부사[70]는 야우리 아래쪽에 위치하며, 중심 부락은 바로 부사로 나이저강에 잇닿아 있다. 해안은 넓으며 아래에는 큰 돌 여울이 있어서 배들이 왕래할 때 위험하다고 알려져 있다. 이 땅은 농사에 적합하다. 전에는 아덴인이 차지했으나, 후에 비로소 아덴인을 몰아내고 나라를 세웠다. 이전에 탐험가 멍고 파크가 피살된 곳이 바로 이 여울이다.

제바Jebba[71]는 서쪽에 위치한 부유한 지역으로, 전답이 비옥하며 대부분 농사를 짓고 장사를 한다. 큰 부락 5개를 관할하는데, 제바, 보후 Bohoo,[72] 젠나Jenna,[73] 키시Kishi,[74] 샤키Shaki[75]이다. 원래 보후에 도읍했다가 근래에 제바[76]로 옮겨 거주하는데 둘레가 15리에 인구는 상세하지 않다. 보후는 지금 비록 다시 도읍지가 되지는 못했지만, 거주민은 편안하게 살고 있으며 여전히 낙원으로 불린다. 젠나는 나라 남쪽, 키시는 나라 북쪽에 위치하며, 샤키는 산골짜기 안에 위치한다. 왕궁과 민가는 담장에 모두 이엉을 얹었고, 오직 문 위에 가로 댄 나무만은 대부분 조각하여 장식했다. 부족장이 왕을 알현할 때는 몸을 굽혀 꿇어앉아 예를 다했다. 왕에게는 비빈과 첩이 많아서 그 수를 헤아리기 어렵다. 궁 안의 일은 모두 잉첩媵妾[77]이 맡아서 처리했다. 무릇 신에게 제사 지낼 때는 또한 사람을 제물로 삼았으나, 아샨티·다호메이만큼 수가 많지는 않았다. 나라 안에는 작은 산도 있지만, 높이가 3백 길에 이르는 산도 있다. 날씨는 따뜻하며, 신분 고하를 막론하고 모두 천을 짜며 농사를 짓는다. 옥수수·면화가 난다. 특히 직조에 뛰어나서 이들이 짠 천은 누페Nupe[78]에서 짠 것과 같은 수준에 속한다. 숲속의 나무에서는 그윽한 향이 나서 벌과 나비가 훨훨 날아 몰려들고, 아침에는 꽃이 피고 저녁에는 달이 떠서 먹고 놀기에 좋았다.

누페는 나이저강 동쪽 기슭에 위치하며, 이곳 역시 부유한 지역으로 이 땅에 거주하는 사람들은 절반은 이슬람족이고 절반은 흑인이다. 누페의 흑인은 흑인들 중에서도 영민하다. 노예들은 모두 직조에 뛰어나서 그들이 짠 면화는 다른 나라에서는 따라잡지 못할 정도이다. 부락 8개를 관할하는데, 중심 부락은 라파이Lapai[79]이다. 오곡·소·말이 난다. 돗자리는 아프리카에서 최고로 뛰어나다. 쿠티기Kutigi[80] 부락은 그 북쪽 경계에 위치하며, 성과 해자가 견고하고 교역이 번성하다. 부족민은 모두 이슬람교도이고 남녀 사이에 차별이 없다. 레무Lemu[81]와 민나Minna[82] 두 부락 모두 나이저강 동쪽 기슭에 있었는데, 아덴이 침입하여 서쪽 기슭으로 옮겨 갔다. 파테기Pategi[83]는 부사의 변경에 위치한다. 자고시Zagoshi[84]는 라파이[85]와 멀리 떨어져 있지 않으며, 사방에서 물이 감돌고 섬이 수면 위로 떠 있다. 손재주가 정교해서 그들이 짠 면포는 전체 대륙의 부족장들치고 구매해서 소중히 다루지 않는 이가 없다. 7백 척의 군함이 국경을 수비한다. 아가이Agaie[86] 역시 강을 끼고 있으며, 해안의 길이는 4리로 상선이 많다. 이상 19개 나라는 모두 서양과 통상한다.

이하 덧붙이는 5개 부락 모두 각각 부족장이 있다.

카쿤다Kacunda[87]는 큰 마을이 셋으로, 직접 부족장을 세운다. 누페의 관할은 아니지만 원주민들은 매우 온순하다.

펀다funda[88]는 카쿤다와 40리 떨어져 있는 큰 도시이다. 다시 40리를 가면 또한 여러 부락이 있는데 그 정황을 상세하게 알 수는 없다.

모콰Mokwa[89]는 카쿤다 아래쪽에 위치하며 거리가 약 80리 정도 떨어져 있는 큰 도시이다. 상인들이 많이 몰려들고, 부족장이 그 일을 관리한다.

키리는 모콰 아래쪽에 위치하며, 거리가 약 50리 정도 떨어져 있고 상선이 많으며 역시 큰 도시이다. 그러나 땅이 척박해서 수확이 적고 가축을 먹일 풀조차 나지 않아서 거주민은 모두 초과하蕉菓河의 물고기를 잡아 근근이 살아간다. 석유가 나는 것으로 유명하다.

이모Imo[90]는 키리 아래쪽에 위치하며, 거리가 약 70리 정도 떨어져 있고 성과 해자가 넓고 크며 하구에 인접해 있는데, 역시 항구도시이다. 수출품으로는 석유와 노예가 대부분을 차지한다. 왕래하는 선박과 진열된 물품들은 자못 유럽과 비슷하다. 언덕을 끼고 큰 집이 많은데, 바나나와 야자를 심었으며 창호가 달린 누각의 화려함이 주변국보다 훨씬 뛰어났다. 다만 사람들이 교만하고 무절제하여 늘 날이 샐 때까지 술을 마셨다.

이상은 중앙아프리카 중심부의 여러 부락이다. 또한 나이저강 상류에 있는 각국은 땅이 대체로 비옥하다. 탐험가 멍고 파크가 객사해서 귀국하지 못하여 그가 거쳐 간 길에 대해서는 자세히 알 수 없다. 각각의 큰 부락에 대해서도 간략히 들은 바가 있어 아래에 덧붙여 기록한다.

정마두국은 중앙아프리카 변경에 위치하며, 황금이 나는데 눈부실 정도로 광채가 나서 유럽인들은 늘 위험을 무릅쓰고 이 땅에 이른다. 부락이 광활해서, 이곳의 정황은 알 수가 없다. 바야흐로 나라가 강성할 때는 하우사 등 각국이 모두 정마두국의 지배를 받았다. 근래 수백 년 동안 이 나라는 모로코의 지배하에 있었다. 최근에 흑인이 왕이 되었으며, 왕궁과 민가의 모양은 대부분 모두 둥글고 뾰족하여 벌집과도 같다. 땅이 척박해서 생산량이 매우 부족해 이웃 나라의 원조에 의지한다. 원조품은 나이저강을 경유하여 가묵랍加墨臘의 나루터까지 하루면 도착한다. 금광이 상당히 번성하여 장사꾼이 오리 떼처럼 몰려드는데, 대부분 모로코·알제리Algérie[91]·튀니지Tunisie,[92] 세 나라의 사람들이다. 온갖 물품이 가득하지만, 황금과 노예 교역이 가장 활발하다.

마시나Masina[93]는 다크호[94] 옆에 위치하며, 목축에 적당한 땅으로 정마두국과는 거리가 멀리 떨어져 있다. 원주민은 풀라니족[95]으로, 부족장은 바로 전리국 부족장의 동생이다.

전리국은 나이저강 강변에 접해 있으며, 중심 부락은 전리이다. 부족장은 아덴인이고, 인구는 1만 명이며, 교역은 정마두국에 비해 약간 뒤처지지만 정마두국에서 필요한 물품은 대부분 여기에서 구입한다. 상인들은 모두 풀라니족·말링케족Malinke[96]·밤바라족Bambara[97]·무어인Moors[98] 등 네 부류인데, 간혹 흑인 원주민이 이곳에 와서 교역을 하기도 한다.

밤바라[99]는 땅이 넓고 비옥하며, 중심 부락은 세구Ségou[100]이다. 나이저강이 그 안을 흐르고 궁전과 민가는 양쪽 강기슭을 따라 지어졌다. 백토를 바른 담장이 즐비하고 거리는 잘 구획되어 있으며 인구는 3만 명이다. 남쪽 산에서 나는 사금은 모두 이곳으로 운반하여 판매한다. 산산딩Sansanding[101] 역시 교역이 번성하며 인구는 1만 명이다. 마라부Maraboo[102]에서는 소금이 난다. 북쪽 지역은 광야로, 그곳은 무어인의 목장이다.

카르타Kaarta[103]는 모두 모래땅이며 중심 부락은 켐무Kemmoo[104]이다.

카손Kasson[105]은 땅은 작지만 비옥하며 중심 부락은 쿠니아카리Kooniakary[106]이다.

사타두Satadoo[107]·콩코두Konkodoo[108]·딩디쿠Dindikoo[109]·부루코Brooko[110]·푸라두Fooladoo[111] 등의 다섯 소국은 언덕이 높고 나무가 많으며 강에서 사금이 난다. 캉칸Kankan[112] 부락은 대도시로, 매주 3일 시장이 열린다. 보레Bouré[113]에는 금이 많이 나는데, 캉칸으로 실어 와서 판매한다. 벌꿀·면화·

화기·화약·사라사 및 유럽 물품이 나는데, 없는 것이 없다. 이상 6개의 큰 부락과 5개의 작은 부락은 모두 나이저강 상류의 나라들로, 아직 서양과 통상하지 않는다.

中阿利未加洲各國

—

『職方外紀』言, 亞毗心域國地極大, 居本洲三分之一,
則中阿利未加亦在其內, 不止阿邁司尼也.

中阿利未加洲地處中央, 環以群山, 沃野平曠, 灌溉不竭, 爲全洲膏腴之最.
西界西阿未里加, 北界曠野, 東界查湖, 南界無考. 長三千餘里, 廣千有餘里.
山最大者曰悶山, 自東至西, 起伏綿亙, 與洲境同其起迄, 中阿未利加僅山之
中央一隅耳. 峰巒層疊, 崖石嵯峨, 有似倒塌砲臺者, 有似銳浮圖者, 形勢不一.
高者二三千丈, 崎嶇與平坦相間, 山內可種棉·粟, 竝有城垣, 依山而建. 天炎土
燥, 而田疇不乏水澤, 皆資悶山之灌溉. 河道有四, 曰尼厄河, 曰孤盧尼河, 曰
菰彌河, 曰瓜臘馬河, 皆發源悶山. 而尼厄河最巨, 源遠流長, 計三千餘里, 總
受諸河之水, 由機里出海. 諸國皆沿河建立. 湖以查湖爲最闊, 與磨爾農連界,
長約六百里, 寬約四百里, 其水澄清甲天下. 湖中小島, 各有居人, 林深草茂,
飛走藪澤. 次爲尼彌湖, 雖不及查湖之大, 亦一目難窮. 此外皆小湖而已.

幅員遼闊, 內多小國, 距海岸遠, 不與海國通往來. 近四十年, 始有冒險至其
地, 略悉情形, 究無史書, 難溯源委. 讀『阿丹地理誌』, 載千二百年, 宋承安五
年. 部內之人遷徙曠野之南, 可見居於中阿未里加洲者, 多阿丹之人. 竝聞先日

有阿麻西尼司與翁彌阿尼司互爭勝者, 各自立國, 其最大者曰嘉諾, 曰薩加睹, 曰磨爾農. 嘉諾之南, 產金最旺. 千四百年, 明建文四年. 摩羅果大頭目阿佛厘加盧士統衆至丁麻杜, 奪得依機阿各地, 立國稱王, 卽名丁麻杜國. 斯時嘉諾亦屬丁麻杜所轄矣. 千七百年 康熙二十九年. 間, 又歸於加斯那. 千八百初年, 嘉慶五年. 薩加睹頭目曰蘭華利荷者自立爲王, 竝服蔓司沙部·磨爾農部, 遂成大國. 不久分裂, 爲摩爾農頭目所驅逐. 蔓司沙各部落, 若俄墨·若色塞, 同時亦各自王. 卽如丁麻杜國, 自阿佛厘加盧士以後, 卽爲摩羅果之屬國. 滿馬臘向稱大國, 所屬之展里大部落, 近已爲頭目阿馬盧所據.

各國政事, 皆自專制, 故無著名之邦, 亦無統轄之主. 蝸角蠻觸, 各長一方.

其俗, 百官見王, 匍伏殿前, 以首叩地. 各國王死, 屠人以祭, 雖不若西阿未里加阿寒氏·那和彌二國之多, 然祀典用人, 亦不能缺. 王之所貴, 不在宮室制度, 而在妻妾貨財. 故國王宮室僅加於民居一等, 往往苦蓋塵積, 乳燕環飛. 兒童裸露, 樸陋無倫. 而妻妾之多, 則難以數計. 凡監守各官以至服役, 皆姬妾焉. 部落長官皆由民自推擇, 賦稅無定額, 軍旅無紀律. 惟摩爾農之兵, 似有隊伍, 善長鎗·籐牌, 行列方圓成陣, 臨戰僅裹獸皮以禦弓矢. 薩加睹國有兵六萬. 各國皆不習火銃, 惟阿丹客商有火器, 遇兩國爭鬪, 常以此解圍.

土產粟·米·棉花·洋靛·六畜·獅·象·豹·蜂蜜·象牙·金沙·洋藍布. 各埠運貨竝無車輛, 全藉負載. 賈於斯者, 皆阿丹之人. 由北阿未里加越歷沙漠, 缺水草, 多盜賊. 近日始知雇駱駝馱載, 節省倍蓰. 所運入者, 如絲·綢·呢·紙·珠·銀器, 利皆數倍. 運出則黃金·象牙·奴僕居多. 奴僕多自南山虜掠而來, 非但賊盜, 卽國王貴官亦然. 如莫爾農之王與曼那臘王之女爲婚, 曾會赴麻斯俄, 虜掠人口三千以賀嘉禮. 境無溝洫, 亦少衢道. 荒陂曠野, 信足穿越. 或倒木橫阻, 或雨水泛濫, 行旅躑躅, 馬瘏僕吁.

土番與阿丹之人雜處, 僅學其技藝工作, 從不習其回敎文字. 地素蠻野, 較之通洲則尙知禮義, 喜結交. 惟俗尙掠奪, 在他方尙以貧劫富, 此則以富劫貧, 習不爲恥. 凡事皆信匪底祇之神. 其摩爾農・蓂司沙兩國極欲修文, 苦無敎導. 性喜歌舞, 雖尊貴亦登場演唱, 揚揚自得. 土番面皆黑, 卽所謂烏鬼國云.

莫爾農爲中阿未里加洲强大之國, 幅員七萬五千五方里, 戶二百萬口. 在查湖之西, 濱湖水鄕, 美稼穡, 多獅・象・熊・虎爲害. 領大部落八, 鉤加其首部落也, 其次若安俄那・若安牙臘・若吾尼・若加領・若臘里・若加沙里・若阿爾磨盧農七部, 湖山錯壤, 大小各別, 而富庶以安俄那爲最. 始王其地者, 本阿丹之人, 嗣有依爾加尼者起兵據國, 放前王于附郭, 逐官民回阿丹. 其國中大官以皤腹爲美, 首纏白布. 其王接見歐羅巴人, 則端坐龕中, 外列侍從, 陳兵護衛. 性好鬪而不輕捷, 敗則走步艱難, 坐以待斃. 土番黑面厚唇, 樸魯好鬪. 善紡織, 精染洋藍, 耕種皆以女. 國王所駐鉤加部落甚小, 居民萬人. 安俄那爲國中最大之部, 居民三萬, 貿易集會約有十萬. 安牙臘・吾尼亦兩大部. 北則加領部, 與曠野交界, 居民驍勇. 臘里部民僅二千. 加沙力亦大部, 居民善用藥箭. 阿爾磨盧農部落近已荒廢.

曼那臘國在磨盧農之南, 山谷土沃, 領大部落八, 以磨臘爲首區. 悶山最高之峰在其境內, 陟巓遠眺, 疆域了然. 土番不習敎門, 文身衣革. 麻斯俄部落最爲蠻野, 好騎生馬, 衣山羊・豹皮, 取讐人牙齒串珠掛頸, 以夸其群. 那古爾臘地處山谷, 村堡堅固, 好武鬪勝, 善用藥矢. 摩爾農兵侵之, 爲所敗.

羅艮國在查湖之南, 爲洲中最靈巧之國. 接壤强鄰, 皆凶惡好殺, 竟能立國, 保境安民, 皆才智所致也. 卽以羅艮爲首部落, 街衢坦闊, 距查湖僅四十里. 産佳木・香草. 精染洋藍布, 不亞於摩爾農. 錢用鐵鑄, 形如馬蹄. 番婦容貌在黑人中爲最端好. 卑濕多蚊, 惟日午暫息, 餘時皆蟲飛薨薨.

敏雅彌國在查湖之東南, 土域遼闊, 土番勇戰, 衣鐵甲, 習長鎗, 視摩爾農器械尤備, 交鋒亦無紀律.

蕪名地在查湖之中, 島嶼甚多. 居於斯者, 皆彌落麻之人. 島旁泊船千計, 無非盜艇. 土謠云: "天未貽我糧, 神未既我牛與羊, 只生臂力與詐腸, 我居宛在水中央, 不劫何以豪四方!" 磨爾農王欲禁之無如何也. 然所虜人口, 以作奴僕, 尙不甚殘虐, 往往給以妻室.

蔍司沙在尼厄河之西, 幅員遼闊, 界域莫詳. 壤燥宜麥, 一歲再獲, 倉廩充實, 果蔬旣多且旨. 土番皆阿丹之人, 自耶穌千年以後 宋咸平三年. 陸續遷至. 非其回教中人, 無不被虜爲奴. 與西隅之黑番貿易.

沙加都國卽多谷魯, 在蔍司沙之西, 土沃民庶. 先居薩加都, 近遷馬雅利阿. 城池壯闊, 甲於中洲, 墻高三丈, 門戶十二, 日落卽閉. 王宮前面, 方角開敞, 四壁藻繪. 薩加都之舊部落, 近已頹毀.

俄墨國·山付臘國均蠻地, 好鬪. 俄墨首部曰古尼阿, 城池堅固. 於千八百二十九年, 道光九年. 蔍司沙率兵六萬侵之, 爲俄墨所敗. 山付臘首部曰沙彌, 當嘉諾·薩加都兩部之衝, 專劫行旅爲業.

雅那國卽嘉諾, 爲阿末里加腹內之地, 疆域雖狹於舊, 而商賈市埠猶甲諸國. 嘉諾首部落也, 周有十五里, 居民約三四萬. 中央地窪而曠, 水涸之後, 貿易聚焉, 爲一大市鎮. 有頭目司市價, 辨眞僞. 設有賤售貴·贋亂眞者, 則經紀受罰. 日出登市, 日入卽散. 又有奴僕市, 兩棚分列, 男女各坐一棚, 買者先觀五官四肢, 繼令其步履, 聽其音語. 市用小介殼爲錢, 謂之勾力土, 四百八十枚値銀一錢八分.

嘉司那國在嘉諾之北, 向稱大國, 前時之蔍司沙曾屬其管轄. 城墉廣闊, 民居不及十之一, 皆商賈所集.

色塞國在嘉諾·薩加都二國之南, 爲中洲最沃之壤, 產上米·蜜棗. 沙厘阿其首部也, 居民五萬. 田疇繡錯, 林麓蔥蔚. 色塞之南, 亦饒水草. 尙有小部落屬其統轄.

加達國居衆山之中, 村莊大小五百, 領羅臘其首部也. 地雖多山, 而濱涉力河, 土亦膏澤, 貿易頗盛. 惟土番蠻惡, 前遇歲歉, 盡屠外國商賈而食之. 由領羅臘沿河而東, 卽阿那磨洼, 皆加達屬地也.

菁司沙之西國轄部落四, 首卽加東雅部, 次卽山尼阿部, 次加達艮部, 次珊山部. 加東雅, 美田疇. 山尼阿在山谷之中, 形勢環拱, 頗秀蔚. 加達艮曾屬莫盧農之部落. 珊山, 貿易一大市鎮也. 人皆獷狠.

裕里國疆域平曠, 近尼厄河, 常有水患. 厥土潤澤, 最宜播種, 俗勤力作. 土番雖多爲奴, 然伶俐耐勞. 首部卽裕厘, 甚寬闊, 植木城而裹以鐵, 周三十里. 居民蕃盛強勇, 阿丹人常侵之, 皆被驅逐. 王宮儉陋, 國王曾殺有名游士曰巴客, 大受惡名. 後遂優禮格臘白頓遊人, 以改前過.

洼瓦國蕞爾地耳, 而田疇膏沃, 地當孔道. 都邑居民不及二萬, 而菁司沙之商賈薈焉. 市陳百貨, 曲港連甍, 管弦宵晝. 行人至止, 看醴錯陳.

磨爾俄在磨斯沙·洼瓦兩部之西北, 半多叢山茂林, 幾阿麻其首部也. 王奉回回教, 敬匪底祇神. 宮殿設兵扈衛, 宮室帷帳陳設侈靡. 土番驕勇敢鬪, 盜賊尤多, 劫奪四出.

莫司沙國在裕里國之下, 首部落卽名莫司沙, 濱臨尼厄河. 河岸寬闊, 下卽大石灘, 舟楫往來, 素稱危險. 地宜五穀. 前爲阿丹人所據, 後始殺逐阿丹自立爲國. 前時遊人巴客被害, 卽在此灘.

巖阿國美田疇, 多農商, 西方富庶之區也. 轄大部落五, 曰巖阿, 曰磨府, 曰匿那, 曰幾司, 曰查吉. 原都磨府, 近遷居巖阿城, 周有十五里, 民戶未詳其數. 磨府今雖不復爲都, 而居民安之, 尙稱樂土. 匿那在國南, 幾司在國北, 若查吉, 則山谷之中矣. 王宮及民舍, 墙皆苫覆, 惟門楣多有雕飾. 頭目見王, 曲跽盡禮. 王多妃妾, 難以數計. 宮內之事皆媵妾司之. 凡祀神亦以人爲牲, 特不至阿寒氏·那和彌之多耳. 國中間有小山, 至高者三百丈. 天氣和暖, 高下皆可布種. 產粟米·棉花. 尤工機織, 其布與尼霏國等. 林木馨香, 蜂蝶翩繞, 花晨月夕, 致堪游衍.

尼霏國在尼厄河之東岸, 亦富庶之區, 居此土者半回回, 半黑人. 泥霏之黑人, 又黑人中之靈敏者. 奴僕皆工織機, 故所織棉花, 他國莫及. 轄部落八, 那麻其首部也. 產五穀·牛·馬. 草席之佳, 甲於通洲. 菰爾府部落在其北界, 城池堅固, 貿易蕃盛. 部民盡回教, 男女無別. 臘牙馬及馬尼麼兩大部落均依尼厄河之東岸, 因阿丹侵擾, 改遷西岸. 巴達司在莫司沙之邊界. 沙俄司與臘麻相距不遠, 四水環繞, 洲浮水面. 工作精巧, 所織棉布, 通洲頭目無不購而珍之. 有七百軍船防守邊界. 伊牙部亦臨河, 岸長四里, 多商舶. 以上十九國皆與西洋通市.

以下附五部落均自爲酋長.

嘉公那部僅有大村鄉三, 自立頭目. 雖不屬泥霏國而土番頗馴.

封那部距嘉公那四十里, 一大市鎮也. 再行四十里, 尚有數部落, 情形莫詳.

磨卦部亦在嘉公那之下, 相距約八十里, 大市鎮也. 商賈鱗萃, 有頭目經理其事.

機里部在磨卦之下, 相距約五十里, 多商船, 亦一大市鎮. 然土瘠歉收, 其草牲畜不食, 故居民皆漁蕉菓河以糊口. 產油最著.

伊磨部在機里之下, 相距約七十里, 城池寬大, 濱河口, 亦市埠也. 出口貨物, 油與人口居多. 往來船舫, 陳設器具, 頗似歐羅巴. 夾岸多大宅, 栽種芭蕉·椰子, 窗樹華麗, 勝於鄰國. 惟俗習驕汰無度, 酗酒輒達宵旦.

以上中阿未里加腹地諸部也. 尙有尼厄河上流各國, 地土肥美略同. 遊人巴客道死, 不及回國, 莫詳其所經歷. 而各大部落亦略有所聞, 附載于後.

丁麻杜國在中阿未里加洲邊界, 產黃金, 光色射目, 歐羅巴人常冒險至其地. 部落遼闊, 情形莫悉. 方其盛日, 蔦司沙各國均屬統轄. 近數百年, 竝已國反屬於摩羅果矣. 近日黑人爲王, 宮室民舍半皆圓銳, 形若蜂房. 厥壤燥瘠, 產不敷食, 仰給鄰國. 由尼厄河沿流運至加墨臘津口, 一日可至. 以金礦甚旺, 故商旅若鶩, 多摩羅果·阿爾尼阿·都尼司三都之人. 百貨充牣, 惟黃金·奴僕兩種交易最大.

麻西那國在尼彌湖之旁, 宜牧畜, 距丁麻杜部落頗遠. 土番付臘司種類, 酋長卽展里酋之弟.

展里國濱臨尼厄河邊, 首部卽名展里. 酋長阿丹人, 居民萬口, 貿易稍遜丁麻杜, 而丁麻杜所需貨物多購諸此. 商賈皆富臘司·曼領俄·莫馬臘·摩羅四種, 間有黑番至此貿易.

莽馬臘國土曠而沃, 色俄其首部也. 尼厄河居中, 宮室民舍依傍兩岸. 堊墻鱗比, 街衢方軌, 居民三萬. 南山所產金沙, 皆運此出售. 珊山領部落貿易亦盛, 居民萬口. 麻那母部落產鹽. 北界曠野, 爲摩羅人牧場.

加阿達國皆沙土, 首部落曰甘猛.

加孫國地小而沃, 首部落曰孤尼阿加里.

沙達盧·根戈盧·領尼古·墨魯古·富臘盧五小國, 高阜多林木, 河中產金沙. 甘干部落其大市鎮也, 每遇禮拜三墟期焉. 母里地多金, 運此銷售. 產蜜糖·棉花·火器·火藥·花布及歐羅巴貨物, 無一不備. 以上六大部·五小部皆尼厄河上游之國, 未與西洋通市.

주석

1 아비시니아Abyssinia: 원문은 '아비심역국亞毗心域國'이다.

2 에티오피아Ethiopia: 원문은 '아매사니阿邁司尼'이다.

3 차드호Lake Chad: 원문은 '사호査湖'이다.

4 달의 산맥Mountains of the Moon: 원문은 '민산悶山'이다.

5 나이저강Niger River: 원문은 '니액하尼厄河'이다.

6 쿠두니아강Coodoonia River: 원문은 '고로니하孤盧尼河'이다.

7 쿠비강Cubbie River: 원문은 '고미하菰彌河'이다.

8 콰라마강Quarama River: 원문은 '과랍마하瓜臘馬河'이다.

9 키리Kirree: 원문은 '기리機里'로, 기리基里라고도 한다.

10 보르누Bornu: 원문은 '마이농磨爾農'으로, 마이농摩爾農, 파이노波爾奴라고도 한다.

11 다크호Dark Lake: 원문은 '니미호尼彌湖'로, 적별호的別湖라고도 한다.

12 승안承安: 금나라 제6대 황제 장종章宗 완안경完顏璟의 두 번째 연호 (1196~1200)이다.

13 카노Kano: 원문은 '가락嘉諾'이다. 광서 2년본에는 '가락' 앞에 '왈曰' 자가 없으나 악록서사본에 따라서 고쳐 번역한다.

14 소코토Sokoto: 원문은 '살가도薩加睹'이다. 광서 2년본에는 '도睹' 자가 없으나, 악록서사본에 따라서 고쳐 번역한다.

15 건문建文: 명나라 제2대 황제 건문제建文帝 주윤문朱允炆의 연호(1398~1402)이다.

16 모로코Morocco: 원문은 '마라과摩羅果'이다.

17 레오 아프리카누스Leo Africanus: 원문은 '아불리가로사阿佛厘加盧士'이다. 아프리카누스(1494~1554)는 유럽과 북아프리카를 오가면서 활동한 아라비아의 외교관이자, 작가, 탐험가로, 저서로는 북아프리카의 지리를 묘사

한 『아프리카에 대한 묘사Descrittione dell'Africa』가 유명하다.

18 이때: 원문은 '사시斯時'로, 광서 2년본에는 '사斯'가 '가嘉'로 되어 있으나, 악록서사본에 따라서 고쳐 번역한다.

19 카치나Katsina: 원문은 '가사나加斯那'이다.

20 하우사Hausa: 원문은 '호사사부蒿司沙部'이다.

21 그바기Gbagyi: 원문은 '아묵俄墨'이다.

22 자리아Zaria: 원문은 '색색色塞'이다.

23 밤바라Bambara: 원문은 '만마랍滿馬臘'이다.

24 아샨티Ashanti: 원문은 '아한저阿寒氐'이다.

25 다호메이Dahomey: 원문은 '나화미那和彌'이다.

26 소코토: 원문은 '살가도국薩加睹國'이다. 광서 2년본에는 '가加'가 '사斯'로 되어 있으나, 악록서사본에 따라서 고쳐 번역한다.

27 나사: 원문은 '니呢'로, 혼성 모직물의 일종이다.

28 보르누: 원문은 '막이농莫爾農'이다.

29 만다라Mandara: 원문은 '만나랍曼那臘'이다.

30 머스고Musgow: 원문은 '마사아麻斯俄'이다.

31 페티시Fetish: 원문은 '비저지匪底祗'이다. 서아프리카의 전통적 신앙 및 종교적 관습에서 비롯된 것으로 우상 및 물신 숭배와 깊은 관계가 있다.

32 쿠카와Kukawa: 원문은 '구가鉤加'로, 고잡庫卡이라고도 한다.

33 안고르누Angornou: 원문은 '안아나安俄那'이다.

34 앙골라Angola: 원문은 '안아랍安牙臘'이다.

35 우디Woodie: 원문은 '오니吾尼'이다.

36 카넴Kanem: 원문은 '가령加領'이다.

37 라리Lari: 원문은 '랍리臘里'이다.

38 카브샤리Kabshary: 원문은 '가사리加沙里'이다.

39 올드보르누Old bornu: 원문은 '아이마로농阿爾磨盧農'이다.

40 알리 가지르Ali Gaji: 원문은 '의이가니依爾加尼'이다. 가지르는 15세기 말에서 16세기 초 보르누 왕국의 황금기를 연 군주이다.

41 카브샤리: 원문은 '가사력加沙力'이다.

42 모라Mora: 원문은 '마랍磨臘'이다.

43 디쿨라Dirkullah: 원문은 '나고이랍지那古爾臘地'이다.

44 로곤Logone: 원문은 '라간국羅艮國'이다.

45 와다이Waday: 원문은 '민아미국敏雅彌國'이다.

46 부두마Buduma: 원문은 '미락마彌落麻'이다.

47 소코토: 원문은 '사가도국沙加都國'이다.

48 다곡로多谷魯: 광서 2년본에는 '로魯' 자가 '증曾' 자로 되어 있으나, 악록
　　서사본에 따라서 고쳐 번역한다.

49 소코토: 원문은 '살가도薩加都'이다.

50 마가리아Magaria: 원문은 '마아리아馬雅利阿'이다.

51 9년: 광서 2년본에는 '2년'으로 되어 있으나, 역사적 사실에 따라서 고쳐
　　번역한다.

52 카우리 조개Cowrie Shell: 원문은 '구력토勾力土'이다.

53 카치나: 원문은 '가사나국嘉司那國'이다.

54 자리아: 원문은 '사리아沙厘阿'이다.

55 차드Chad: 원문은 '가달국加達國'이다.

56 샤리강Chari River: 원문은 '섭력하涉力河'이다.

57 아다모와Adamowa: 원문은 '아나마와阿那磨洼'이다.

58 카툰가Katunga: 원문은 '가동아부加東雅部'이다. 광서 2년본에는 '가아동加
　　雅東'으로 되어 있으나, 악록서사본에 따라서 고쳐 번역한다. 이하 동일
　　하다.

59 잔게아Zangeia: 원문은 '산니아부山尼阿部'이다.

60 카타굼Katagoom: 원문은 '가달간부加達艮部'이다.

61 산산Sansan: 원문은 '산산부珊山部'이다.

62 보르누: 원문은 '막로농莫盧農'이다.

63 야우리Yauri: 원문은 '유리국裕里國'이다.

64 야우리: 원문은 '유리裕厘'이다.

65 멍고 파크Mungo Park: 원문은 '파객巴客'이다. 파크(1771~1806)는 스코틀랜드 출신의 탐험가이다.

66 휴 클래퍼튼Hugh Clapperton: 원문은 '격랍백돈格臘白頓'이다. 클래퍼튼(1788~1827)은 스코틀랜드 출신의 탐험가로, 나이지리아 탐험에 집중했다.

67 오요Oyo: 원문은 '와와국洼瓦國'이다.

68 부사Bussa: 원문은 '마사사磨斯沙'이다.

69 카이아마Kaiama: 원문은 '기아마幾阿麻'이다.

70 부사: 원문은 '막사사국莫司沙國'이다.

71 제바Jebba: 원문은 '암아국巖阿國'이다.

72 보후Bohoo: 원문은 '마부磨府'이다.

73 젠나Jenna: 원문은 '언나匽那'이다.

74 키시Kishi: 원문은 '기사幾司'이다.

75 샤키Shaki: 원문은 '사길查吉'로, 광서 2년본에는 '사길선查吉仙'으로 되어 있으나, 악록서사본에 따라서 고쳐 번역한다. 이하 동일하다.

76 제바: 원문은 '암아성巖阿城'이다.

77 잉첩媵妾: 옛날에 귀인貴人에게 시집가는 여인이 데리고 가던 시첩을 말한다.

78 누페Nupe: 원문은 '니비국尼霏國'으로, 니비국泥霏國이고도 한다.

79 라파이Lapai: 원문은 '나마那麻'이다.

80 쿠티기Kutigi: 원문은 '고이부菰爾府'이다.

81 레무Lemu: 원문은 '랍아마臘牙馬'이다.

82 민나Minna: 원문은 '마니마馬尼磨'이다.

83 파테기Pategi: 원문은 '파달사巴達司'이다.

84 자고시Zagoshi: 원문은 '사아사沙俄司'이다.

85 라파이: 원문은 '랍마臘麻'이다.

86 아가이Agaie: 원문은 '이아부伊牙部'이다.

87 카쿤다Kacunda: 원문은 '가공나부嘉公那部'이다.

88 펀다funda: 원문은 '봉나부封那部'이다.

89 모콰Mokwa: 원문은 '마괘부磨卦部'이다.

90 이모Imo: 원문은 '이마부伊麿部'이다.

91 알제리Algérie: 원문은 '아이니아阿爾尼阿'이다.

92 튀니지Tunisie: 원문은 '도니사都尼司'이다.

93 마시나Masina: 원문은 '마서나국麻西那國'이다.

94 다크호: 원문은 '니미호尼彌湖'이다. 광서 2년본에는 '미니호彌尼湖'로 되어
있으나, 악록서사본에 따라서 고쳐 번역한다.

95 폴라니족: 원문은 '부랍사종류付臘司種類'로, 부랍사富臘司라고도 한다.

96 말링케족Malinke: 원문은 '만령아曼領俄'이다.

97 밤바라족Bambara: 원문은 '막마랍莫馬臘'이다.

98 무어인Moors: 원문은 '마라摩羅'이다.

99 밤바라: 원문은 '망마랍국莽馬臘國'이다.

100 세구Ségou: 원문은 '색아色俄'이다.

101 산산딩Sansanding: 원문은 '산산령부락珊山領部落'이다.

102 마라부Maraboo: 원문은 '마나모부락麻那母部落'이다.

103 카르타Kaarta: 원문은 '가아달국加阿達國'이다.

104 켐무Kemmoo: 원문은 '감맹甘猛'이다.

105 카손Kasson: 원문은 '가손국加孫國'이다.

106 쿠니아카리Kooniakary: 원문은 '고니아가리孤尼阿加里'이다.

107 사타두Satadoo: 원문은 '사달로沙達盧'이다.

108 콩코두Konkodoo: 원문은 '근과로根戈盧'이다.

109 딩디쿠Dindikoo: 원문은 '영니고領尼古'이다.

110 부루코Brooko: 원문은 '묵로고墨魯古'이다.

111 푸라두Fooladoo: 원문은 '부랍로富臘盧'이다.

112 캉칸Kankan: 원문은 '감간부락甘干部落'이다.

113 보레Bouré: 원문은 '모리母里'이다.

중집

—

『만국지리전도집萬國地理全圖集』에 다음 기록이 있다.

아프리카 중부 지역은 북쪽으로 사하라Sahara[1]사막이 있으며, 북위 15도에서 30도에 이르고, 서경 15도에서 동경 30도에 이르며, 길이는 9천 리에 너비는 3천 리이다. 그 모래땅에서 바람이 불면 모래가 쌓여 산이 되며, 찌는 듯한 더위에 걷기가 힘들다. 그러나 사막에도 간혹 물과 풀, 비옥한 토양이 있다. 사람들은 대부분 아라비아Arabia[2]에서 왔으며 약탈을 해서 살아간다. 낙타는 배와 같은 운송수단으로, 움직이거나 멈추고 자고 일어날 때 항상 사람과 함께한다. 길을 가다가 몹시 목이 마르면 낙타를 죽여 그 피를 마시기도 하고, 또한 위 속에는 해갈할 수 있는 물이 저장되어 있다.

이집트Egypt[3]에서 서쪽으로 10일을 가는 내내 전혀 사람은 보이지 않으며, 협곡에 이르러야만 비로소 수목이 보이고 그 후에 페잔Fezzan[4]의 도읍에 다다르는데, 이곳 인구는 7만 명이다.

이집트 남쪽을 향해 2100리 떨어진 곳이 바로 다르푸르Darfur⁵이며, 그곳 병사들은 어려운 환경에서도 잘 버틴다.

남쪽을 향해 가다 보면 곧 투부족Toubou⁶·투아레그족Tuareg⁷ 두 종족이 있는데, 이들은 가난하며 호전적이다. 사막 밖의 각 지역에는 모두 물과 풀이 있으며 거주민이 더욱 많은데 대부분 피부가 검다. 그중 몇 나라는 절반이 이슬람교를 믿으며 항상 자신들의 견해를 고집한다. 만약 백인을 만나면 가혹하게 대한다. 그 풍속을 살펴보면 경박하고 제멋대로이며, 남자는 한가로이 지내고 여자는 고단하게 일을 하여, 무릇 경작·집안일·장사까지 여자가 하지 않는 일이 없다. 그러므로 처를 얻으면 얻을수록 더욱 부유해진다. 토착 군주는 처를 얻으면 반드시 천 명을 채웠다. 경내에는 나이저강⁸이 흐르며, 양쪽 기슭의 땅은 비옥하고 숲은 울창하다.

예로부터 지금에 이르기까지 내지에서 외국과 왕래하지 않은 이유는 거주민들의 야만적인 성향 때문이다. 근래에 영국인이 마음먹고 그 지역을 두루 돌아다니며 유래를 살폈지만, 기후와 풍토가 맞지 않고 풍토병에 걸리거나 도적질을 당해서 그로 인해⁹ 뜻을 이루지 못했다. 최근에 또한 화륜선으로 내지의 강에 들어가 그곳의 풍속을 찾아 탐문했으나 선원은 사망하고 배는 빈 채로 돌아가서 결국 성공하지 못했으니, 애석하도다!

『지리비고地理備考』에 다음 기록이 있다.

니그리티아Nigritia¹⁰는 수단Sudan¹¹이라고도 하며, 아프리카 중앙에 위치한다. 북위 6도에서 23도에 이르며, 동경 7도에서 31도에 이른다. 동쪽으로는 누비아Nubia¹² 및 아비시니아¹³에 이르고, 서쪽으로는 세네감비아Sene-Gambia¹⁴로 이어지며, 남쪽으로는 기니Guinea¹⁵ 및 악산岳山과 접하고, 북쪽으로는 사막을 경계로 한다. 길이는 약 6천 리에 너비는 약 4250리이며, 면적은 사방 245만 리이고, 인구는 약 2천여만 명이다. 사람들은 피부가 검고, 그 지형을 살펴보면 언덕이 넓게 펼쳐져 있으며 강과 호수가 사막과 섞여 있다. 긴 강으로는 나이저강,[16] 쿼라강Quorra River,[17] 요베강 Yobe River,[18] 샤리강[19]이 있다. 큰 호수로는 차드호,[20] 다크호,[21] 피트리호Lake Fitri[22]가 있다. 강변의 전답은 대부분 비옥하며, 이 땅에서는 벼·기장·마·면·인디고·담배·곡물·과일·상아·사금·가죽 등이 난다. 이 땅은 상당히 무덥고 독충과 맹수가 많아서 외지인이 들어오면 번번이 병사한다. 그래서 예로부터 다른 나라와 교류가 없었다. 이슬람교를 믿으며 농사를 짓고 손재주는 없다. 나라는 22개 부락으로 나뉘는데, 각 부족장이 나누어 다스리며 서로 간섭하지 않는다. 보르누,[23] 바그에르메Baghermeh,[24] 베르구Bergu,[25] 상가라Sangara,[26] 보레,[27] 캉칸,[28] 와술로Oassulo,[29] 알타밤바라Alta Bambara,[30] 비스코밤바라Bixco Bambara,[31] 마시나Masina,[32] 바난Banan,[33] 디리만Diriman,[34] 팀북투Timbuktu,[35] 야우리,[36] 니페Niffe,[37] 보르구Borgou,[38] 야리바Yarriba,[39] 베냉Benin,[40] 쿠아Qua,[41] 콩Kong,[42] 칼라나Calana,[43] 다곰바Dagomba[44]가 있다.

중앙에는 광야가 있는데, 이는 가장 넓은 사막으로 척박한 불모지여서 야수·사자·이리·타조 등만이 있고, 그곳에서 유목을 하면 갈증과 배고픔으로 죽기 쉽다. 서쪽의 땅은 거친 바람이 휘몰아쳐서 밤처럼 어두컴컴하며 거주민이 드물고 들판에는 해골이 가득하다. 가운데 한 지역에는 초목이 있지만, 물과 샘은 짜다. 상인들은 이윤을 바라고 무리 지어 다닌다. 종족이 각기 다른데, 그중 투아레그족은 걸핏하면 약탈했다. 그들은 나그네가 집에 묵으면 후하게 대접했으나 들판에서 만나면 즉시 약탈했다.

투부족[45]은 동쪽에 사는데, 얼굴이 검고 오직 낙타 젖과 싱거운 음식을 먹으며, 매번 투아레그족에게 약탈당했다.

페잔은 트리폴리Tripoli[46] 남쪽에 위치하며, 땅이 풍요롭고 길이가 1백 리에 너비는 66리이며 거주민은 7만 명이다. 트리폴리의 부족장이 다스린다. 이곳 사막은 이집트와 경계를 접하고, 항구에서는 통상이 활발하다. 사막에는 사원이 있어서 사방에서 예배하러 구름처럼 몰려든다. 이밖에도 대부분 사막으로, 큰 부락은 없다.

重輯

一

『萬國地理全圖集』曰: 亞非利加中地, 北係沙漠, 稱曰撒哈拉, 北極出自十五度至三十度, 偏西十五度至東三十度, 長九千里, 闊三千里. 其沙地風吹堆積爲山, 炎熱難行. 但沙漠中亦間有水草沃壤. 其民大半由亞拉伯國而來, 以劫掠爲生. 其駝若舟, 動止醒睡恒與人同伴. 行路如患渴死則殺其駝飮血, 且胃內有存水解渴.

由麥西國至西十日路, 皆無人之地, 至窄谷始有樹木, 而後抵非散國都, 居民七萬.

向麥西南形勢, 距二千有百里, 乃他弗茅地, 其兵最耐辛苦.

望南而往, 則地補·土亞勒兩族, 貧窮好鬪. 沙漠外各地皆有水草, 居民愈多, 大半黑面. 其中有數國, 半從回敎, 恒執己見. 若見白面之人, 則酷待之. 風俗澆灘放僻, 男逸女勞, 凡耕田·治舍·貿易工作, 無一非女. 故愈娶妻女, 則愈富足. 土君娶婦必盈千. 此內尼額大河, 兩岸沃饒, 林樹暢茂.

自古及今, 內地與外國無往來之理, 是以居民野心. 近日英人用心周遊其地,以考其來歷, 但不服水土, 或染瘴, 或被賊, 故志未成就. 近日又用火輪船進其內河, 搜訪其風俗, 而水手死亡, 船空往反, 竟無成功, 惜哉!

『地理備考』曰: 尼吉里西國, 又名蘇丹, 在亞非里加州之中. 北極出地六度起至二十三度止, 經線自東七度起至三十一度止. 東至盧比亞暨亞比西尼二國, 西連塞內岡比國, 南接幾內國暨岳山, 北界沙漠. 長約六千里, 寬約四千二百五十里, 地面積方二百四十五萬里, 煙戶約二京餘口. 人黑色, 地形埠闊, 湖河與沙漠相間. 河之長者, 曰尼日爾, 曰哥拉, 曰要, 曰沙利. 湖之大者, 曰沙德, 曰的別, 曰非德勒. 瀕河田多膴腴, 土產稻·黍·麻·綿·靛·煙·穀·果·象牙·金砂·皮革等. 地極炎熱, 多毒蟲惡豸, 外人到輒病死. 故自古不通別國. 奉回教, 業農, 罕技藝. 國分二十二部落, 各酋分攝, 不相統屬. 曰波爾奴, 曰巴耶爾美, 曰北爾古, 曰桑加拉, 曰布勒, 曰岡干, 曰窩那蘇勒, 曰上邦巴拉, 曰下邦巴拉, 曰馬昔那, 曰巴難, 曰的勒南, 曰丁布各都, 曰牙烏利, 曰尼非, 曰波爾古, 曰牙黎巴, 曰北寧, 曰瓜, 曰公, 曰加拉那, 曰達公巴.

一中央曠野, 此最廣之沙漠, 磽山不毛, 獨有野獸·獅·狼·駝鳥等, 其游牧亦渴餓易斃. 西方之地, 荒風壓藤, 瞑暗如夜, 居民罕少, 野積枯骨. 中一地有草木, 然水泉鹹. 商賈希利, 結群而往. 族類各異, 其中土亞勒地好虜掠. 然客宿其家亦厚接之, 若逢於野, 即便劫掠.

特布族類在東方, 顏色黑, 惟食駝乳淡物, 每遭土亞勒之虜掠.

非散在地陂里之南, 土豐盛, 長百里, 闊六十六里, 居民七萬. 統轄於地陂里之酋. 其曠野與麥西國交界, 海港頗通商. 其曠野有佛廟, 四方禮拜雲集. 此外多沙磧, 無大部落矣.

주석

1 　사하라Sahara: 원문은 '살합랍撒哈拉'이다.

2 　아라비아Arabia: 원문은 '아랍백국亞拉伯國'이다.

3 　이집트Egypt: 원문은 '맥서국麥西國'이다.

4 　페잔Fezzan: 원문은 '비산非散'이다.

5 　다르푸르Darfur: 원문은 '타불모지他弗茅地'이다.

6 　투부족Toubou: 원문은 '지보地補'이다.

7 　투아레그족Tuareg: 원문은 '토아륵土亞勒'이다.

8 　나이저강: 원문은 '니액대하尼額大河'이다.

9 　그로 인해: 원문은 '고故'이다. 광서 2년본에는 '혹或'으로 되어 있으나,
　　악록서사본에 따라서 고쳐 번역한다.

10 　니그리티아Nigritia: 원문은 '니길리서국尼吉里西國'이다.

11 　수단Sudan: 원문은 '소단蘇丹'이다.

12 　누비아Nubia: 원문은 '노비아盧比亞'이다.

13 　아비시니아: 원문은 '아비서니亞比西尼'이다.

14 　세네감비아Sene-Gambia: 원문은 '색내강비국塞內岡比國'이다.

15 　기니Guinea: 원문은 '기내국幾內國'이다.

16 　나이저강: 원문은 '니일이尼日爾'이다.

17 　쿼라강Quorra River: 원문은 '가랍哥拉'이다.

18 　요베강Yobe River: 원문은 '요要'이다.

19 　샤리강: 원문은 '사리沙利'이다.

20 　차드호: 원문은 '사덕沙德'이다.

21 　다크호: 원문은 '적별的別'이다.

22 　피트리호Lake Fitri: 원문은 '비덕륵非德勒'이다.

23 　보르누: 원문은 '파이노波爾奴'이다.

24 바그에르메Baghermeh: 원문은 '파야이미巴耶爾美'이다.

25 베르구Bergu: 원문은 '북이고北爾古'이다.

26 상가라Sangara: 원문은 '상가랍桑加拉'이다.

27 보레: 원문은 '포륵布勒'이다.

28 캉칸: 원문은 '강간岡干'이다.

29 와술로Oassulo: 원문은 '와나소륵窩那蘇勒'이다.

30 알타밤바라Alta Bambara: 원문은 '상방파랍上邦巴拉'이다.

31 비스코밤바라Bixco Bambara: 원문은 '하방파랍下邦巴拉'이다.

32 마시나Masina: 원문은 '마석나馬昔那'이다.

33 바난Banan: 원문은 '파난巴難'이다.

34 디리만Diriman: 원문은 '적륵남的勒南'이다.

35 팀북투Timbuktu: 원문은 '정포각도丁布各都'이다.

36 야우리: 원문은 '아오리牙烏利'이다.

37 니페Niffe: 원문은 '니비尼非'이다.

38 보르구Borgou: 원문은 '파이고波爾古'이다.

39 야리바Yarriba: 원문은 '아려파牙黎巴'이다.

40 베냉Benin: 원문은 '북녕北寧'이다.

41 쿠아Qua: 원문은 '과瓜'이다.

42 콩Kong: 원문은 '공公'이다.

43 칼라나Calana: 원문은 '가랍나加拉那'이다.

44 다곰바Dagomba: 원문은 '달공파達公巴'이다.

45 투부족: 원문은 '특포족特布族'이다.

46 트리폴리Tripoli: 원문은 '지피리地陂里'이다.

아프리카 각 섬

—

『사주지』의 아프리카 부분에 섬나라는 실려 있지 않으나,
지금 서양의 여러 책을 인용하여 보충한다.

『직방외기』에 다음 기록이 있다.

상투메São Tomé[1]는 아프리카 서쪽, 적도 아래에 위치하며, 섬 둘레가 1천 리에 직경은 3백 리이다. 그 땅은 숲이 우거지고 비가 많이 내리는데, 고지대일수록 구름도 많고 비도 많이 내린다. 대개 이 섬에서 나는 과일은 모두 씨가 없다. 또 세인트헬레나Saint Helena[2]에는 짐승과 과일이 많이 나는데, 사람은 전혀 살지 않는다. 인도양에서 대서양으로 항해하는 선박은 항상 이곳에서 10여 일 동안 머물며 땔감, 채취, 어로, 수렵을 해서 2만~3만 리 길에 쓸 물품을 준비해 떠난다. 또한 적도 남쪽에 있는 마다가스카르Madagascar[3]는 섬 둘레가 2만여 리이고, 남위 17도에서 26.5도에 이른다. 사람들은 대부분 피부가 검고 숲속에 흩어져 살며 한곳에 머물러 살지 않는다. 이곳에서는 호박·상아가 많이 생산된다.

아시아의 서쪽 지중해는 아프리카 북쪽과 서로 이어져 있고 수많은 섬이 있다. 큰 섬으로는 키오스Chios,[4] 옛날에 이 나라 사람들이 전염병에 걸리자, 히

포크라테스Hippocrates[5]라는 유명한 의사가 약과 침은 쓰지 않고 성 안팎에 두루 큰불을 놓아 밤낮으로 태우게 했는데, 불이 꺼지자 병도 나았다. 대개 전염병은 사악한 기운이 스며든 것으로, 불의 기운이 세차면 온갖 사악한 기운을 깨끗이 씻어 낼 수 있는 것이다. 로도스Rodos[6]가 있는데, 로도스는 섬의 날씨가 항상 청명하여 일 년 내내 해를 볼 수 있고 온종일 흐리거나 흙비가 내리는 일이 없다. 그 바닷가에 일찍이 커다란 동상 한 개를 만들어 놓았는데, 높이가 탑보다 높았으며 바닷속에 두 개의 대를 쌓아 그 동상의 발을 올려놓았다. 돛단배가 바로 다리 아래로 지나갔으며, 그 한 손가락에는 한 사람이 들어가서 바로 설 수 있었다. 손바닥에는 구리 쟁반을 받치고 있었는데, 밤이면 그 안에 불을 피워 항해하는 자들을 비춰 주었다. 쇠를 부어서 12년 만에 완성했는데, 이후 지진으로 붕괴되었다. 나라 사람들이 구리를 운반할 때, 낙타 9백 마리를 몰고 가서 그것을 져 날랐다. 또 키프로스Kypros[7]가 있는데, 산물이 풍부하여 매년 나라에서 부과하는 세금이 백만에 이른다. 포도주가 상당히 맛이 좋다. 또한 화완포火浣布가 나는데, 돌을 불에 달구어 만든 것이다. 그 땅은 덥고 비가 적어 일찍이 맑은 날이 36년 동안 계속된 적이 있어서 원주민들이 다른 나라로 흩어졌는데, 지금은 점차 모여들고 있다.

『지리비고』에 다음 기록이 있다.

본 대륙의 섬은 서양 각국이 나누어 관할하는데, 포르투갈령인 섬은 세 곳으로 모두 총독이 배치되어 있다. 하나는 마데이라제도Arquipélago da Madeira[8]로, 대서양 서북쪽에 위치하며 길이가 180리에 너비는 70리이고 인구는 12만여 명이다. 산세가 험준하고 기후가 온화하며 토지가 비옥하여 곡식과 과일이 풍요롭고 포도가 특히 많다. 중심 도시는 푼샬Funchal[9]이다. 두 번째는 카보베르데Cabo Verde[10]로, 아프리카 극서쪽에 위치하며 북위 14도 45분에서 17도 20분에 이르고 서경 24도 55분에서 27도 30분에 이른다. 이곳에는 10개의 섬이 있으며, 상티아구São Tiago[11]라는 큰 섬이 있다. 인구는 1만 7천여 명이고, 이 땅에서는 곡식·과일·면화·야자·약재·사탕수수·인디고·포도·담배 등이 난다. 기후는 엄청 뜨겁지만 생활하는 데 불편함이 없고 새와 짐승이 가득하며 어패류가 풍성하다. 10개의 섬 중에 상필리프São Filipe[12]에는 활화산이 있다. 세 번째는 상투메 프린시페São Tomé e Príncipe[13]로, 본 대륙 서쪽의 기니[14]만에 위치한다. 두 지역으로 나뉘는데, 하나는 상투메[15]로 둘레가 4백 리에 기후가 고르지는 않지만 땅이 비옥하여 산물이 풍부하다. 다른 하나는 프린시페[16]로 길이가 80리에 너비가 60리이고, 기후가 온화하며 토양·새와 짐승·곡식과 과일 모두 상투메와 비슷하다.

아라비아가 관할하는 섬은 다섯 곳이다. 킬와Kilwa[17]는 동쪽에 위치하며 면적이 십수 리이고, 산물이 상당히 적으며 사방이 험난하여 선박이 지나가기가 어렵다. 마피아Mafia[18]는 길이가 330리에 너비가 30~40리로, 땅이 비옥하여 산물이 풍성하다. 잔지바르Zanzibar[19]는 길이가 250리에 너비가 50리로, 정박하기에 편리하여 교역이 번성하다. 펨바Pemba[20]는 면적이 350리로, 땅이 상당히 비옥하며 목재가 난다. 이 섬의 3분의 1을 아라비아가 관할한다. 소코트라Socotra[21]는 길이가 250리에 너비가 1백 리로, 정박하기에는 편리하나 땅이 척박하고 물이 적어 교역이 거의 이루어지지 않는다. 이 땅에서는 알로에[22]·주사朱砂·새와 짐승 등이 난다.

터키가 관할하는 섬은 마수아Massuah[23]로, 아비시니아 마수아섬에 위치하며 인구는 매우 적으나 정박하기에 편리하고 넓어서 상인들이 몰려들며 기후는 상당히 덥다.

프랑스가 관할하는 섬은 생루이Saint-Louis[24]로, 땅이 비옥하고 교역이 번성하며 기후는 고르지 않다. 고레Gorée²⁵는 정박하기에 적당하고 편리하여 무릇 프랑스 선박이 아시아로 항해할 때 반드시 이곳을 지난다. 우아로Ualo²⁶는 도적이 많아 거주민이 흩어졌으며, 사방을 둘러봐도 허허벌판이다. 이상 각처는 모두 세네감비아²⁷ 안에 있다. 부르봉Bourbon²⁸은 인도양에 위치하며, 길이가 180리에 너비는 130리이고 인구는 약 8만 5천 명이다. 땅이 비옥하고 기후가 온화하며 섬 안에 화산이 있다. 이 땅에서는 흑금黑金·산호·곡식·과일·계피·면화·담배·목재·향료가 나고, 정박하기에는 적당치 않으며 총독이 주둔한다.

『외국사략外國史略』에 다음 기록이 있다.

아프리카의 섬으로 그 동쪽에서 가장 크고 넓은 섬은 마다가스카르²⁹인데, 면적이 사방 1만 5백 리에 길이는 2200리, 너비는 약 450리에서 7백 리에 이른다. 남위 12도에서 26도, 동경 44도에서 52도에 이른다. 인구는 약 4백만 명으로, 종족이 다양하며 용모가 상당히 아름답다. 이 섬은 물산이 풍부해서 오곡·온갖 과일·생사·향료·인디고·소·구리·은·납이 난다. 중앙에는 모두 큰 산과 울창한 숲이 있고 토착 군주가 다스리는데, 오직 아와족阿瓦族이 최대 규모이며 근래에 각 부족장은 한 명의 군주를 섬긴다. 가경 연간, 부족의 군주가 총명하여 외국의 예술가와 현인賢人을 불러들여 원주민을 교화시켰다. 도광 15년(1835), 라나발로나 1세 Ranavalona I³⁰ 여왕이 섭정하여 선교사들을 원수로 여겨 거의 다 살육했다. 이 땅에서 예전에 통상했기 때문에 프랑스가 개항하려 했으나 대부분 풍토병에 걸려 죽었으며, 최근에 여왕은 영국·프랑스 양국과 분쟁을 벌이고 있다.

부르봉³¹과 이 섬이 관할하는 땅은 320리로, 남위 20도 50분에서 21도

20분에 이른다. 마다가스카르[32] 동쪽에 있는 섬 일대는 모두 산으로, 이 섬과 구별된다. 산봉우리 높이는 천 길에 이르며 평지가 거의 없다. 설탕·정향 등이 많이 난다. 인구는 10만 명으로, 흑인과 백인의 비율이 7대 3이며 대부분 농사를 짓는다. 이 섬은 포르투갈이 개척했으나 이후 프랑스가 차지했다. 생산 물품은 상당히 많은데 정박할 항구가 없는 것이 유감이다.

이 섬에서 멀지 않은 곳에 있는 모리셔스Mauritius[33]는 부르봉[34] 동쪽에 위치하며 남위 22도와 21도 사이에 이르고, 너비는 7백여 리에 면적은 2만 7324경頃이다. 이 섬은 풍요로우며 설탕이 꽤 많이 나고 무릇 남양에서 나는 산물은 모두 생산된다. 이곳에는 화산이 있고 초목이 무성하다. 네덜란드인이 일찍이 이곳에 이르렀고, 후에 프랑스가 이 지역을 차지했으나 결국 황무지가 되어 버렸다. 이곳의 백인들은 그들의 후예이다. 가경 연간, 영국에 양도했으며, 흑인은 5만 3천 명이다. 도광 16년(1836), 수입품 가격이 은 270만 냥이었다. 선박은 349척으로, 선박이 실어 나를 수 있는 양은 은 250만 냥에 달했다. 영국은 군대를 배치해서 다스렸으며, 흑인이 무능력하여 매번 중국인을 고용해서 경작지를 관리했다. 도광 16년(1836)에는 세수가 71만 냥, 지출 비용이 41만 7천 냥이었다.

세이셸Seychelles[35]은 기후가 따스하다. 다섯 개의 섬으로 이루어졌으며, 설탕·야자 등이 나고 거주민이 적지만 먹을 것은 풍족하다. 항구에 폭풍이 일지 않아서 포경꾼들은 모두 이곳에 정박한다.

코모로Comoros[36]는 지대가 상당히 높으며 갖가지 산물이 난다. 소코트라[37]는 지대가 상당히 높고 아덴Aden만에 위치하며 아라비아 이슬람족이다. 땅이 가물고, 알로에·조가 난다. 모두 이슬람교를 믿는다.

아프리카 서쪽의 섬으로 세인트헬레나[38]는 반석 위에 위치하며 토지가 척박하여 산물이 많이 나지 않는다. [이 섬은] 영국인의 속지로, 상선이 왕래하는 중요한 길목이다. 가경 19년(1814), 프랑스 황제 나폴레옹Napoléon[39]이 이곳에 유배되었다. 인도에서 오는 배들은 이곳에 구름처럼 몰려든다. 어센션Ascension[40]에는 자라가 나는데, 상선들이 그것을 가져다 판다.

상투메[41] 등의 섬은 땅이 황폐하며, 기니만에 위치한다. 숲은 울창하고 거주민들은 모두 도적들이다. 스페인의 속지이며 풍토병이 많이 발생한다.

카보베르데[42]는 포르투갈의 속지이다. 화산이 있으며 상당히 가물다. 오직 면화만 나며 거주민은 자주 기근에 시달린다.

카나리아Canaria[43]는 스페인의 속지로, 포도가 난다. 테네리페Tenerife[44]는 인구가 19만 명이며 경치가 매우 아름답다.

또 더없이 아름다운 섬인 마데이라[45]에서는 맛 좋은 술·온갖 과일이 나며, 포르투산투Porto Santo[46]와 함께 포르투갈의 속지이다. 인구는 12만 명이다. 기후가 맑고 상쾌하여 많은 영국인이 이곳에 머물면서 요양한다.

利未亞洲各島

一

原志此洲不載島國, 今取泰西各書補之.

『職方外紀』曰: 聖多默島在利未亞之西, 赤道之下, 圍千里, 徑三百里. 其地濃陰多雨, 愈近日處, 雲愈重, 雨愈多. 凡在此島之果, 俱無核. 又有意勒納島, 鳥獸果實甚繁, 而絕無人居. 海舶從小西洋至大西洋者, 恒泊此十餘日, 樵採漁獵, 備二三萬里之用而去. 又赤道南有聖老楞佐島, 圍二萬餘里, 從十七度至二十六度半. 人多黑色, 散處林麓, 無定居. 出琥珀·象牙極廣.

亞細亞以西之地中海與利未亞洲北境相首尾, 有島百千. 其大者, 一曰哥阿島, 曩國人患疫, 有名醫名依卜加得不用藥石, 令城內外徧擧大火燒一晝夜, 火息而病亦愈. 蓋疫爲邪氣所侵, 火氣猛烈, 能蕩滌諸邪. 一曰羅得島, 天氣常清明, 終歲見日, 無竟日陰霾者. 其海畔常鑄一巨銅人, 高踦浮屠, 海中築兩臺以盛其足. 風帆直過跨下, 其一指中可容一人, 直立. 掌托銅盤, 夜燃火於內以照行海者. 鑄十二年而成, 後爲地震而崩. 國人運其銅, 以駱駝九百隻往負之. 一曰際波里島, 豐物產, 每歲國賦至百萬. 葡萄酒極美. 又出火浣布, 是煉石而成. 地熱少雨, 嘗連晴三十六年, 土人散往他國, 今稍稍湊集矣.

『地理備考』曰: 本州之島分隷西洋各國管轄, 其隷布路亞國者三處, 皆設總管. 一曰馬德義辣島, 在亞德蘭的海西北, 長一百八十里, 寬七十里, 煙戶一億二萬餘口. 山勢峭壁, 氣溫和, 土肥饒, 穀果豐稔, 葡萄尤盛. 首郡名豐札爾. 二曰加布威爾德島, 在亞非里加州之極西, 緯度自北十四度四十五分起至十七度二十分止, 經度自西二十四度五十五分起至二十七度三十分止. 內有十島, 大者名桑的可阿. 煙戶一萬七千餘口, 土產穀·菓·縣·椰·藥材·甘蔗·藍靛·葡萄·煙葉等物. 地熇烈, 不害居棲, 禽獸充斥, 鱗介蕃衍. 十島中名桑非里卑者, 出火島也. 三曰桑多美北林西卑島, 在本州西幾內亞海灣中. 分爲二, 一桑多美島回環四百里, 地氣不馴, 而田膴產豐. 一北林西卑島長八十里, 寬六十里, 地氣溫和, 田土·禽獸·穀果均與桑多美島相等.

隷天方國者五. 一幾羅阿島, 在東方, 幅員十數里, 土產寥寥, 四面險阻, 船隻難度. 一蒙非亞島, 長三百三十里, 寬三四十里, 田土膴腴, 物產豐盛. 一桑西巴爾島, 長二百五十里, 寬五十里, 泊所穩便, 貿易興隆. 一奔巴島, 幅員三百五十里, 地多肥饒, 土產木料. 本島爲天方管轄者三分之一. 一索哥德拉島, 長二百五十里, 寬一百里, 泊所穩便, 地磽少泉, 貿易無幾. 土產象膽·朱砂·禽獸等物.

隷土耳基國者曰馬蘇阿, 在亞比西尼國馬蘇阿海島之中, 煙戶稀疏, 泊所穩闊, 商賈雲集, 地氣熇烈.

隷佛蘭西國者曰聖盧義斯島, 田土膏腴, 貿易興隆, 地氣不和. 一哥勒亞島, 泊所穩便, 凡佛蘭西船往亞細亞者, 必至其處. 一烏阿羅島, 賊多民散, 四望空虛. 以上各處皆在塞內岡比亞國中. 一布爾濱島, 在印度海, 長一百八十里, 寬一百三十里, 煙戶約八萬五千口. 土膴腴, 氣溫和, 內有火山. 土產黑金·珊瑚·穀·果·桂皮·縣花·煙葉·材木·香料, 泊所不穩, 有總管駐箚.

『外國史略』曰: 亞非利加各洲島其東方最廣大者曰馬他牙士里島, 廣袤方圓一萬零五百里, 長二千二百里, 闊約四百五十里及七百里. 南極出十二度及二十六度, 偏東四十四及五十二度. 其居民約四百萬口, 族類不一, 形狀甚美. 此島蕃毓, 出五穀·百果·蠶絲·香料·黛靑·牛畜·銅·銀·鉛. 中央皆大山密林, 有土酋管之, 惟阿瓦族最大, 近各酋歸於一主. 嘉慶間, 部主聰明, 召外國藝術賢士, 敎化土民. 道光十五年, 女王攝權, 仇視耶穌門徒, 半死殺戮. 此地向通商, 佛國每欲開埠, 多染瘴斃, 近女王與英·佛兩國肇釁.

補吞島竝所屬之洲, 三百二十里, 南極出自二十度五十分至二十一度二十分. 馬島東向之嶼一帶皆山, 判分此島. 峰高千丈, 無平坦地. 多白糖·丁香等物. 居民十萬, 黑七白三, 大半耕田. 此島葡萄亞所開, 後佛蘭西據之. 產貨甚多, 恨無灣泊之港.

離此嶼不遠之茅勒士島在補島東面, 南極二十二度二十一度中間, 廣袤七百餘里, 地面二萬七千三百二十四頃. 此島豐盛, 白糖最多, 凡南洋之物皆有之. 地有火山, 草木蓁蓁. 荷蘭人曾至此, 後佛蘭西據之, 遂荒蕪. 白面人其裔也. 嘉慶年間, 讓與英國, 黑面人五萬三千. 道光十六年, 運進之物値銀二百七十萬兩. 船三百四十九隻, 所運進者二百五十萬兩. 英國調兵帥管之, 黑面人無用, 每雇唐人治其田. 道光十六年, 收稅餉七十一萬, 所費四十一萬七千兩.

西識群島天氣和美. 洲有五, 產白糖·椰子等, 民少而食用足. 港口無暴風, 捕鯨之人皆泊此.

可摩利群州甚高, 出各物. 所可他島甚高, 在亞丁海隅, 係亞拉天方回族. 地冗, 出蘆薈·粟. 皆崇回回敎.

亞非利加西方之島, 一希里尼洲, 在磐石上, 土薄無多產. 英人屬地, 商船往來要路. 嘉慶十九年, 佛蘭西霸君波那良謫居在此. 船由印度至者, 在此雲集. 其昇洲產鱉, 商船賣之.

一多馬等島地荒蕪, 在危尼海隅. 其林稠密, 民皆匪類. 屬西班亞國, 多煙瘴.

一靑群島屬葡萄亞. 有火山, 天氣亢旱. 惟產緜花, 居民屢遭饑饉.

加那利洲屬西班亞國, 出葡萄. 尼勒島居民十九萬, 山水最美.

又有絕美之洲曰馬地拉, 出美酒·百果, 與聖港嶼皆屬葡萄亞. 居民十二萬.
地氣淸爽, 英國人多留此醫病養生.

주석

1 상투메São Tomé: 원문은 '성다묵도聖多默島'이다.

2 세인트헬레나Saint Helena: 원문은 '의륵납도意勒納島'이다.

3 마다가스카르Madagascar: 원문은 '성노룡좌도聖老楞佐島'이다.

4 키오스Chios: 원문은 '가아도哥阿島'이다.

5 히포크라테스Hippocrates: 원문은 '의복가득依卜加得'이다. 히포크라테스(기원전 460~기원전 370)는 의학의 아버지라고 의학의 아버지라고 불린다.

6 로도스Rodos: 원문은 '라득도羅得島'이다.

7 키프로스Kypros: 원문은 '제파리도際波里島'이다.

8 마데이라제도Arquipélago da Madeira: 원문은 '마덕의랄도馬德義辣島'이다.

9 푼샬Funchal: 원문은 '풍찰이豐札爾'이다.

10 카보베르데Cabo Verde: 원문은 '가포위이덕도加布威爾德島'이다. 광서 2년본에는 '가加' 자가 없으나, 악록서사본에 따라서 고쳐 번역한다.

11 상티아구São Tiago: 원문은 '상적가아桑的可阿'이다.

12 상필리프São Filipe: 원문은 '상비리비桑非里卑'이다.

13 상투메 프린시페São Tomé e Príncipe: 원문은 '상다미북림서비도桑多美北林西卑島'이다.

14 기니: 원문은 '기내아幾內亞'이다. 광서 2년본에는 '의내아義內亞'로 되어 있으나, 악록서사본에 따라서 고쳐 번역한다.

15 상투메: 원문은 '상다미도桑多美島'이다.

16 프린시페: 원문은 '북림서비도北林西卑島'이다.

17 킬와Kilwa: 원문은 '기라아도幾羅阿島'이다.

18 마피아Mafia: 원문은 '몽비아도蒙非亞島'이다.

19 잔지바르Zanzibar: 원문은 '상서파이도桑西巴爾島'이다.

20 펨바Pemba: 원문은 '분파도奔巴島'이다.

21 소코트라Socotra: 원문은 '색가덕랍도索哥德拉島'이다.

22 알로에: 원문은 '상담象膽'이다.

23 마수아Massuah: 원문은 '마소아馬蘇阿'이다.

24 생루이Saint-Louis: 원문은 '성로의사도聖盧義斯島'이다.

25 고레Gorée: 원문은 '가륵아도哥勒亞島'이다.

26 우아로Ualo: 원문은 '오아라도烏阿羅島'이다.

27 세네감비아: 원문은 '색내강비아국塞內岡比亞國'이다.

28 부르봉Bourbon: 원문은 '포이빈도布爾濱島'로, 지금의 레위니옹Réunion이다.

29 마다가스카르: 원문은 '마타아사리도馬他牙士里島'이다.

30 라나발로나 1세Ranavalona I: 마다가스카르를 33년간 통치한 여왕(재위 1828~1861)으로 단순한 섭정을 넘어 절대적인 권력을 행사했다.

31 부르봉: 원문은 '보탄도補呑島'이다.

32 마다가스카르: 원문은 '마도馬島'이다.

33 모리셔스Mauritius: 원문은 '모륵사도茅勒士島'이다.

34 부르봉: 원문은 '보도補島'이다.

35 세이셸Seychelles: 원문은 '서식군도西識群島'이다.

36 코모로Comoros: 원문은 '가마리군주可摩利群州'이다.

37 소코트라: 원문은 '소가타도所可他島'이다. 광서 2년본에는 앞부분에 '민民' 자가 있으나, 악록서사본에 따라서 고쳐 번역한다.

38 세인트헬레나: 원문은 '희리니주希里尼洲'이다.

39 나폴레옹Napoléon: 원문은 '파나랑波那良'이다.

40 어센션Ascension: 원문은 '승주昇洲'이다.

41 상투메: 원문은 '다마多馬'이다.

42 카보베르데: 원문은 '청군도靑群島'이다.

43 카나리아Canaria: 원문은 '가나리주加那利洲'이다.

44 테네리페Tenerife: 원문은 '니륵도尼勒島'이다.

45 마데이라: 원문은 '마지랍馬地拉'이다.

46 포르투산투Porto Santo: 원문은 '성항서聖港嶼'이다.

찾아보기

해국도지(十一) 지리 색인

362

저자 소개

위 원 魏源(1794~1857)

청대 정치가, 계몽사상가이다. 호남성湖南省 소양邵陽 사람으로 도광 2년(1822) 향시鄕試에 합격했다. 1830년 임칙서 등과 함께 선남시사宣南詩社를 결성해서 황작자黃爵滋, 공자진龔自珍 등 개혁적 성향을 지닌 인사들과 교류했다. 1840년 임칙서의 추천으로 양절총독 유겸裕謙의 막료로 들어가면서 서양에 관심을 갖게 되었다. 같은 해 임칙서에게서 『사주지』를 비롯해 서양 관련 자료를 전해 받고 『해국도지』를 편찬했다. 주요 저작으로는 『공양고미公羊古微』, 『춘추번로주春秋繁露注』, 『성무기聖武記』 등이 있다.

역주자 소개

정 지 호 鄭址鎬

도쿄대학 대학원 인문사회계 연구과에서 박사학위를 취득하고 현재 경희대학교 사학과 교수로 재직 중이다. 주요 연구로 중국의 전통적 상업 관행인 합과合夥 경영 및 량치차오梁啓超의 국민국가론에 대해 다수의 논문을 발표했으며 현재는 귀주貴州 소수민족 사회에 대한 연구를 진행하고 있다. 저서로는 『합과: 전통 중국 상공업의 기업 관행』, 『키워드로 읽는 중국의 역사』, 『진수의 《삼국지》 나관중의 《삼국연의》 읽기』, 『한중 역사인식의 공유』(공저)가 있으며, 역서로는 『애국주의의 형성』, 『중국근현대사 1: 청조와 근대 세계』, 『동북사강』 등이 있다.

이 민 숙 李玟淑

한국외국어대학교에서 중국고전소설로 박사학위를 받았으며, 현재 한림대학교 인문학연구소 학술연구교수로 재직 중이다. 고서적 읽는 것을 좋아해서 틈틈이 중국 전통 시대의 글을 번역해 출간하고 있다. 특히 필기문헌에 실려 있는 중국 전통문화를 이해하고 재구성하는 것에 관심이 많다. 저서로는 『한자 콘서트』(공저), 『중화미각』(공저), 『중화명승』(공저), 역서로는 『태평광기』(공역), 『우초신지』(공역), 『풍속통의』(공역), 『강남은 어디인가: 청나라 황제의 강남 지식인 길들이기』(공역), 『임진기록』(공역), 『녹색모자 좀 벗겨줘』(공역), 『열미초당필기』, 『영환지략』(공역) 등이 있다.

고 숙 희 高淑姬

성균관대학교 대학원에서 중문학 박사학위를 받았다. 동서양 고전을 즐겨 읽으면서 동서양 소통을 주제로 한 대중적 글쓰기를 시도하고 있다. 특히 18세기 한중 사회의 다양한 문화에 대해 큰 관심을 가지고 소소한 글쓰기를 하고 있다. 최근에는 법의학과 전통 시대 동아시아 재판 서사에 대해 깊은 관심을 가지고 연구를 진행 중이다. 저서로는 『고대 중국의 문명과 역사』와 『중국 고전 산문 읽기』가 있고, 역서로는 『송원화본』(공역), 『중국문화 17: 문학』, 『백가공안』, 『용도공안』, 『열두 누각 이야기+二樓』, 『新 36계』, 『수심결』 등이 있다.

정 민 경 鄭暋暻

중국사회과학원에서 중국문학 전공으로 박사학위를 받았다. 현재 제주대학교 중문과 부교수로 재직 중이다. 중국소설과 필기를 틈틈이 읽고 있으며 중국 지리와 외국과의 문화 교류에도 관심이 많다. 저서로는 『옛이야기와 에듀테인먼트 콘텐츠』(공저), 『중화미각』(공저), 『중화명승』(공저)이 있고, 역서로는 『태평광기』(공역), 『우초신지』(공역), 『풍속통의』(공역), 『명대여성작가총서』(공역), 『강남은 어디인가: 청나라 황제의 강남 지식인 길들이기』(공역), 『사치의 제국』(공역), 『(청 모종강본) 삼국지』(공역), 『영환지략』(공역) 등이 있다.

해국도지
海國圖志